기독교문서선교회(Christian Literature Center: 약칭 CLC)는 1941년 영국 콜체스터에서 켄 아담스에 의해 시작되었으며 국제 본부는 미국 필라델피아에 있습니다.
국제 CLC는 59개 나라에서 180개의 본부를 두고, 약 650여 명의 선교사들이 이동 도서차량 40대를 이용하여 문서 보급에 힘쓰고 있으며 이메일 주문을 통해 130여 국으로 책을 공급하고 있습니다. 한국 CLC는 청교도적 복음주의 신학과 신앙 서적을 출판하는 문서선교기관으로서, 한 영혼이라도 구원되길 소망하면서 주님이 오시는 그날까지 최선을 다할 것입니다.

교회의 중요한 2가지 표지는 보이는 말씀으로서의 성례(sacraments)와 들리는 말씀으로서의 설교(preaching)이다. 하나님의 말씀 선포가 없이 세례와 성만찬만으로는 온전한 예배를 드릴 수 없으며, 세례와 성만찬이 없는 말씀 선포는 공허할 뿐이다. 마치 마차가 두 바퀴로 굴러가듯이, 교회의 목회 사역은 설교와 예배, 두 핵심 축을 따라서 진행된다. 목회 현장에서는 예배와 설교가 통전적인 구조 안에서 진행됨에도 불구하고 분과주의의 영향으로 신학계에서는 예배학과 설교학의 분리 문제가 쉽게 극복되지 못하고 있다. 하지만 이런 풍토에도 불구하고 예배와 설교, 또는 설교와 예배에 관한 통전적인 이해의 지평이 더욱 풍부하게 확대될 필요가 있다.

이 책은 설교학자의 시각에서 '예배다운 예배'에 필수적인 요소들 전체를 성경신학적인 이해의 지평 안에서 고찰할 수 있는 신선한 통찰을 제공하고 있다. 예배자로부터 시작하여 예배 순서와 예배로의 부름, 찬양, 신앙고백, 목회기도, 참회의 시간, 설교, 세례, 성찬, 헌금, 십일조, 교회 소식, 축도, 그리고 일상 예배 전체에 관한 이해의 지평을 일목요연하게 제시하고 있다. 목회 현장에서 예배 갱신에 관하여 고민하는 일선 목회자들과 성경적인 예배를 배우기를 원하는 신학생들에게 일독을 권한다.

이승진 박사 | 합동신학대학원대학교 설교학 교수

박성환 교수의 『예배다운 예배』는 그 동안 그가 교회에서 신자들을 대상으로 해 왔던 강의를 토대로 만들어진 책으로, 우리가 주일마다 드리는 예배에 포함되는 예배로의 부름, 찬양, 신앙고백, 대표기도, 참회의 시간, 설교, 세례, 성찬, 헌금, 십일조, 교회 소식, 축도 등의 의미를 쉽게 이해할 수 있도록 설명하고 있다.

박성환 교수는 설교학자로서의 특성을 살리어 이 책을 집필했다. 예배, 특히 예배의 한 순서를 주제로 성경에서 한 본문을 선택하고, 그 본문을 '설교'함으로써 그 순서의 성경적이고 신학적인 의미를 설명해 내고 있다. 박 교수가 예배의 순서들과 연결시킨 성경 본문들이 어떤 이들에게는 억지스럽게 여겨지거나 동의되지 않을 수도 있다. 그러나 박 교수가 이 책의 서문에서 언급한 것처럼 이 책의 주요 목적은 신자들에게 예배와 예배 순서의 의미를 보다 쉽게 설명하는 것이다. 나는 개인적으로 박 교수의 방식이 신자들로 하여금 예배와 예배 순서의 의미를 쉽게 이해하는 데 도움이 될 것이라고 생각한다.

주일마다 많은 신자가 예배하지만, 예배다운 예배를 하지 못하고 있는 것이 현실이다. 그의 바람대로 예배와 예배 순서의 의미를 제대로 알지도 못하고 배우지도 못한 채 예배답지 않지만 예배하고 있다고 여기는 많은 이들에게 이 책이 귀히 사용되기를 바란다. 아무쪼록 이 책을 통해 이 땅에 예배자다운 예배자들이 조금이나마 많아지길 바란다.

최승근 박사 | 웨스트민스터신학대학원대학교 예배학 교수

예배다운 예배

Worshipful Worship

Written by Park Sungwhan

All rights reserved.
Korean Edition Copyright ⓒ 2018 by Christian Literature Center, Seoul, Korea

예배다운 예배

2018년 9월 15일 초판 발행

| 지은이 | 박성환

| 편집 | 정재원
| 디자인 | 서민정, 박인미
| 펴낸곳 | (사)기독교문서선교회
| 등록 | 제16-25호(1980.1.18)
| 주소 | 서울특별시 서초구 방배로 68
| 전화 | 02-586-8761~3(본사) 031-942-8761(영업부)
| 팩스 | 02-523-0131(본사) 031-942-8763(영업부)
| 이메일 | clckor@gmail.com
| 홈페이지 | www.clcbook.com

ISBN 978-89-341-1863-3 (93230)

이 도서의 국립중앙도서관 출판시 도서목록(CIP)은
서지정보유통지원시스템 홈페이지(http://seoji.nl.go.kr)와 국가자료공동목록시스템
(http://www.nl.go.kr/kolisnet)에서 이용하실 수 있습니다. (CIP제어번호: CIP2018026086)
이 책의 저작권은 저자와 (사)기독교문서선교회가 소유합니다.
신저작권법에 의하여 한국 내에서 보호받는 저작물이므로 무단 전재와 무단 복제를 금합니다.

예배다운 예배

박성환 지음

CLC

차례

추천사_이승진 박사(합동신학대학원대학교 설교학 교수)
　　　　최승근 박사(웨스트민스터신학대학원대학교 예배학 교수)
저자 서문 : **8**

제1장 예배 : 10

제2장 예배자 : 21

제3장 예배 순서 : 31

제4장 예배로의 부름 : 44

제5장 찬양 : 63

제6장 신앙고백 : 78

제7장 대표(목회)기도 : 94

제8장 참회의 시간 : 110

제9장 설교 : 120

제10장 세례 : 134

제11장 성찬 : 161

제12장 헌금 : 174

제13장 십일조 : 189

제14장 교회 소식 : 209

제15장 축도 : 221

제16장 일상 예배 : 232

부록: 예배 순서의 변화 : 242
참고 문헌 : 256

저자 서문

박성환 박사
웨스트민스터신학대학원대학교 실천신학 교수

필자는 지난 6년 동안 신학생들에게 예배학을 가르쳐 오고 있다. 짧지 않은 시간 동안 예배학을 가르치면서, 예배에 관심을 갖는 성도들을 위하여 성경의 사건과 예배신학을 조화롭고 쉽게 이해할 수 있는 책이 있으면 좋겠다는 생각을 했다. 아울러, 일선의 목회자들이 예배가 무엇인지를 설교하거나, 가르칠 때에 손쉽게 참고할 수 있는 책이 있었으면 하는 소원도 있었다.

이런 고민 가운데, 하나님의 은혜로 1년 전에 필자에게 '예배'라는 주제로 연속적으로 16주에 걸쳐 설교할 수 있는 기회가 주어졌다. 그리고 6개월 전에는 C.C.C. 어머니 순모임과 협동 목사로 섬기는 소망교회(수원)에서 일반 성도를 대상으로 '예배학'을 한 학기 동안 강의할 수 있는 기회를 얻었다. '예배'를 주제로 한 연속 설교와 강의가 끝난 후, 설교들과 강의 자료들을 중심으로 예배학 책을 집필하고 싶다는 동기가 일어났다.

필자는 예배학자가 아니라 설교학자이지만 설교학과 예배학을 병행하여 가르쳐 왔으며, 목회 현장을 위해 설교와 예배를 통합적으로 연구하고 있다. 또한, 다년간 담임 목회자로서 목회 현장을 경험했기에, 누구보다 예배의 가치를 소중히 여기고 있다. 왜냐하면, '예배다운 예배'가 신자를 신자답게 변화시킨다는 사실을 목회를 하면서 목격했기 때문이다.

물론, 예배학자들이 필자의 책을 보면서, 웃음거리로 삼을지도 모르겠다. 그들의 책이 지닌 깊이 있는 예배신학에 비하면 내용이 턱없이 부족할 수 있기 때문이다. 어쩌면, 필자가 예배학 책을 집필하는 것 자체가 무모한 행동일지 모른다. 그러나 그들이 필자의 볼품없는 책을 읽으면서, "그럼에도 불구하고" 이 책을 집필하고자 했던 필자의 실천신학적 도전을 진심으로 응원해 주길 소망한다.

끝으로, 필자가 예배학 책을 집필하는 데 통찰력을 아끼지 않으신 두 분께 감사드린다. 먼저 합동신학대학원대학교 총장이신 정창균 교수님께 진심으로 감사드린다. 필자의 스승이신 정창균 교수님은 목회적인 해안과 실천신학적인 안목을 전수해 주신 영적 아버지이시다. 그리고 동료인 최승근 교수님께 감사드린다. 최승근 교수님은 예배학 전공자로서, 필자에게 조언을 아끼지 않았는데 그의 예배학적 통찰력이 필자에게 나침반과 같은 역할을 해 주었다.

제1장

예 배

¹아론의 아들 나답과 아비후가 각기 향로를 가져다가 여호와께서 명령하시지 아니하신 다른 불을 담아 여호와 앞에 분향하였더니 ²불이 여호와 앞에서 나와 그들을 삼키매 그들이 여호와 앞에서 죽은지라 ³모세가 아론에게 이르되 이는 여호와의 말씀이라 이르시기를 나는 나를 가까이하는 자 중에서 내 거룩함을 나타내겠고 온 백성 앞에서 내 영광을 나타내리라 하셨느니라 아론이 잠잠하니 ⁴모세가 아론의 삼촌 웃시엘의 아들 미사엘과 엘사반을 불러 그들에게 이르되 나아와 너희 형제들을 성소 앞에서 진영 밖으로 메고 나가라 하매 ⁵그들이 나와 모세가 말한 대로 그들을 옷 입은 채 진영 밖으로 메어 내니 ⁶모세가 아론과 그의 아들 엘르아살과 이다말에게 이르되 너희는 머리를 풀거나 옷을 찢지 말라 그리하여 너희가 죽음을 면하고 여호와의 진노가 온 회중에게 미침을 면하게 하라 오직 너희 형제 이스라엘 온 족속은 여호와께서 치신 불로 말미암아 슬퍼할 것이니라 ⁷여호와의 관유가 너희에게 있은즉 너희는 회막 문에 나가지 말라 그리하면 죽음을 면하리라 그들이 모세의 말대로 하니라 ⁸여호와께서 아론에게 말씀하여 이르시되 ⁹너와 네 자손들이 회막에 들어갈 때에는 포도주나 독주를 마시지 말라 그리하여 너희 죽음을 면하라 이는 너희 대대로 지킬 영영한 규례라 ¹⁰그리 하여야 너희가 거룩하고 속된 것을 분별하며 부정하고 정한 것을 분별하고 ¹¹또 나 여호와가 모세를 통하여 모든 규례를 이스라엘 자손에게 가르치리라(레 10:1-11).

1. 탈무드에 나오는 한 이야기

어떤 사람이 한 가게를 운영하고 있었다. 이 가게는 엄청난 매출을 올리고 있었다. 그런데 이 가게 주인이 그만 깊은 병으로 죽음을 맞이하게 되었다. 주인은 유언을 남기고자 식구들을 불러 모았다. 그리고 식구들의 이름을 한 명씩 부르기 시작했다.

"여보, 당신 어디 있소?"
"예, 저 여기 있어요."
"아들, 어디 있느냐?"
"예, 저 여기 있어요."
"딸은 어디 있느냐?"
"예, 아빠, 여기 있어요."

그런데 죽어가던 사람이 가족들에게 갑자기 화를 내기 시작했다. 그리고는 마지막 유언도 남기지 않은 채, 이런 말을 했다.

"모두 여기에 있으면, 도대체 가게는 누가 지키고 있는 거냐?"[1]

우스운 이야기다. 가게 주인은 죽음의 순간까지 많은 수입을 안겨주는 가게를 삶에서 가장 중요한 것으로 생각했던 것이다. 다시 말해, 이 사람은 삶의 목적과 행복을 오로지 가게에서 찾고자 했다.

우리가 가장 소중히 여기고 있는 것은 무엇일까?

가족, 직장, 건강, 취미 생활, 아파트 등인가?

이 모든 것들은 삶을 영위하는 데 매우 중요한 것들이다. 이런 것들이 없다면, 우리 삶은 불행할지 모른다. 그러나 만일, 우리가 이런 질

---

1 http://www.ccc3927.com/search.html?s=index.

문을 받는다면 어떻게 대답할까?

"하나님이 왜 우리를 구원하셨을까요?"

"하나님은 독생자 예수님을 십자가에서 죽이시면서까지 우리에게 요구하시는 것은 무엇일까요?

"구원받을 자로서, 우리가 가장 중요하게 생각해야 할 것은 무엇일까요?"

2. 나답과 아비후의 예배

하나님은 '나답과 아비후 사건'을 통하여 가장 소중한 것이 무엇인지 우리에게 가르쳐 주신다. 그것은 바로 예배다. 왜냐하면, 하나님께서 예배에 실패한 아론의 아들들을 불, 곧 죽음으로 심판하셨기 때문이다.

과연 인생에서 예배가 삶과 죽음을 나누는 척도일 수 있을까?

구원을 선물로 받은 우리들에게 주일 하루에 드리는 예배가 그토록 중요할까?

사실 그렇다. 왜냐하면, 하나님께서 우리를 구원하신 목적이 우리의 예배를 받으시기 위함이기 때문이다. 하나님은 구원의 목적과 구원받은 백성이 마땅히 해야 할 일이 무엇인지 다음과 같이 밝히신다.

> 하나님이 이르시되 내가 반드시 너와 함께 있으리라 네가 그 백성을 애굽에서 인도하여 낸 후에 너희가 이 산에서 하나님을 섬기리니[예배하리니] 이것이 내가 너를 보낸 증거니라(출 3:12).

하나님께서 우리를 부르신 목적은 우리를 예배자로 만들기 위함이다.[2] 성도는 예배를 위해 부름을 받았으며, 예배를 위해 존재한다. 예배는 성도가 삶을 살아가는 목적 그 자체다.[3] 그러므로 하나님께서 가장 원하시는 것을 우리도 가장 소중하게 생각해야 한다.

그러나 나답과 아비후의 예배에는 문제가 있었다. 나답과 아비후는 하나님께서 원하시는 예배를 외면했다. 그들은 하나님께서 원하시는 예배보다는 자신들이 드리는 예배 행위에만 몰두했다. 나답과 아비후의 예배를 기뻐하시지 않으시는 하나님을 보면서, 우리는 오늘 우리의 예배를 점검해야 한다.

1) 나답과 아비후의 예배

분향은 본래 아침과 저녁에 한 번씩 향로에 불을 넣는 것이다(출 30:7~8). 하나님은 이스라엘 공동체를 대표해서 나답과 아비후에게 향로의 불을 관리하도록 명하셨다. 그러므로 당직을 맡은 자는 향로의 불을 온종일 집중적으로 관찰해야 했다. 이 불은 번제단 위에서 피운 불로 추정되는데, 당직자는 이 불을 하나님께서 지정하신 향로에 옮겨 담아 온종일 꺼지지 않게 해야 한다.[4]

그러나 레위기 10:1을 주의 깊게 살펴보자.

아론의 아들 나답과 아비후가 각기 향로를 가져다가 여호와께서 명령

---

2 Douglas K. Stuart, *Exodus* (Nashville: Broadman & Homan Publishers, 2006), 118-19.
3 Marva J. Dawn, *Reaching Out without Dumbing Down,* 김운용 역,『예배, 소중한 하늘 보석』(서울: WPA, 2017), 163-65.
4 김덕중,『거룩, 성소에서 만나는 거룩하신 하나님』(용인: 킹덤북스, 2011), 201.

하시지 아니하신 다른 불을 담아 여호와 앞에 분향하였더니(레 10:1).

나답과 아비후는 하나님께서 명령하시지 않은 다른 불로 예배를 드렸다. 여기서 "다른 불"이란 '공인되지 않은 불' 또는 '이상한 불'로 해석될 수 있는데, 하나님께서 원하지 않는 불을 의미한다.[5] 게다가 나답과 아비후는 각자 하나님께서 지정하지 않으신 향로를 가지고 와서 예배를 드렸다.

도대체 왜 나답과 아비후는 하나님께서 정하신 불이 아닌 다른 불을 들고 왔을까?

한 사람씩 당직을 서 가며 아침과 저녁으로 불을 관리해야 하는데, 왜 이들은 갑자기 다른 향로에 다른 불을 넣고 하나님께 경배를 표할 수밖에 없었을까?

그것도 한 명이 아니라, 나답과 아비후 둘이 급한 마음으로 향로를 향해 달려온 이유가 무엇일까?

어쩌면 하나님께 올리던 향로의 불이 막 꺼질 위기였는지 모른다. 아니 이미 꺼졌을지도 모른다. 그래서 다른 누군가가 이 긴급한 상황을 이들에게 전달했을지도 모른다. 아무튼, 두 사람이 향로에 담긴 불을 제대로 관리하지 못했다는 것은 분명하다. 성경은 이들이 실수하게 된 원인을 다음과 같이 간접적으로 소개한다.

여호와께서 아론에게 일러 가라사대 너나 네 자손들이 회막에 들어갈 때에는 포도주나 독주를 마시지 말아서 너희 사망을 면하라 이는 너

---

5 Gordon J. Wenham, *The Book of Leviticus*, 김귀탁 역, 『레위기』 (서울: 부흥과개혁사, 2014), 174.

희 대대로 영원한 규례라(레 10:8-9).

하나님은 나답과 아비후를 죽이신 후, 아론에게 '회막에서 봉사하는 제사장은 포도주나 독주를 마시지 말라'고 말씀하신다. 이것은 이미 나답과 아비후가 포도주와 독주를 마시고 향로의 불이 꺼지는 것도 모른 채 깊은 잠에 빠졌다는 것을 암시한다.[6]

나답과 아비후는 모세와 아론과 함께 시내산에 올라갔다. 그들은 시내산에서 하나님의 임재를 경험했고, 하나님은 자신의 원하는 방법대로 예배하길 원한다는 사실을 직접 들었을 것이다(출 24:1). 그러나 나답과 아비후는 독주와 포도주를 마시고 부주의하게 예배를 드렸다. 그들은 하나님이 원하시는 예배에 관심을 두지 않고, 예배 행위 그 자체에만 관심이 있었을 뿐이다.

하나님은 신자들이 두렵고 떨리는 마음으로 예배함으로써 자신을 만나길 원하신다. 하나님께서 아론과 그의 아들들을 제사장으로 세우시면서 몸을 깨끗이 씻고 옷을 갖추어 입을 것을 요구하신 이유가 바로 여기에 있다(레 8:1-9). 예배자가 몸을 거룩하게 하고, 마음을 새롭게 해야 하는 것은 두말할 필요가 없다.

그렇다면 지금 우리의 예배는 어떤가?

하나님께서 원하시는 예배를 고민하고 있는가?

---

6 유대 전승에 따르면, 나답과 아비후는 술에 취해 이러한 범죄를 저질렀다. Wenham, 『레위기』, 178.

2) 하나님께서 원하시는 예배

하나님께서 명하신 불을 명하신 향로에 담는 것이 나답과 아비후가 취해야 할 예배 방법이었다. 그러나 나답과 아비후는 세 가지 불법을 저질렀다.

(1) 하나님께서 지정하지 않으신 향로를 사용함.
(2) 하나님께서 지정하신 불을 담지 않음.
(3) 한 사람씩 아침저녁으로 향로를 관리하지 않음.

도대체, 나답과 아비후가 다른 향로에 다른 불을 드렸다는 것은 무엇일까?

그것은 향로에 불을 담는 방식과 불을 관리하는 방식이 하나님께서 가르쳐 주신 방식과 다르다는 것을 의미한다. 나답과 아비후는 급한 마음에 하나님께서 정하신 예배의 방법을 제멋대로 바꿨다. 이것은 하나님께서 보시기에 불법적인 예배였다. 단순하고 일반적인 불법적 행동이 아니라, 하나님의 권위에 도전하는 행동이었다. 왜냐하면, 하나님의 뜻대로 하는 것이 "순종"이며, 순종은 예배드리는 자의 자세와 직결되기 때문이다. 하나님께서 원하시는 방법대로 예배하는 것이 하나님을 사랑하는 예배다.[7]

그렇다면, 도대체 하나님께서 원하시는 예배는 어떤 모습일까?

우리는 이 문제의 실마리를 십계명에서 찾을 수 있다. 잘 아는 바와

---

7 Gerald I. Williamson, *The Westminster Shorter Catechism*, 유태화 역, 『웨스트민스터 소요리문답강해』 (서울: 크리스천, 2006), 234.

같이, 십계명은 크게 하나님 사랑(하나님을 위한 의무)과 이웃 사랑(인간을 위한 의무)으로 나뉜다. 1-4계명을 예배의 관점에서 생각해 보면, 하나님께서 원하시는 예배가 무엇인지를 어느 정도 파악할 수 있다. 1계명은 예배의 대상, 2계명은 예배의 방법, 3계명은 예배의 태도, 그리고 4계명은 예배 시간을 명시적으로 간략히 설명한 것이다.[8]

3) 나답과 아비후의 최후

그러나 나답과 아비후는 여호와의 명령을 따라 예배하지 않았다. 그들은 하나님의 말씀에 대항했다. 사실 외면적으로 볼 때, 나답과 아비후의 예배는 전혀 문제가 없었다. 그들은 예배에 필요한 모든 조건을 갖추었다. 분명히 향로와 불을 사용하여 하나님 앞에서 예배드렸다. 그래서 외면적으로 볼 때, 나답과 아비후의 예배는 신앙적이었다.

그러나 하나님은 그 같은 예배를 기뻐하시지 않으시고 나답과 아비후를 불로 태워 죽이셨다. 그런데 하나님께서 불로 태워 죽이신 방법이 너무 독특하다.

레위기 10:2을 보면 "불이 나답과 아비후를 삼켰다"고 말하는데, 사람이 불에 타면 어떤가?

옷을 입은 사람이 불에 타면, 옷과 몸이 함께 탄다. 그러나 레위기 10:4-5에서 하나님은 미사엘과 엘사반에게 시체를 "옷 입은 채" 끌고 오게 하신다. 놀랍게도, 이 심판은 몸만 불에 탔을 뿐, 옷은 그대로 있다. 아마도, 특별한 죽음을 통해 자신이 친히 심판하셨다는 사실을 드러내시려는 하나님의 의도가 있는 것 같다.

---

8 Williamson, 『웨스트민스터 소요리문답강해』, 234.

하나님은 나답과 아비후를 죽이면서 모든 사람에게 가르치고 싶은 것이 있으셨다. 바로, '사람은 하나님을 가까이하면 할수록 하나님의 거룩하심과 영광을 그만큼 더 주의해야 한다'(레 10:3)는 것이다.[9] 즉, 구원받은 자가 하나님을 가까이하면 할수록 하나님의 거룩하심이 손상되거나, 하나님의 영광이 가리우지 않도록 특히 신경을 써야 한다는 사실이다. 하나님은 예배 행위를 점검할 것을 요구하신다. 하나님은 이렇게 말씀하신다.

> 모세가 아론과 그의 아들 엘르아살과 이다말에게 이르되 너희는 머리를 풀거나 옷을 찢지 말라 그리하여 너희가 죽음을 면하고 여호와의 진노가 온 회중에게 미침을 면하게 하라 오직 너희 형제 이스라엘 온 족속은 여호와께서 치신 불로 말미암아 슬퍼할 것이니라(레 10:6).

또한, 하나님은 나답과 아비후의 죽음을 이스라엘 공동체에 반복해서 상기시키시며 자신이 원하는 예배의 중요성을 강조하신다.[10] 나답과 아비후의 실패를 거울삼아 우리가 드리는 예배를 끊임없이 점검할 것을 요구하신다.

성도는 왕 같은 제사장이다(벧전 2:9). 그러므로 나답과 아비후의 죽음은 지금 이 시간에 예배드리는 모든 자에게 적용되는 사건이라 할 수 있다.

9　Wenham, 『레위기』, 175.
10　민 3:4 "나답과 아비후는 시내 광야에서 다른 불을 여호와께 드리다가 여호와 앞에서 죽었고 무자 하였더라"; 민 26:61 "나답과 아비후는 다른 불을 여호와께 드리다가 죽었더라"; 대상 24:2 "나답과 아비후는 그 아비보다 먼저 죽고 아들이 없었더라."

3. 예배란 무엇인가?

예배를 뜻하는 일반적인 말인 워십(Worship)은 앵글로색슨어 'Weorthscipe'에서 유래한 말로, 'Weorth'(Worthy: 가치 있는, 존귀한)와 'scipe'(ship: 신분)의 합성어다. 그러므로 Worship은 "가치 있거나 존경할 만한 대상에게 합당한 존경을 돌리거나, 대상을 소중히 여긴다"는 의미로, 하나님을 향한 행위에 의미를 부여한다.[11]

그러나 Worship에는 한 가지 부족한 점이 있다. 예배는 하나님을 향한 우리의 행위가 아니라 '우리를 향한 하나님의 행위'가 선행된다는 사실이다. 이런 점에서 예배를 가리키는 독일어 어휘인 '고테디엔트'(Gottesdienst)를 살펴보는 것이 좋을 듯하다. Gottesdienst는 'Gott'(하나님)과 'dienst'(봉사)의 합성어로, 두 가지 의미 즉 "인간을 위한 하나님의 섬김 또는 하나님을 위한 인간의 섬김"(God's service to us or our service to God)으로 해석된다. 이 단어는 예배의 특징인 상호교환적 특성을 잘 표현한다[12]는 점에서 중요한데, 왜냐하면 "언약적 관계인 하나님과 백성 간의 대화"[13]로 예배를 정의할 수 있기 때문이다.

무엇보다 예배는 언약적 관계의 특성상 '하나님 때문에' 가능하다. 그러므로 예배는 우리를 위한 하나님의 일하심이 전제되어야 한다. 하나님께서 자기 백성을 구원한 이유가 예배를 받으시기 위함이기에, 하나님으로부터 예배가 시작된다는 것이다.[14]

---

11 James F. White, *Introduction to Christian Worship*, 정장복 · 조기연 역, 『기독교 예배학 입문』 (서울: 예배와 설교 아카데미, 1990), 34.
12 White, 『기독교 예배학 입문』, 31-32.
13 Darry. G. Hart, *Recovering Mother Kirk: The Case for Liturgy in the Reformed Tradition* (Grand Rapids: Baker Academic, 2003), 74.
14 William A. Dyrness, *A Primer on Christian Worship* (Grand Rapids: Eerdmans, 2009), 1-2.

그래서 우리는 '어떻게' 예배할지를 생각하기보다는, 먼저 '누구를' 예배하는지를 생각해야 한다. 우리는 오직 하나님께서 기뻐하시는 참된 예배, 곧 '예배다운 예배'를 드려야 한다.[15]

---

15 William H. Willimon, *Worship as Pastoral Care*, 박성환 · 최승근 역, 『예배가 목회다』 (서울: 새세대, 2017), 26-28.

제2장

예배자

¹다윗이 이스라엘에서 뽑은 무리 삼만 명을 다시 모으고 ²다윗이 일어나 자기와 함께 있는 모든 사람과 더불어 바알레 유다로 가서 거기서 하나님의 궤를 메어 오려 하니 그 궤는 그룹들 사이에 좌정하신 만군의 여호와의 이름으로 불리는 것이라 ³그들이 하나님의 궤를 새 수레에 싣고 산에 있는 아비나답의 집에서 나오는데 아비나답의 아들 웃사와 아효가 그 새 수레를 모니라 ⁴그들이 산에 있는 아비나답의 집에서 하나님의 궤를 싣고 나올 때에 아효는 궤 앞에서 가고 ⁵다윗과 이스라엘 온 족속은 잣나무로 만든 여러 가지 악기와 수금과 비파와 소고와 양금과 제금으로 여호와 앞에서 연주하더라 ⁶그들이 나곤의 타작 마당에 이르러서는 소들이 뛰므로 웃사가 손을 들어 하나님의 궤를 붙들었더니 ⁷여호와 하나님이 웃사가 잘못함으로 말미암아 진노하사 그를 그 곳에서 치시니 그가 거기 하나님의 궤 곁에서 죽으니라 ⁸여호와께서 웃사를 치시므로 다윗이 분하여 그 곳을 베레스 웃사라 부르니 그 이름이 오늘까지 이르니라 ⁹다윗이 그 날에 여호와를 두려워하여 이르되 여호와의 궤가 어찌 내게로 오리요 하고 ¹⁰다윗이 여호와의 궤를 옮겨 다윗 성 자기에게로 메어 가기를 즐겨하지 아니하고 가드 사람 오벧에돔의 집으로 메어 간지라 ¹¹여호와의 궤가 가드 사람 오벧에돔의 집에 석 달을 있었는데 여호와께서 오벧에돔과 그의 온 집에 복을 주시니라 ¹²어떤 사람이 다윗 왕에게 아뢰어 이르되 여호와께서 하나님의 궤로 말미암아 오벧에돔의 집과 그의 모든 소유에 복을 주셨다 한지라 다

윗이 가서 하나님의 궤를 기쁨으로 메고 오벧에돔의 집에서 다윗 성으로 올라갈새 [13]여호와의 궤를 멘 사람들이 여섯 걸음을 가매 다윗이 소와 살진 송아지로 제사를 드리고 [14]다윗이 여호와 앞에서 힘을 다하여 춤을 추는데 그 때에 다윗이 베 에봇을 입었더라 [15]다윗과 온 이스라엘 족속이 즐거이 환호하며 나팔을 불고 여호와의 궤를 메어 오니라 [16]여호와의 궤가 다윗 성으로 들어올 때에 사울의 딸 미갈이 창으로 내다보다가 다윗 왕이 여호와 앞에서 뛰놀며 춤추는 것을 보고 심중에 그를 업신 여기니라 [17]여호와의 궤를 메고 들어가서 다윗이 그것을 위하여 친 장막 가운데 그 준비한 자리에 그것을 두매 다윗이 번제와 화목제를 여호와 앞에 드리니라 [18]다윗이 번제와 화목제 드리기를 마치고 만군의 여호와의 이름으로 백성에게 축복하고 [19]모든 백성 곧 온 이스라엘 무리에게 남녀를 막론하고 떡 한 개와 고기 한 조각과 건포도 떡 한 덩이씩 나누어 주매 모든 백성이 각기 집으로 돌아가니라 [20]다윗이 자기의 가족에게 축복하러 돌아오매 사울의 딸 미갈이 나와서 다윗을 맞으며 이르되 이스라엘 왕이 오늘 어떻게 영화로우신지 방탕한 자가 염치없이 자기의 몸을 드러내는 것처럼 오늘 그의 신복의 계집종의 눈앞에서 몸을 드러내셨도다 하니 [21]다윗이 미갈에게 이르되 이는 여호와 앞에서 한 것이니라 그가 네 아버지와 그의 온 집을 버리시고 나를 택하사 나를 여호와의 백성 이스라엘의 주권자로 삼으셨으니 내가 여호와 앞에서 뛰놀리라 [22]내가 이보다 더 낮아져서 스스로 천하게 보일지라도 네가 말한 바 계집종에게는 내가 높임을 받으리라 한지라 [23]그러므로 사울의 딸 미갈이 죽는 날까지 그에게 자식이 없으니라(삼하 6:1-23).

1. 풀러신학교 토드 존슨의 골프 이야기

필자의 동료 최승근 교수는 자신의 지도 교수였던 토드 존슨(Todd Johnson)의 이야기를 들려주면서, 수많은 성도가 참된 예배자가 아닐 수 있다는 점을 비유적으로 설명해 준 적이 있다.

> 풀러신학교의 토드 존슨 교수가 수업 중에 이런 경험담을 들려준 적이 있다. 존슨 교수가 한 교회의 담임 목회자로 막 부임했을 때의 일이다. 교회의 장로 한 분이 찾아와 남성 성도들 중에 골프를 치는 이들이 많으니, 종종 함께 골프를 치면서 교제를 하면 목회에 도움이 될 거라고 조언을 했다. 당시 존슨 교수는 단 한 번도 골프를 쳐본 적이 없었는데, 장로가 나서서 각종 골프 용품을 구입해 주고 연습장까지 주선해 주었다. 장로의 친절에 보답하고자 존슨 교수는 열심히 골프를 연습했고, 몇 주 후에는 생전 처음 필드에 나가 골프를 치게 되었다. 그러나 수없이 많은 연습에도 불구하고 존슨 교수가 친 공은 번번이 엉뚱한 곳으로 날아가 버렸다. 함께 가 준 장로는 처음에는 다 그런 거라고 괜찮다며 격려를 하더니, 나중에는 도저히 골프를 함께 칠 수 없다고 투덜거렸다. 존슨 교수는 골프 경험담을 예배에 적용했다. 지금 우리가 예배하는 것처럼 보이지만, 도저히 예배한다고 말할 수가 없는 사람들도 있지 않을까?[1]

주일만 되면, 수많은 장소에서 수많은 성도가 예배를 드린다. 그러

---

[1] 이 이야기는 최승근의 책에도 고스란히 소개되어 있다. 최승근, 『예배: 삶의 어떤 순간에도 하나님께로 나아가는 길』(서울: 두란노, 2015), 39-40.

나 과연 모든 예배를 진정한 예배라고 자신할 수 있을까?

어쩌면, 모든 사람은 주일에 거룩한 예배를 드렸다고 자부할지 모르지만, 하나님은 모든 사람을 예배자로 받지 않으실 수 있다.

2. 하나님을 향한 예배자들

사무엘하 6:1에서 인생을 성공한 한 사람이 등장한다. 바로 다윗이다. 그는 목동인 데다 서열도 막내였다. 한 마디로, 다윗은 성공할 만한 어떤 조건도 갖추지 못한 자였다. 그러나 다윗은 이스라엘 왕이 되었다. 사무엘하 5장을 보면, 다윗은 온 이스라엘의 왕이 되고, 사무엘하 5:6-16에서 마침내 예루살렘을 정복한다. 게다가, 사무엘하 5:17-25에서 다윗은 숙적인 블레셋을 제압함으로, 이스라엘의 강력한 국가 이미지를 근동 지역에 심어주었다.

이제, 다윗은 자신이 이룩한 커다란 성공에 감사하며 겸손히 하나님께만 영광을 돌리고자 했다. 그는 자신의 성공이 하나님에게서 온 선물임을 아는 겸손한 자였다. 사울 왕의 실패를 거울삼아, 하나님의 종으로서 이스라엘을 다스리는 '하나님의 신하'라는 생각을 늘 하며 살아갔다. 그래서 다윗은 하나님의 법궤를 다윗 성으로 옮김으로써, 이 모든 것이 하나님에게서 기인하였다는 사실을 온 이스라엘에 각인시키고자 했다.

1) 죽은 자, 웃사

다윗은 성대한 예배를 위해 온갖 찬양대를 동원하여 환희로 언약궤를 옮겼다(삼하 6:5).[2] 그리고 다윗은 하나님을 위해 더 멋진 예배를 계획했다. 바로, 하나님의 궤를 새 수레에 싣고 오는 것이었다(삼하 6:3-4). 물론, 수레는 단순히 운송 수단 가운데 하나로 치부할 수 있으나, 새 수레는 정결하고 거룩한 물건을 운반하는 돋보이는 도구였다.[3]

새 수레와 소로 언약궤를 운반하는 것은 다윗이 블레셋으로부터 배운 방법인 듯하다. 이스라엘과 전쟁에서 언약궤를 빼앗은 블레셋은, 하나님의 심판인 페스트로 전국이 초토화된 후, 이스라엘로 언약궤를 돌려보내면서 새 수레와 소를 사용했던 것이다. 어쩌면, 다윗은 블레셋처럼 하는 것이 최첨단의 방법으로 하나님을 높이는 행위라고 생각했을지도 모른다.

그러나 사무엘하 6:6-8을 보면, 다윗의 예배 계획은 하나님의 심판으로 무너지고 만다. 다윗은 하나님께 영광을 돌리고자 모든 것들을 계획하고 화려한 예배를 드리면서 언약궤를 옮겼으나 그만 웃사가 죽고 만다. 웃사는 하나님의 법궤를 호송하는 사람으로 법궤와 가장 가까운 거리에 있었다. 그런데 그만 소가 갑자기 두려움에 날뛰어(소가 하나님께서 보낸 영적 존재를 본 것은 아닐까? 왜냐하면, 발람 선지자의 사건도 이와 유사하기 때문이다), 언약궤가 수레 밖으로 튕겨 나갈 처지가 되었다. 그때, 웃사는 재빠르게 손을 뻗어 궤를 잡았으나 돌아온 것은 죽음

---

2 노희원, 『대한기독교서회 창립 100주년 기념 성서주석: 사무엘하』 (서울: 대한기독교서회, 2006), 471.

3 A. A. Anderson, *Word Biblical Commentary vol 11: 2 Samuel*, 권대영 역, 『사무엘하』 (서울: 솔로몬, 2001), 198-99.

뿐이었다.

어떻게 하나님은 자기에게 드리는 예배를 이토록 가혹하게 만드셨을까?

왜냐하면 웃사는 하나님을 사랑한 사람이었기 때문이다. 그러나 왕이신 하나님이 제정하신 법이 있다. 그것은 언약궤가 오직 제사장이 멜 수 있는 하나님의 성물이라는 사실이다(민 4:19).

하나님을 위해 가장 좋은 방법으로 예배드리지만, 이것이 단지 인간의 만족을 위한 것일 수 있다. 하나님께 예배를 드릴 때에 최고의 조건과 방법을 사용해도, 하나님은 그 예배를 원치 않으실 수 있다. 왜냐하면, 예배자는 최첨단 시설과 방법으로 예배드리면서, 자칫 하나님보다 자신의 만족함을 위한 것일 수 있기 때문이다.[4]

예배자의 마음이 진실하다면, 하나님의 마음은 헤아리지 않아도 될까?[5]

그렇지 않다. 예배자만 기쁘고 하나님은 기쁘지 않을 수 있다. 그러나 하나님께서 기쁘시면, 반드시 예배자는 기쁠 수밖에 없다.

2) 희생 제물을 드리며 춤추는 자, 다윗

다윗은 웃사가 죽는 것을 보고 두려웠다. 그리고 웃사가 죽은 후에 고백한다.

> 다윗이 두려워하여 이르되, 여호와의 궤가 어찌 내게로 오리요?
> (삼하 6:9).

---

[4] Dawn, 『예배, 소중한 하늘 보석』, 165.
[5] Michael Horton, *A Better Way*, 윤석인 역, 『개혁주의 예배론: 하나님의 드라마로서의 예배 회복』(서울: 부흥과개혁사, 2012), 231.

다윗은 궤를 다윗 성으로 옮기는 것을 포기한다. 그러나 이 사건은 다윗에게 하나님을 다시 한번 생각하는 계기가 되었다. 그리고 그는 적어도 삼 개월 정도 토라를 묵상하고 기도하면서, 하나님을 향한 예배를 고민했을 것이다(삼하 6:11). 그리고 아무리 하나님을 향한 동기가 좋다고 해도, 하나님께서 원하시는 방법대로 예배해야 한다는 사실을 깨닫게 된다.

다윗은 하나님께서 원하시는 방법을 생각했다(삼하 6:13-15). 그래서 재차 궤를 옮길 때, 다윗은 하나님의 말씀에 따라 어깨에 메어 옮기게 했다. 그리고 언약궤를 옮기면서, 여섯 걸음마다 소와 살진 송아지로 희생 제물을 드린다. 다시 말해, 여섯 걸음마다 길바닥은 동물의 피로 물들었다.[6]

이것은 하나님께서 원하시는 예배에 희생 제물이 필요하다는 것을 가르쳐 주는데, 희생 제물은 다름 아닌 예수 그리스도의 대속 사역을 의미한다. 결국, 예수 그리스도가 중보하지 않으시면, 아무리 예배자가 기쁘더라도 그 예배는 하나님이 원하시는 예배가 아니다. 최고의 선이신 하나님과 죄된 인간은 오로지 중보자를 통해서만 교제할 수 있다. 중보자 되신 예수 그리스도는 기독교 예배에 있어서 가장 독특한 특성이다.

또한, 다윗은 왕이지만 제사장이 입는 옷인 에봇을 입고 기쁨으로 춤을 추며 하나님께 예배드렸다. 여기서 다윗의 춤은 자신의 흥에 취해 즉흥적인 감정을 표출한 춤이 아니라, 하나님을 위해 계획된 춤사위이다. 즉, 하나님을 위한 적절한 예배로서의 표현이다.[7] 제사장들은 아마도 하나님을 위해 구별된 춤을 준비했고, 이 춤은 하나님의 은혜

---

6 Anderson, 『사무엘하』, 202.

7 Walter Brueggemann, *Interpretation: First and Second Samuel*, 차종순 역, 『사무엘상·하』 (서울: 한국장로교출판사, 2002), 375.

를 기억하는 절기 등에서 하나님께 드려졌을 가능성이 크다. 그러므로 다윗은 지금 하나님과 백성의 중간에서 예배를 주관하는 인도자처럼 보인다. 마치, 목사가 하나님께서 원하시는 예배가 질서 있게 드려질 수 있도록 예배 안내자로서 임무를 수행하는 것과 유사하다.

다윗의 예배는 여기에서 끝나지 않는다. 하나님의 언약궤를 옮긴 후에도 번제와 화목제를 드렸다. 그리고 예배는 다시 모든 백성과 함께하는 공동체 식사로 이어진다.

월터 브루그만(Walter Brueggemann)은 이러한 다윗의 예배를 가리켜 "하나님을 향한 사치 예배"[8]라 표현하는데, 다른 말로 표현하면 "하나님을 향한 고귀한 시간 낭비"가 아닐까?[9]

이것은 모든 성도가 하나님께 드려야 할 온당한 예배 모습을 다윗이 대표하여 보여주는 것 같다.

3) 비웃는 자, 미갈

언약궤를 옮기면서 다윗과 이스라엘은 온 힘을 다해 기뻐하고 경배하지만, 한 사람만 비웃는다. 바로 미갈이다(삼하 6:16). 그녀는 지금 예배에 참석하지 않고 창문 아래로 내려다보면서 비웃고 있다. 그녀는 다윗이 왕으로서 체통을 지켜야 한다고 생각했을 것이다. 미갈은 왕족으로서 콧대가 높았다. 그러므로 그녀에게 왕실의 체통을 헌신짝처럼 버린 다윗은 천한 목동처럼 비쳤을 것이다.

사무엘하 6:20을 보면, 미갈을 다윗의 아내로 표현하지 않고 "사울

---

8 Brueggemann, 『사무엘상 · 하』, 374.
9 Marva Dawn, *A Royal "Waste" of Time*. 김병국 · 전의우 역, 『고귀한 시간 "낭비"-예배』(서울: 이레서원, 2004), 17-24.

의 딸"로 표현한다. 미갈은 하나님께 불순종한 사울의 복사판이며, 하나님이 기뻐하시는 예배에 동참하지 않는 자, 하나님께 버림받은 자로 상징된다. 결국, 미갈은 하나님께서 기뻐하신 예배에 참여하지 않았다. 미갈은 예배를 방청하고 비웃었다. 예배를 업신여겼다. 미갈은 예배 가운데 머물지 않고, 예배 밖에서 예배드리는 자를 경멸했다.

하나님을 모르는 자는 예배자를 조롱할 수 있다. 그러나 하나님을 믿는 예배자가 예배에 동참하지 않은 채, 예배드리는 자를 조롱하고 비난하는 것은 심각한 죄다. 하나님은 다윗의 아름다운 예배를 욕보인 미갈에게 자식을 낳지 못하는 심판을 내리셨다(삼하 6:23).

3. 신앙적 표현, 예배

'죽은 자', '춤추는 자', '비웃는 자'를 보면서 과연 하나님께 어떻게 예배드려야 할지를 배웠다. 웃사는 예배 현장에 있었지만 하나님의 말씀을 따르지 않고 자기 마음에 좋은 대로 예배한 사람이라면, 미갈은 하나님께서 즐겁게 받으시는 예배에 관심을 보이지 않는 사람이다. 그러나 다윗은 하나님께서 원하시고 기뻐하시는 예배가 무엇인지를 고민하고, 그것을 몸소 행한 사람이다.

물론 예배는 삼위일체 하나님으로부터 시작된다. 성부 하나님이 예배를 만드시고, 성자 하나님이신 예수 그리스도는 예배를 중재하시며, 성령 하나님은 우리의 마음이 하나님께 향할 수 있도록 힘을 공급하신다. 그렇기에 우리는 종국에 하나님 앞에 나올 수 있게 된다.[10] 그

---

10 Hughes Oliphant Old, *Worship: Reformed According to Scripture* (Louisville:

후, 성도는 하나님의 섬김에 화답하고자 하나님을 향한 섬김을 진심으로 일으킨다. 그리고 하나님의 구원에 대한 감사의 반응이 일어나 그를 높이고 찬양한다. 이런 점에서 예배를 하나님과 자기 백성 사이에서 일어나는 상호작용, 즉 거룩한 교제라 할 수 있다.

또한 예배를 성도의 신앙 표현이라 설명하기도 한다.[11] 그러나 예배를 성도의 신앙 표현이라 설명하고 싶다면, 하나님께서 원하시는 방법을 인식한 성도에게 부합한 신앙 표현으로 설명해야 한다. 왜냐하면, 예배자는 "교회 공동체의 일원으로 하나님께서 원하시는 예배가 드려지도록, 예배를 준비하고 동참"[12]하는 존재이기 때문이다. 웨스트민스터 신앙고백서 21장 8항에는 성도의 준비 자세와 예배 행위에 관하여 다음과 같이 간략하게 설명한다.

> 하나님의 백성은 주님을 위하여 안식일을 거룩히 지켜야 하나니, 그들은 마음을 준비하고 주일을 거룩히 지키는 데 지장이 없도록 일반적 사업을 미리 정돈해 놓고, 세상 사업과 오락에 관한 말과 생각과 행위를 일체 중단하고 안식할 것이며, 그 날의 모든 시간을 공적 예배와 사적 예배를 위하여, 또는 부득이한 책임과 자비 시행을 위하여 사용해야 한다.[13]

Westminster John Knox, 2002), 4-5; Robert Charles Sproul, *Truths We Confess, Vol 2 Salvation and the Christian Life*, 이상웅 · 김찬영 역, 『웨스트민스터신앙고백 해설 (2권): 구원과 그리스도인의 삶(9-22장)』 (서울: 부흥과개혁사, 2011), 440-51.

11 Von Allmen, *Worship: Its Theology and Practice* (London, Lutterworth, 1965), 13.
12 James A. De Jong, *Into His Presence*, 황규일역, 『개혁주의 예배』 (서울: 기독교문서선교회, 1997), 18.
13 Gerald I. Williamson, *The Westminster Confession of Faith*, 나용화 역, 『웨스트민스터 신앙고백서 강해』 (서울: 개혁주의신행협회, 1980), 270.

제3장

예 배 순 서

³⁶그런즉 이스라엘 온 집은 확실히 알지니 너희가 십자가에 못 박은 이 예수를 하나님이 주와 그리스도가 되게 하셨느니라 하니라 ³⁷그들이 이 말을 듣고 마음에 찔려 베드로와 다른 사도들에게 물어 이르되 형제들아 우리가 어찌할꼬 하거늘 ³⁸베드로가 이르되 너희가 회개하여 각각 예수 그리스도의 이름으로 세례를 받고 죄 사함을 받으라 그리하면 성령의 선물을 받으리니 ³⁹이 약속은 너희와 너희 자녀와 모든 먼 데 사람 곧 주 우리 하나님이 얼마든지 부르시는 자들에게 하신 것이라 하고 ⁴⁰또 여러 말로 확증하며 권하여 이르되 너희가 이 패역한 세대에서 구원을 받으라 하니 ⁴¹그 말을 받은 사람들은 세례를 받으매 이 날에 신도의 수가 삼천이나 더하더라 ⁴²그들이 사도의 가르침을 받아 서로 교제하고 떡을 떼며 오로지 기도하기를 힘쓰니라 ⁴³사람마다 두려워하는데 사도들로 말미암아 기사와 표적이 많이 나타나니 ⁴⁴믿는 사람이 다 함께 있어 모든 물건을 서로 통용하고 ⁴⁵또 재산과 소유를 팔아 각 사람의 필요를 따라 나눠 주며 ⁴⁶날마다 마음을 같이하여 성전에 모이기를 힘쓰고 집에서 떡을 떼며 기쁨과 순전한 마음으로 음식을 먹고 ⁴⁷하나님을 찬미하며 또 온 백성에게 칭송을 받으니 주께서 구원 받는 사람을 날마다 더하게 하시니라(행 2:36-47).

1. 별걸 다 기억하는 남자

내가 전화 걸 때 처음에 여보세요 하는지 죄송합니다만 그러는지, 번호 8자를 적을 때 왼쪽으로 돌리는지 오른쪽으로 돌려쓰는지, 지하철 1호선과 4호선 안에서 내 표정은 어떻게 달라지는지, 내가 미처 깨닫지 못한 내 모습까지도 기억하는 남자…고기집에서 내가 쌈을 먹을 때 쌈장을 바르고 고기 얹는지, 아니면 고기부터 얹고 쌈장을 바르는지 기억할 수 있을까, 나도 모르는 날 일깨워 주듯이 볼 때마다 새로움을 주는 사람이면, 그 어떤 능력보다 소중하지요 별걸 다 기억하는 남자.[1]

가수 노영심이 부른 '별걸 다 기억하는 남자'의 가사 일부분이다. 이 노래는 가수 변진섭의 '희망사항'과 반대로 '여성의 희망사항'이란 별명이 붙어 있다. 노래의 가사를 음미해보면, 한 남성이 여성을 얼마나 사랑하는지 습관까지 세밀하게 기억하나 여성은 자신의 습관을 전혀 모른다는 내용을 담고 있다. '별걸 다 기억하는 남자'를 소개한 것은 인간이란 습관의 존재라는 것을 말하고 싶기 때문이다.

'습관'이란 무엇인가?

습관은 한 사람이 의식적이든 무의식적이든 반복적으로 보이는 행동이지만, 그 행동을 인식하지 못하는 경우를 말한다. 습관도 처음에는 구체적인 목적을 위한 어떤 행동이었다. 가령, 어린아이들이 콧속을 손가락으로 파는 습관을 생각해 보자. 처음에는 어린아이가 콧속이 간지러워 손가락으로 후벼 팠을 것이다. 그러나 반복적으로 그런 행동

---

[1] '별걸 다 기억하는 남자'는 1992년도에 발매된 〈노영심 1집〉에 수록되어 있다.

을 하다 보면 어린아이는 자신도 모르게 손가락을 콧속에 넣고 있게 된다. 이렇듯 습관이란 일정 시간 동안 같은 행동을 반복하면 이후부터 그 행동의 목적을 상실하고 행동만 되풀이하는 현상이다.

2. 의례의 존재, 인간

의례(Ritual)도 습관과 유사하다. 의례 또한 규칙적이고 반복적인 행동이다. 하지만 습관과 달리, 의례는 예측할 수 있고 목적이 있는 행동이다. 다시 말해, 의례는 "일정하고, 반복적이고, 예측할 수 있고, 목적이 있는 행위"[2]로 정의할 수 있다.

정말 인간은 의례의 존재일까?

> 의례는 인간의 생존을 위해 매우 중요한 역할을 한다. 하나님은 인간이 양육되고, 교육받고, 보살핌을 받아야 살 수 있는 존재로 지으셨다. 다시 말해, 인간은 생존에 필요한 일정하고, 반복적이고, 예측할 수 있고, 목적이 있는 행위들을 알고 태어나지 못한다. 즉, 생존을 위해 그 행위들을 배워야 한다. 또한, 인간은 한 공동체의 일원이 되기 위한 배움을 일정하고, 반복적이고, 예측할 수 있고, 목적이 있는 행위를 통해 배운다. 다시 말해, 인간은 공동체의 가치를 배우고, 공동체의 정체성을 나누고, 그 공동체 안에서 자신의 정체성을 확립해 나간다.[3]

---

2 최승근, "우리의 삶을 형성하고 변화시키는 예배: 'Ritual'로서의 예배", 한국성경신학회, 「교회와 문화」 제29호(2012, 봄): 208.
3 최승근, 『예배: 삶의 어떤 순간에도 하나님께로 나아가는 길』, 44-45.

피조물 가운데 인간만이 의례를 생존을 위해 꼭 필요한 것으로 여긴다.[4] 그러므로 의례의 예측과 목적이 성취되려면 다음 조건들이 전제되어야 한다.

첫째, 인간은 '의례 안에서 배움'이라는 시간을 가져야 한다. 왜냐하면, 인간은 피조물 가운데, 오랜 시간 학습이 필요한 존재이기 때문이다.

둘째, 인간에게 의례는 과거에 슬펐던 일이나 기뻤던 일을 상기시켜 사건의 의미를 되살리는 시간이다. 그래서 우리는 의례에 삶의 의미를 부여한다. 가령, 출생을 기념하는 생일, 죽음을 기억하는 추모식, 새로운 공동체를 형성한 결혼기념일 등은 일상에서 반복되는 의례로서 날짜에 의미를 부여하는 것이다. 이러한 의례들은 우리 삶의 이야기를 형성하며 삶의 변화를 이끌어 간다.

셋째, 의례는 사람에게 시간과 공간을 공유하는 공동체의 일을 하도록 독려한다. 왜냐하면, 공동체의 의례 안에 사람이 머물면서 소통할 때, 비로소 공동체의 일원으로 자연스럽게 참여할 수 있기 때문이다.[5]

3. 의례로서의 예배

낯설게 들릴 수 있지만, 예배는 의례다. 정확히 표현한다면, 예배는

---

[4] Herbert Anderson & Edward Foley, *Mighty Stories, Dangerous Rituals: Weaving Together the Human and Divine*, 안석모 역,『예배와 목회상담: 힘 있는 이야기, 위험한 의례』(서울: 학지사, 2012), 71.

[5] Anderson & Foley,『예배와 목회상담: 힘 있는 이야기, 위험한 의례』, 16, 34.

하나님의 은혜로 구원받은 자들이 공동체를 형성하여 가지는 '일정하고 반복적이며(1년 52주일 아침 11시), 예측 가능하고(하나님의 백성으로 거듭나고 부합되는 성화의 여정을 걷는 변화의 삶), 목적이 있는(하나님께 영광을 돌림과 성도의 교제)' 종교적 의례다. 사도행전 2:42에서 "…힘쓰니라"는 표현을 보면, 예배가 의례라는 사실을 쉽게 알 수 있다. 여기에서, '힘쓰니라'는 표현은 예배에서 행해지는 '사도의 가르침(설교), 교제(헌금), 떡을 뗌(성찬), 기도(공적 기도와 찬양)'를 목적으로 정해진 시간에 모임을 반복했다는 것을 의미한다.[6]

제임스 화이트(James F. White)도 교회에서 연속성을 갖고 내려온 교회 전통인 예배를 의례라고 설명한다.

> 예배는 여러 세대에 걸쳐 내려온 연속성을 보여주는 상속된 예배 관습들과 신앙들이다. [그리고] 예배 전통은 대대로 전해지는 예배하는 우리의 태도를 나타내는 특별한 방식을 뜻한다.[7]

결국, 예배는 '단시일에 완성된 것이 아니라, 오랜 시간 공동체 가운데 하나님을 경배함으로 형성된 의례'이다.[8] 이런 점에서, 초대 교회 예배 역시 의례였다는 사실에 주목해야 한다. 초대 교회의 예배는 오늘날까지 면면히 계승되어 발전해 왔다. 물론, 구약 시대의 예배나 중

---

6 Bruce B. Barton 외 4인, *Life Application Bible Commentary: Acts*, 김일우 · 임미영 역, 『LAB 주석시리즈: 사도행전』 (서울: 한국성서유니온선교회, 2001), 75-76.

7 James F. White, *Protestant Worship*, 김석한 역, 『개신교 예배』 (서울: 기독교문서선교회, 1997), 23.

8 D. C Hart & J R. Muether, *With Reverence And Awe: Returning to the Basics of Reformed Worship*, 김상구 · 김영태 · 김태규 역, 『개혁주의 예배신학: 개혁주의 예배의 토대로 돌아가기』 (서울: 개혁주의신학사, 2009), 181.

간기 시대의 회당 예배도 오늘날 예배의 모체가 될 수 있다. 그러나 예수 그리스도께서 죽으시고 부활하심으로, 옛 모형들의 예배적 의미는 이미 성취되었다. 그러므로 부활하신 예수님이 친히 세우신 교회 공동체의 예배의 요소를 살펴보는 것이 매우 중요하다.[9]

1) 설교

베드로는 유대인과 예루살렘에 사는 모든 사람에게 설교한다(행 2:14). 그러나 사도행전 2:14-36까지의 설교 내용은 매우 짧다. 겨우 1분 정도의 설교 분량이 베드로의 첫 번째 설교로 소개된다. 누가는 베드로의 설교를 기억하고 있는 어떤 청중에게 듣고 핵심 내용을 요약했을지 모른다. 당시에는 기록 장비가 없었고 속기 문화가 발달하였기 때문에 베드로의 설교를 속기한 어떤 사람의 기록을 누가가 확인한 후, 간략히 핵심만 옮겼을지도 모른다.

그레스-로마 세계에서는 연설의 내용을 조작하거나 날조하지 않고 수사적 기법이 드러날 수 있도록 요약하는 것을 보편적인 관습으로 받아들였다.[10] 분명한 것은 누가가 성령의 인도하심에 따라 사도행전을 기록했다는 점이다.

베드로의 첫 설교의 핵심 주제는 예수 그리스도시며, 그 내용을 요약하면 다음과 같다.

---

9 Constance M. Cherry, *The Worship Architect: A Blueprint for Designing Culturally Relevant and Biblically Faithful Services*, 양명호 역, 『예배건축가: 문화에 적절하고 성경에 충실한 예배 디자인 청사진』 (서울: CLC, 2015), 39.

10 John R. W. Stott, *The Message of Acts: To the Ends of the Earth*, 정옥배 역, 『사도행전 강해: 땅끝까지 이르러』 (서울: IVP, 1992), 74-77.

(1) 사도행전 2:16-21: 예수를 믿는 자에게 주어지는 구원.

(2) 사도행전 2:22: 예수의 생애와 사역.

(3) 사도행전 2:23: 예수의 죽음.

(4) 사도행전 2:24-32: 예수의 부활.

(5) 사도행전 2:33-36: 예수의 승천.[11]

2) 회심

회심은 설교로부터 시작된다. 왜냐하면, "믿음은 들음에서 나며 들음은 그리스도의 말씀"에서 시작되기 때문이다(롬 10:17). 또한, 회심은 주도권이 인간에게 있지 않고, 전적으로 하나님 손에 달려 있다.[12]

베드로의 설교를 들은 청중들은 양심에 깊은 찔림을 받고, 스스로 죄인임을 깨닫는다. 그리고 하나님의 심판에 대한 두려움에 사로잡혀 어떻게 해야 할지를 몰랐다. 그들은 스스로를 구원할 수 없었기 때문이다. 죄인임을 자각한 그들에게는 죄 용서의 절차가 필요했다.[13] 베드로는 반복하여 그들에게 회심을 종용하며, 세례 받을 것을 권한다(행 2:37-40).

결국 그들의 마음이 주께로 돌아오고, 마가의 다락방에 모인 100여 명의 성도들은 사도 11명을 일심으로 도와 3,000명을 위한 세례식을 준비했다.[14] 그리고 마침내 초대 교회는 하나님의 은혜로 3,000명을

---

11 Stott, 『사도행전 강해: 땅끝까지 이르러』, 81-85.

12 Joel R. Beeke, *Backsliding Disease and Cure*, 윤석인 역, 『영적 침체에서 벗어나는 길』 (서울: 부흥과개혁사, 2004), 122-123.

13 김경진, 『사도행전』 (서울: 대한기독교서회, 1999), 101.

14 Kenneth O. Gangel, *Holman New Testament Commentary: Acts*, 장미숙 역, 『Main Idea로 푸는 사도행전』 (서울: 디모데, 1999), 48.

교적부에 등록하는 엄청난 기적을 경험한다(행 2:41).

3) 예배(순서)

사도행전 2:42을 보면, 최초의 신약 교회의 예배 모습이 나온다. 아마도 누가는 초대 교회의 예배 형태를 간략히 네 가지 핵심 예배 순서인 가르침(설교), 교제(헌금), 떡 뗌(성찬), 그리고 기도(공적 기도와 찬양)로 묘사한 듯하다.[15] 칼빈도 사도행전 2:42을 교회 예배의 순서들 가운데 가장 중요한 요소들로 받아들이며, 마지막 기도를 확대하여 공적 기도와 찬양을 포함해야 한다고 주장했다. 그리고 초대 교회의 예배 모습으로 착실히 정착되었을 것이라 단언한다.[16]

칼빈은 스트라스부르크에서 마틴 부처(Martin Bucer)와 3년 동안 동역하면서 그에게서 예배신학을 배웠을 것이다. 왜냐하면, 마틴 부처도 하나님께서 요구하시는 대로 예배하는 것이 하나님을 진심으로 섬기는 것이라 믿었으며, 하나님께서 사도행전 2:42을 통해 교회에 예배 형태를 가르쳐 주셨다고 주장했기 때문이다.[17] 존 스토트(John Stott)는 핵심적인 이 네 가지의 예배 순서를 확대하여 "배우는 교회(설교와 가르침), 서로 사랑하는 교회(헌금과 교제), 예배하는 교회(성찬, 찬양과 기도), 전도하는 교회(구원받은 사람들이 날마다 늘어남)라는 교회의 존재 목적"[18]을 설명한다.

---

15 Barton 외, 『LAB 주석시리즈: 사도행전』, 75.
16 Jean Calvin, *Institutes of the Christian Religion*, 김종흡 외 3인 역, 『기독교 강요』 (서울: 생명의말씀사, 1988), 4권 17장, 12, 44절.
17 Old, *Worship: Reformed According to Scripture,* 3.
18 Stott, 『사도행전 강해: 땅끝까지 이르러』, 89-96.

물론, 여러 바울 서신들을 살펴보면 다양한 예배 요소들, 가령 죄 용서, 세례, 평화의 인사, 축도 등이 예배 순서에 있었음을 알 수 있다. 아마도, 신약성경에 등장하는 초대 교회는 규모가 작기에, 비형식적이고 정형화되지 않은 예배를 드렸을 가능성이 크다. 그러나 시간이 지남에 따라 교회는 성경을 근거로 다양한 장소의 문화적·시대적 요소들을 반영한 다양한 예배 요소들을 발전시켰을 것이다.[19]

그러나 우리는 교회 전통의 지배를 받을 것이 아니라, 그 가르침을 조심스럽게 존중해야 한다.[20] 왜냐하면 교회의 예배 전통 가운데 하나님의 뜻과 어긋나는 요소들이 가끔 존재하기 때문이다. 분명한 것은 예배란 인간이 창안한 것이 아니라 그 기원이 하나님께 있다는 것이다. 하나님은 성경을 통해 예배의 참된 목적과 방법을 계시하셨다. 또한 예배의 자리에 임재하실 것을 약속하셨다. 그러므로 우리는 하나님께서 계시하신 예배의 각 순서들을 살펴볼 필요가 있다.

(1) 하나님의 하향적인 행위(From God): ↓ 방향

예배는 하나님 때문에 가능하다. 우리를 향한 하나님의 부르심인 '하나님의 초대'가 예배의 시작이다.[21] 예배의 시작에서 하나님의 하향적인 행위를 선포하여 하나님의 은혜가 드러나도록 해야 한다. 즉, 하나님께서 자신의 백성을 위해 어떻게 일하셨는지, 어떻게 일하고 계신지, 또한 어떻게 일할 것인지를 표현해야 한다.

---

19 David Peterson, *Engaging with God*, 김석원 역, 『예배신학』 (서울: 부흥과개혁사, 2011), 185.
20 Bryan Chapell, *Christ-Centered Worship*, 윤석인 역, 『그리스도 중심적 예배』 (서울: 부흥과개혁사, 2011), 15.
21 Dyrness, *A Primer on Christian Worship*, 1-2.

(2) 우리의 상향적인 행위(To God): ↑ 방향

예배는 하나님을 향한 우리의 믿음이나 행동의 결단을 표현하는 것이다. 이것은 하나님께서 베푸신 은혜를 향한 우리의 응답이다. 그러므로 하나님을 향한 우리의 상향적인 행위를 드러내는 예배 순서에서는 믿음이 강조된다.

(3) 성도들 간의 수평적인 행위(To each other): ↔ 방향

예배는 하나님과 우리 사이의 상호교환성뿐 아니라, 성도들 간의 상호교환성도 표현하는 것이다. 구원받은 백성들이 한 지체를 이루며 성령의 열매를 드러내는 순간이 바로 예배이다. 이 순서에서는 모든 성도가 하나님의 공동체에 속했다는 사실이 강조된다. 즉, 교회가 언약적 관계로 맺어진 영적 가족임을 드러내며, 그리스도의 몸 된 지체로서 공동체의 역할을 부각시킨다.

(4) 예배 순서들의 방향 표시

교회 전통을 살펴보면 다양한 예배 순서들이 있었다. 예배 순서가 없이는 질서 있게 하나님께 경배할 수 없다. 하나님도 무질서한 예배가 아니라 질서 있는 예배를 원하신다. 왜냐하면, 질서란 하나님의 속성이기 때문이다(고전 13:33).

시대의 변화와 성도의 신앙 수준에 따라 예배 순서는 새롭게 만들어지기도 하고 사라지기도 했다. 그리고 사라졌던 예배 순서가 다시 복원되기도 했다. 다음의 예배 순서들은 요즘 교회에서 가장 보편적으로 행해지는 순서들을 '하나님의 하향적인 행위', '하나님을 향한 우리의 상향적인 행위' 및 '성도 간의 수평적인 행위'로 선보인 것이다. 각 예배 순서가 지닌 신학적인 특징은 다음 장부터 구체적으로 다루고자 한다.

각 예배 순서들을 표시해 본다면 다음과 같다.

① 예배로의 부름(↓)
② 신앙고백(↑)
③ 찬양(↑)
④ 대표(목회)기도(↑↔)
⑤ 참회 기도와 사죄의 확신(↑↔↓)
⑥ 찬양(↑)
⑦ 성경 봉독과 조명기도(↓↑)
⑧ 설교(↓)
⑨ 세례와 성찬(↓↑↔)
⑩ 찬양(↑)
⑪ 헌금(↑↔)
⑫ 성도의 교제(교회 소식 ↑↔)
⑬ 찬양(↑)
⑭ 축도(↓)

물론, 각 교단과 목회자의 신학적 관점에 따라 예배 요소들과 순서들은 다소 차이가 있을 수 있다. 그리고 찬양의 횟수도 차이가 난다. 그러나 우리가 예배 순서의 방향성을 통해 깨달아야 할 점이 있는데, 그것은 최근의 예배가 세 방향의 균형을 잃어버렸다는 사실이다. 지금 우리의 예배 모습은 하나님께 올려드리는 우리의 상향적 행위에 치중되어 있을 뿐 아니라, 성례를 시행하는 데는 인색하다.

우리는 예배를 예배답게 드리기 위해서 두 가지의 상호행위, 즉 하나님과 성도 간의 상호행위와 성도와 성도 간의 상호행위가 예배에서 균형 있게 행해져야 한다.[22] 다시 말해, 우리는 구원을 베푸신 하나님과 중보자 되시는 예수 그리스도의 선한 행위를 드러내며, 구원받은 백성들 간의 헌신과 사랑이 분명하게 표현될 수 있도록 예배 순서를 신학적으로 구조화시켜야 한다.[23]

5. 사람을 변화시키는 의례, 예배

예배는 의례로서, 초대 교회 성도의 신앙을 형성하고 발전시켰다. 예배는 의례로서, 성도들에게 반복적인 영적 패턴을 제공함으로 그들로 하여금 하나님의 구속사를 경험하게 하고, 하나님의 은혜로운 사역에 자발적인 참여를 이끌었다.[24]

예배는 세속적인 패턴에 익숙한 성도들을 영적 패턴에 머물게 함으로써, 일상의 삶에서 망각했던 예수 그리스도의 대속의 은혜와 사랑을 되살리는 역할을 한다. 이러한 예배의 능력은 사도행전 2:44-46에 여실히 나타난다.

사도행전 2:44-46을 보면, 성도들의 삶에 엄청난 변화가 일어난다. 즉, 초대 교회 성도들은 의례인 예배를 통해 거룩한 자로 변화하여 교회 생활과 가정 생활, 그리고 일상 생활에서 모범이 되어간다. 그 결과, 세상 사람들이 교회 공동체를 칭송했고, 교회 공동체의 영적인 가족이 되는 자들이 많아졌다.[25] 그러므로 우리는 교회 공동체를 하나님

22　Peterson, 『예배신학』, 41-50.
23　Chapell, 『그리스도 중심적 예배』, 16-18.
24　주종훈, 『기독교 예배와 세계관』 (서울: 워십리더, 2014), 22.
25　Barton 외, 『LAB 주석시리즈: 사도행전』, 79-80.

의 영적 예배 학교로 인식할 필요가 있다.

교회를 '하나님의 학교'라 할 때, 여기에는 두 가지 의미가 있다.

첫째, 라틴어 스콜라(*schola*)에서 유래된 말로 '교회 안에서 교육'을 의미한다.

둘째, 그리스어 스콜레(*skolē*)에서 유래된 말로 '고요함 중의 여유'를 의미한다. 고요함 중의 여유란 기쁜 마음으로 진리의 말씀을 기꺼이 듣고 따름이다.[26]

성도의 정체성은 교회의 교육인 예배를 통해 형성될 뿐만 아니라, 그 말씀대로 살기 위해 교회 공동체 안에서 훈련받고, 세상 가운데에서도 올바른 성도의 삶을 살아내고자 노력할 때 형성된다.[27]

---

26 P H. Plattelcher, *The School of The Church: Worship and Chritian Formation*, (Pennsylvania: Trinity Press International, 1995), 27-28.

27 Plattelcher, *The School of The Church: Worship and Christian Formation*, 28.

제4장

예배로의 부름

¹그런데 바리새인 중에 니고데모라 하는 사람이 있으니 유대인의 지도자라 ²그가 밤에 예수께 와서 이르되 랍비여 우리가 당신은 하나님께로부터 오신 선생인 줄 아나이다 하나님이 함께 하시지 아니하시면 당신이 행하시는 이 표적을 아무도 할 수 없음이니이다 ³예수께서 대답하여 이르시되 진실로 진실로 네게 이르노니 사람이 거듭나지 아니하면 하나님의 나라를 볼 수 없느니라 ⁴니고데모가 이르되 사람이 늙으면 어떻게 날 수 있사옵나이까 두 번째 모태에 들어갔다가 날 수 있사옵나이까 ⁵예수께서 대답하시되 진실로 진실로 네게 이르노니 사람이 물과 성령으로 나지 아니하면 하나님의 나라에 들어갈 수 없느니라 ⁶육으로 난 것은 육이요 영으로 난 것은 영이니 ⁷내가 네게 거듭나야 하겠다 하는 말을 놀랍게 여기지 말라 ⁸바람이 임의로 불매 네가 그 소리는 들어도 어디서 와서 어디로 가는지 알지 못하나니 성령으로 난 사람도 다 그러하니라 ⁹니고데모가 대답하여 이르되 어찌 그러한 일이 있을 수 있나이까 ¹⁰예수께서 그에게 대답하여 이르시되 너는 이스라엘의 선생으로서 이러한 것들을 알지 못하느냐 ¹¹진실로 진실로 네게 이르노니 우리는 아는 것을 말하고 본 것을 증언하노라 그러나 너희가 우리의 증언을 받지 아니하는도다 ¹²내가 땅의 일을 말하여도 너희가 믿지 아니하거든 하물며 하늘의 일을 말하면 어떻게 믿겠느냐 ¹³하늘에서 내려온 자 곧 인자 외에는 하늘에 올라간 자가 없느니라 ¹⁴모세가 광야에서 뱀을 든 것 같이 인자도 들려야 하리니 ¹⁵이는 그를 믿는 자마다 영생을 얻게 하려 하심이니라(요 3:1-21).

¹예수께서 제자들 삼고 세례를 베푸시는 것이 요한보다 많다 하는 말을 바리새인들이 들은 줄을 주께서 아신지라 ²예수께서 친히 세례를 베푸신 것

이 아니요 제자들이 베푼 것이라 ³유대를 떠나사 다시 갈릴리로 가실새 ⁴사마리아를 통과하여야 하겠는지라 ⁵사마리아에 있는 수가라 하는 동네에 이르시니 야곱이 그 아들 요셉에게 준 땅이 가깝고 ⁶거기 또 야곱의 우물이 있더라 예수께서 길 가시다가 피곤하여 우물 곁에 그대로 앉으시니 때가 여섯 시쯤 되었더라 ⁷사마리아 여자 한 사람이 물을 길으러 왔으매 예수께서 물을 좀 달라 하시니 ⁸이는 제자들이 먹을 것을 사러 그 동네에 들어갔음이러라 ⁹사마리아 여자가 이르되 당신은 유대인으로서 어찌하여 사마리아 여자인 나에게 물을 달라 하나이까 하니 이는 유대인이 사마리아인과 상종하지 아니함이러라 ¹⁰예수께서 대답하여 이르시되 네가 만일 하나님의 선물과 또 네게 물 좀 달라 하는 이가 누구인 줄 알았더라면 네가 그에게 구하였을 것이요 그가 생수를 네게 주었으리라 ¹¹여자가 이르되 주여 물 길을 그릇도 없고 이 우물은 깊은데 어디서 당신이 그 생수를 얻겠사옵나이까 ¹²우리 조상 야곱이 이 우물을 우리에게 주셨고 또 여기서 자기와 자기 아들들과 짐승이 다 마셨는데 당신이 야곱보다 더 크니이까 ¹³예수께서 대답하여 이르시되 이 물을 마시는 자마다 다시 목마르려니와 ¹⁴내가 주는 물을 마시는 자는 영원히 목마르지 아니하리니 내가 주는 물은 그 속에서 영생하도록 솟아나는 샘물이 되리라 ¹⁵여자가 이르되 주여 그런 물을 내게 주사 목마르지도 않고 또 여기 물 길으러 오지도 않게 하옵소서 ¹⁶이르시되 가서 네 남편을 불러 오라 ¹⁷여자가 대답하여 이르되 나는 남편이 없나이다 예수께서 이르시되 네가 남편이 없다 하는 말이 옳도다 ¹⁸너에게 남편 다섯이 있었고 지금 있는 자도 네 남편이 아니니 네 말이 참되도다 ¹⁹여자가 이르되 주여 내가 보니 선지자로소이다 ²⁰우리 조상들은 이 산에서 예배하였는데 당신들의 말은 예배할 곳이 예루살렘에 있다 하더이다 ²¹예수께서 이르시되 여자여 내 말을 믿으라 이 산에서도 말고 예루살렘에서도 말고 너희가 아버지께 예배할 때가 이르리라 ²²너희는 알지 못하는 것을 예배하고 우리는 아는 것을 예배하노니 이는 구원이 유대인에게서 남이라 ²³아버지께 참되게 예배하는 자들은 영과 진리로 예배할 때가 오나니 곧 이 때라 아버지께서는 자기에게 이렇게 예배하는 자들을 찾으시느니라 ²⁴하나님은 영이시니 예배하는 자가 영과 진리로 예배할지니라 (요 4: 1-42).

1. 거지의 착각

　오랜 시간 끼니를 해결하지 못한 한 거지가 있었다. 굶주림에 허덕이던 거지는 저 멀리 지나가는 부자와 눈이 마주쳤다. 거지는 불쌍한 목소리로 각설이 타령을 목청껏 불렀다. 노랫소리를 들은 부자는 각설이 타령을 목청껏 부른 거지에게 다가와 돈을 주고 갔다. 그날, 거지는 모처럼 배불리 먹을 수 있었다. 다음 날, 거지는 같은 시간에 걸어가고 있는 그 부자를 또 목격했다. 거지는 다시 온 힘을 다해 각설이 타령을 구슬프게 불렀다. 그러자 부자는 어제처럼 돈을 주고 사라졌다. 그렇게 거지는 일주일 동안 지나가는 부자에게 구걸해서 배부르게 먹을 수 있었다.
　어느 날, 거지는 문득 이런 생각이 들었다.
　'아하! 내가 정말 노래를 잘 부르니까 부자가 내게 노래값을 줬던 거구나!'
　이런 생각이 들어 거지는 부자가 지나가는데도 불쌍한 목소리로 각설이 타령을 부르지 않았다. 지나가던 부자는 거지에게 다가와 이렇게 물었다.
　"내가 지나가는데, 왜 오늘은 각설이 타령을 목청 높여 부르지 않는가?"
　그러자 거지는 부자에게 이렇게 대답했다.
　"내가 너무 노래를 잘 불러서 당신이 값을 지불하는 것이니, 오늘은 먼저 내게 돈을 주시오. 그러면 얼마큼 돈을 주는지에 따라, 당신을 위해 각설이 타령을 부르겠소."
　이 소리를 들은 부자는 이 잘난 거지에게 더 이상 동전 하나도 던져주지 않았다. 거지는 다시 굶주림에 시달리게 되었다고 한다.

황당한 이야기다. 분명히 거지는 착각한 것이 있다. 그것은 부자는 거지가 불쌍해서 돈을 준 것이지, 거지가 노래를 잘 불러서 준 것은 아니라는 사실이다.

혹시, 우리가 불쌍해서 선물로 받은 것은 없는가?

물론, 우리도 거지처럼, '내 능력으로 모든 것을 획득했다'고 자랑할지 모른다.

2. 구원과 예배의 출발점이신 하나님

하나님께서 우리가 너무 불쌍해서 주신 귀한 선물이 있다. 바로, 예수 그리스도의 대속의 은혜를 통한 구원이다. 구원이란 하나님의 선물이다. 에베소서 2:5-9을 함께 보자.

> 허물로 죽은 우리를 그리스도와 함께 살리셨고 너희는 은혜로 구원을 받은 것이라 또 함께 일으키사 그리스도 예수 안에서 함께 하늘에 앉히시니 이는 그리스도 예수 안에서 우리에게 자비하심으로써 그 은혜의 지극히 풍성함을 오는 여러 세대에 나타내려 하심이라 너희는 그 은혜에 의하여 믿음으로 말미암아 구원을 받았으니 이것은 너희에게서 난 것이 아니요 하나님의 선물이라 행위에서 난 것이 아니니 이는 누구든지 자랑하지 못하게 함이라(엡 2:5-9).

선물이란, 주체자인 '주는 자'로부터 시작되며, '받는 자'는 그저 감사를 돌릴 뿐이다. 그래서 구원을 하나님의 선물이라 부른다. 구원은 하나님의 은혜로 주어진 감당치 못할 선물이기에, 구원받은 자는 결코 자신의 의로움을 자랑할 수 없다.

예배는 하나님으로부터 구원을 선물로 받은 자들이 하나님의 강권으로 부름을 받아 예배 장소로 나오는 것에서 시작한다. 다시 말해, 예배의 시작은 인간에게 달려 있지 않다. 우리를 위한 하나님의 초대가 예배의 시작이다.[1] 이것을 가리켜 '예배로의 부름'이라 명시하며, 예배의 첫 순서를 차지한다.

예배의 첫 순서가 예배로의 부름이라는 사실은 신학적으로뿐만 아니라 신앙적으로도 매우 중요하다. 왜냐하면, 성도들이 일반적으로 설교를 경청하는 것만으로 예배를 드렸다고 생각할 뿐,[2] 먼저 우리에게 다가오시는 전인격적 하나님을 망각하기 때문이다. 하나님께서 예배의 주체자로서 자신의 백성을 초청할 때, 예배가 시작된다. 또한, 우리가 그의 초청에 감사함으로 반응할 때, 예배가 예배다워진다.[3]

그러나 한국 교회의 목사나 성도는 예배의 시작인 '예배로의 부름'의 중요성을 인식하지 못하는 듯하다. 왜냐하면, 대체로 한국 교회의 예배는 '묵도'라는 독특한 순서로 시작되기 때문이다. 한국 교회에만 존재하는 묵도는 목사가 조그만 종(bell)을 치는 것으로 시작한다. 그리고 목사가 짧은 성경 구절을 선포한 후, 대표로 기도한다. 그 후, 찬양대의 찬양이 예배의 시작을 알리는 것이 일반적이다.

유추하건데, 이러한 묵도가 '예배로의 부름'이란 순서와 접목되어 예배에서 행해지는 것은 한국의 문화적인 상황에서 비롯된 것 같다. 즉, 한국 교회의 예배에서만 볼 수 있는 독특한 '묵도'의 기원은 선비

---

1 Dryness, *A Primer on Christian Worship*, 1-2.
2 정창균, 『고정관념을 넘어서는 설교』 (수원: 합동신학대학원출판부, 2002), 3.
3 주종훈, 『기독교 예배와 세계관』, 55.

들이 유교적 삶을 유지하는 성성자(惺惺子)[4]에서 유래했거나, 일제의 식민지 통치시절에 강요당한 신사참배에서 유례했을 가능성이 크다.

3. 니고데모와 사마리아 여인

하나님은 구원과 예배가 모두 자신으로부터 시작된다는 사실을 '예수님과 니고데모와의 대화'와 '예수님과 사마리아 여인과의 대화'를 대조시켜 우리에게 강력하게 말씀하신다. 니고데모는 종교 지도층 인사로 하나님의 구원의 손길이 그에게 미치지 않았다. 그렇기에 니고데모는 하나님께 진정한 예배자로 나갈 수 없었다. 더 충격적인 것은 그가 구원에 관심을 갖고 있던 자일 뿐 아니라, 외형적으로는 하나님을 충실히 믿고 다른 사람들에게 토라를 가르치는 종교 지도자였다는 사실이다.

한편, 예수님을 믿고 구원을 선물로 받은 후, 예배로 부름을 받은 한 여인이 나온다. 이름을 알 수는 없으나, 사마리아 땅에 살고 있는 한 비참한 여인이다. 하나님은 이 비참한 여인에게 구원을 허락하신 후, 그녀를 예배로 부르신다.[5]

---

4 남명 조식은 스스로 언행을 경계하고 깨어있는 의식을 유지하고자 허리에 쇠방울 두 개를 차고 다녔다. 그리고 몸이 움직일 때마다 방울소리를 들으며 일거수일투족에 경각심을 가졌다. 그의 가르침인 성성자는 선비들에게 귀감이 되어 전례되었다. http://blog.daum.net/grapery9737/7891670.

5 Andress J. Köstenberger, *Encountering John*, 김광모 역, 『요한복음 총론』(서울: 크리스천, 2005), 113-14.

1) 니고데모

요한복음 3:1은 니고데모를 가리켜 "유대인의 지도자"라 표현한다. 이것은 니고데모가 바리새인이며 산헤드린 공의회의 회원임을 암시한다.⁶ 산헤드린 공의회의 기원은 불명확하다. 아마도 이스라엘이 페르시아에서 돌아온 후 사회의 제반 사항을 관장하기 위해 조직한 기구였을 것이다. 산헤드린은 점차적으로 유대교의 종교적 통치 기구로서 자리를 잡고, A. D. 70년에 이스라엘이 멸망할 때까지 이스라엘의 종교 생활과 정치 생활을 통괄하는 역할을 수행한 것 같다.

또한, 산헤드린 공의회의 회원은 순수한 이스라엘 혈통을 지닌 사람과 부를 소유한 자로 국한되었으며, 대제사장이 의장을 담당했다.⁷ 따라서 산헤드린 공의회 회원인 니고데모는 부자였을 가능성이 많다.⁸ 그리고 그는 종교 지도자로서, 이미 하나님을 섬길 뿐 아니라, 다른 사람들에게 종교 생활을 가르치는 자였다.

당대의 존경을 한몸에 받던 니고데모는 예수님을 만나기 원했다. 니고데모와 예수님의 만남은 "한 신학자가 다른 신학자를 만난 신학적인 대화"⁹처럼 보인다. 그러나 니고데모의 행동이 수상하다. 왜냐하면 그는 예수님을 만나고자 밤에 나서기 때문이다(요 3:1).

왜 니고데모는 낮이 아닌, 밤에 예수님을 찾은 것일까?

---

6 조석민, 『요한복음의 새관점』 (서울: 솔로몬, 2009), 157.
7 Everett F. Harrison, Geoffery W. Bromiley & Carl F. H. Henry, *Baker's Dictionary of Theology*, 신성종 역, 『베이커 신학사전』 (서울: 엠마오, 1986), 326-27.
8 Craig S. Keener, *The IVP Background Commentary: New Testament*, 정옥배 외 역, 『IVP 성경배경주석: 신약』 (서울: IVP, 1998), 310.
9 Gary M. Burge, *The NIV Application Commentary*, 김병국 역, 『NIV 적용주석 시리즈: 요한복음』 (서울: 솔로몬, 2010), 146.

두 가지 해석이 가능하다.

첫째, 니고데모는 다른 사람의 눈을 피해, 예수님을 만나기 위해 밤 시간을 선택했을 수 있다. 그는 이미 명성이 있는 유대 지도자였기에, 당시 괴변론자로 인식되던 예수님을 만나 종교적인 대화를 나눈다는 것은 부담스러운 일일 수 있었다.

둘째, 요한복음은 상징적인 의미를 내포한다. 특히, 요한복음에서 밤은 영적인 어두움이나 무지를 상징하거나 어떤 부정적인 의미를 나타낸다. 그러므로 니고데모가 밤에 예수님을 찾아온 것은 그가 영적으로 무지한 종교 지도자임을 의미한다.[10]

두 가지 해석을 종합해 볼 때, 니고데모는 외형적으로 종교 지도자였음에도 영적으로는 여전히 어두운 상태에 있었다. 그래서 그는 이 문제의 해답을 얻고자 예수님을 찾아 온 것이다.

니고데모는 예수님을 율법 선생 이상으로 인식하고 있었다. 니고데모는 예수님께 첫인사를 하면서, 예수님을 "하나님께로부터 오신 선생"으로 호칭했을 뿐 아니라, '표적'을 하나님께서 언제나 예수님과 함께하신다는 사실을 인정했다. 그러나 예수님을 만난 니고데모가 처음부터 자신의 영적 고민을 털어놓지 않았다(요 3:2). 하지만 예수님은 신적 능력으로 니고데모의 영적인 고민을 정확하게 꿰뚫어 보시고 니고데모의 속마음에 자리잡은 영적 갈등인 구원과 영생의 문제에 해답을 제시하셨다.

> 진실로 진실로 네게 이르노니 사람이 거듭나지 아니하면 하나님의 나라를 볼 수 없느니라(요 3:3).

---

10 조석민, 『요한복음의 새관점』, 157; 황원하, 『요한복음 해설노트』 (서울: SFC, 2001), 77.

여기에서 예수님께서 말씀하신 거듭남은 '위로부터 거듭남'을 가리킨다. 죄된 인간은 오직 하나님의 능력으로만 구원과 영생을 얻어 하나님 나라에 속할 수 있음을 분명하게 선포하신 것이다. 하나님의 나라는 인간의 노력으로는 결코 들어갈 수 없다.[11]

본심을 들켜버린 니고데모는 당혹스러움을 감출 수 없었다. 왜냐하면 할례를 받은 자신은 당연히 구원받은 하나님의 백성이라 생각했기 때문이다. 곧이어 니고데모는 예수님께 '거듭남'에 대하여 묻는다(요 3:4). 그러나 그의 지식으로는 하나님의 신비인 구원과 영생의 원리를 깨달을 수 없었다. 예수님은 물과 바람의 비유를 통해 '거듭남'이 성령 하나님으로부터 시작된다는 영적 신비를 설명하신다. 예수님의 비유는 디도서 3:5의 "중생의 씻음과 성령의 새롭게 하심으로 하셨나니"와도 같은 맥락의 설명이다.

하나님으로부터 신령한 지혜를 얻은 사람만이 구원의 고귀함을 깨달을 수 있다. 그렇기에 니고데모는 예수님의 비유 가르침을 깨닫지 못한다. 영적인 무지에서 벗어나지 못한 니고데모는 연이어 예수님께 질문한다(요 3:9). 그리고 예수님은 단호하면서도 부드러운 목소리로 "너는 이스라엘 선생으로서 이러한 것들을 알지 못하느냐?"(요 3:10) 물으시며, 니고데모를 부끄럽게 만드신다. 왜냐하면 아마도 니고데모는 구약성경 중 선지서에 정통한 사람이었기 때문이다.[12]

예수님은 니고데모에게 "땅의 일을 말하여도 너희가 믿지 아니하거든 하물며 하늘의 일을 말하면 어떻게 믿겠느냐?"(요 3:12)라는 의

---

11 Leon Morris, *The New International Commentary on the New Testament: John Vol 1. Chapter 1 to 7*, 이상훈 역, 『성경주석 뉴 인터내셔널: 요한복음 상』 (서울: 생명의 말씀사, 1979), 262.

12 Bruce Milne, *The Message of John: Here is Your King*, 정옥배 역, 『요한복음 강해: 말씀이 육신이 되어』 (서울: IVP, 1995), 96.

미심장한 질문을 던지면서, 민수기 21:8-9에서 소개된 구리뱀 사건을 자신의 십자가 사건과 연결시키신다. 그리고 예수님은 니고데모에게 자신을 구원자로 믿어야 구원과 영생의 기쁨을 얻을 수 있다고 말씀하신다.

안타깝게도 예수님과 니고데모의 신앙적인 대화는 여기에서 끝난다. 예수님께서 니고데모에게 구원과 영생에 관한 가르침을 주었으나, 니고데모의 다음 행동이 기록되어 있지 않기 때문이다. 요한복음 3장은 니고데모의 대답과 다음 행동에 대해 침묵한다.[13] 이것은 니고데모가 더 이상 예수님을 좇지 않았다는 것을 암시한다.

요한은 요한복음 3:16-21을 주석처럼 삽입함으로써 예수님과 니고데모의 만남 사건을 어떻게 신앙적으로 이해해야 할지 실마리를 제공한다.[14] 즉, 하나님은 예수님을 구원자로 믿고 고백하는 자들에게는 영생을, 예수님을 부인하는 자들에게는 영벌을 허락하신다(요 3:16-18). 예수님이 빛으로 왔으나, 니고데모는 빛보다 어둠을 사랑한 영적 어두움의 소유자다(요 3:19-21).

실제로, 니고데모는 요한복음 7:50-51과 19:39-42에서 두 번 더 등장한다. 요한복음 7:50-51에서 니고데모가 등장한 때는 초막절이다. 초막절 끝날에 예수님은 구약성경에 나오는 생수의 원천이 자신임을 가리키시며, 자신을 믿는 자는 성령을 선물로 받는다고 말씀하신다(요 7:39). 대제사장들과 바리새인들은 예수님을 체포하여 처벌하고자 하였으나 니고데모는 예수님을 옹호한다(요 7:51). 그러나 예수님을 따르는 제자가 되지는 않는다.

---

13 Burge,『NIV 적용주석 시리즈: 요한복음』, 179.
14 Köstenberger,『요한복음 총론』, 465-68; 조석민,『요한복음의 새관점』, 173-76.

요한복음 19:39-42은 예수님을 십자가에 돌아가신 후, 돌무덤에서 있었던 사건이다. 요한은 예수님의 돌무덤에 찾아온 니고데모를 가리켜 "일찍이 예수께 밤에 찾아왔던" 사람으로 표현한다(요 19:39). 니고데모가 예수님을 찾아온 시간은 밤으로 그는 요한복음 전체에서 성령의 거듭남을 경험하지 못하여 영적인 어두움을 소유한 종교인을 대표한다. 또한 니고데모는 하나님으로부터 구원받지 못했으나, 구원받은 자처럼 살아가는 '유사 그리스도인'의 한 모델로 평가할 수 있다.

브루스 밀른(Bruce Milne)는 니고데모의 영적 무지야말로 우리에게 영적 경각심을 심어준다고 설명한다.

> 성령에 의해 거듭나는 것이 구원에 대한 이해에 특별히 기여하는 바는, 그것이 철저한 본성의 변화를 포함하는 초자연적인 하나님의 역사로서의 구원을 강조한다는 것이다. 오직 하나님만이 구원하실 수 있다. '종교'가 일반적으로 다시 유행하면서, 고대의 종교들도 어느 정도 부활하고, 뉴에이지와 같은 새로운 종교도 등장하는 이때, 종교가 구원을 할 수 없다는 생각은 이천 년 전의 독실한 니고데모에게 놀라운 것을 [발견한 것]만큼 오늘날 우리가 듣기에도 놀라운 것이다. 하나님의 구원을 체험하는 것은 단지 각성의 문제가 아니다. 그것은 중생의 문제이다…우리는 모두 거듭나야 한다. 거듭남은 또한 그리스도인들과 비그리스도인들 간에 근본적인 차이가 있음을 분명하게 해준다. 우리는 거듭났든가 죄 가운데 죽어 있든가 둘 중 하나이다. 또 빛으로 왔든가 여전히 어두움 가운데 있든가 둘 중 하나이며…중도란 없다. 그리고 우리가 중생했을 당시의 세부적인 사항들을 반드시 다 생각해 낼 필요는 없다…중요한 것은 우리가 지금 살아 계신 주님이요 구세주이신 예수 그리스도께 끊임없이 의존하는 삶을 살고 있으

며 , 영적 생명으로 자라가고 있다는 것이다.[15]

니고데모는 외형적으로는 훌륭한 신자였으나, 내면적으로는 거듭나지 못한 문화 종교인에 불과했다. 다시 말해, 니고데모는 구원받지 못한 사람이었다. 그뿐 아니라 그는 하나님으로부터 예배로의 부름에 초청받지 못했다.

예수님과 니고데모의 만남을 살펴볼 때 더 놀라운 것은, 예수님께서 종교심 가득한 니고데모에게 먼저 찾아간 것이 아니라, 종교적인 갈등을 해결 받고자 니고데모가 예수님을 찾아왔다는 사실이다. 그러나 구원은 하나님께서 인간에게 찾아오심으로 시작된다. 마찬가지로, 예배도 하나님이 구원받은 백성을 부르시면서 시작된다. 그러므로 '구원받음'과 '예배드림'은 불가분의 관계다.

2) 사마리아 여인

니고데모와 달리, 하나님의 강권으로 인해 구원받고 예배로의 부름에 초대받은 한 불쌍한 여인이 있다.

이 불쌍한 여인이 거주한 사마리아는 과연 어떤 지역일까?

솔로몬 이후, 이스라엘은 남유다와 북이스라엘로 갈라진다. 그리고 북이스라엘은 사마리아를 수도로 삼았으며, 사람들은 북이스라엘을 가리켜 흔히 사마리아라 불렀다. 그러나 북이스라엘이 앗수르에 의해 멸망한다. 앗수르는 대부분의 북이스라엘 사람들을 유배시킨 후, 앗수르 사람들을 그곳에 이주시켜 남아 있던 북이스라엘 사람들과 혼인

---

15 Milne, 『요한복음 강해: 말씀이 육신이 되어』, 100-1.

시켰다. 여기에서 태어난 혼혈인들을 '사마리아인'(samaritan)이라 불렀다. 그리고 얼마 지나지 않아 남유다도 멸망한다.

그러나 하나님의 은혜로 바사(페르시아) 왕 고레스가 유대인을 귀환시켰다. 그리고 예루살렘으로 돌아온 유대인들은 성전 재건에 힘쓴다. 이때 사마리아인들이 예루살렘 성전을 재건하는 일을 기꺼이 돕고자 하였으나 유대인들은 거절했다. 왜냐하면 이미 사마리아 지역은 오랜시간 이민족들과 함께 거주하면서 종교-문화적 혼합주의가 팽배했기 때문이다.

또한 사마리아인들은 모세오경만 경전으로 인정하며, 사마리아 근처에 있는 그리심 산만이 하나님의 성전을 위한 처소라고 주장했다. 심지어, 그들은 주전 129년에 그리심 산의 성전이 파괴되었지만, 여전히 그 산에서 예배를 드렸다. 유대인들은 자신들의 혈통과 신앙의 순수성을 자랑했으며, 사마리아 지역의 혈통적 순수성의 결여와 종교-문화적인 혼합주의를 경멸했다. 그러므로 유대인들은 여행 중에 사마리아 지역을 관통하지 않고 피해 돌아갔다.[16]

그렇다면, 사마리아에 살고 있던 여인의 삶은 어느 정도로 비참했을까?

미쉬나에서 사마리아 여인은 '요람에서부터 월경 중이다'는 식으로 언급되는 경멸의 대상이다. 사마리아 여인은 이스라엘 전역에서 천대를 받았다. 거기에다 요한복음 4장에 나오는 사마리아에 사는 여인의 삶은 비참 그 자체였다.

첫째, 사마리아 여인은 뜨거운 한낮에 우물가를 찾았다(요 4:6-7).

이 사마리아 여인은 이스라엘 시간으로 6시, 즉 낮 12시에 뜨거운 태양 볕을 이겨내고 우물가를 찾았다(로마식 시간이면 저녁 6시 정도다. 학자

16　송인규, 『아는 만큼 누리는 예배』 (서울: 홍성사, 2003), 16-19.

들 간에 견해가 다르나, 아직까지 상당수의 신학자들이 낮 12시에 이 여인이 우물가로 왔다고 생각한다).[17] 일반적으로, 여자들은 더위와 뜨거운 햇살을 피해 새벽이나 저녁에 우물가로 나온다. 어쩌면, 형편이 나은 집안은 여종을 시켜 우물가에서 물을 길어 오도록 했을 것이다. 그러나 이 여인의 인생은 비참했다. 삶에 여유가 없었다. 자신이 손수 우물을 떠 와야 목마름을 해결할 수 있는 인생이었다. 실제로, 야곱의 우물가는 시내에서 상당히 먼 거리에 있었다.[18]

둘째, 사마리아 여인은 아마도 사람들의 시선을 피하기 위해 한낮에 우물가로 왔을 것이다.

이 여인의 삶은 기구하였다. 그녀는 세상 사람들의 눈에 매우 불결해 보였다. 저주받은 여자였다. 왜냐하면, 그녀가 사마리아 여자인 것도 서러운데, 하필 지금 남편이 6번째이기 때문이다. '6번째 남편'은 두 가지 해석이 가능하다.

① 남편이 죽고 난 뒤, 계속 결혼과 이혼을 반복하며 살았다.
② 남편은 있지만, 계속해서 음행한 삶을 살았다.

아무튼, 당시 여인이 홀로 살아간다는 것은 쉽지 않은 일이었다.[19] 분명한 것은 남편이 이 여인을 내 몸처럼 아끼지 않았다는 점이다. 정말 이 여인의 삶은 박복하였다(요 4:17-18).

---

17 조석민, 『요한복음의 새관점』, 19-21; 황원하, 『요한복음 해설 노트』, 90; Burge, 『NIV 적용주석 시리즈: 요한복음』, 183.
18 George R. Beasley-Murray, *WBC Vol 36: John 1-21*, 이덕신 역, 『요한복음』 (서울: 솔로몬, 2001), 206.
19 조석민, 『요한복음의 새관점』, 185-86; Burge, 『NIV 적용주석 시리즈: 요한복음』, 187.

셋째, 이 사마리안 여인은 자신의 비참한 인생을 해결하고자 종교의 힘을 빌렸다.

이 불쌍한 여인은 종교의 힘으로 고난을 이기고자 했다. 그래서 그리심 산에 있는 성전에 가서 조상들의 가르침대로 신께 예배를 드렸다(요 4:20). 그러나 요한복음 4:22에 보면, 구원이 예수님께로부터 오는 선물인 것을 알지 못한 채, 이 여인은 다른 사마리아 사람들처럼 그리심 산의 신전에 올라 열심히 간구했다.[20] 그러나 하나님을 만날 수는 없었다.

그렇다면 사마리아 여인은 어떻게 구원을 얻고 예배로 부름을 받을 수 있었을까?

아무나 기독교인이 될 수 있는가?

누구나 교회에 출석할 수 있을까?

혹시, 내 힘으로 구원받고, 내 발로 교회에 와서 예배드리고 있다고 착각하는가?

하나님의 강권이 아니면, 어느 누구도 예수님을 믿을 수도, 구원을 받을 수도, 예배로의 부름에 응할 수도 없다. 이 비참한 여인은 하나님의 강권으로 구원을 선물로 받은 후, 예배로의 부름에 참여한다.

첫째, 하나님은 강권으로 사마리아 여인을 부르신다. 예수님께서 사마리아 여인을 직접 찾아오셨다. 굳이, 예수님은 사마리아 지역을 통과할 필요가 없으셨다. 그러나 요한복음 4:3-4을 보면, 예수님께서 유대에서 갈릴리로 가실 때, 반드시 사마리아 지역을 통과해야겠다고 결심하신다.[21]

---

20 황원하, 『요한복음 해설노트』, 96; Burge, 『NIV 적용주석 시리즈: 요한복음』, 188-89.

21 Beasley-Murray, 『요한복음』, 209.

또한, 요한복음 4:6에서 예수님은 피곤함을 이겨내시는 신적 겸손함을 친히 보여주신다.[22] 왜냐하면, 예수님은 우물가에 앉아 작열하는 태양 볕을 온 몸으로 받으며 이 불쌍한 사마리아 여인을 기다리고 계셨기 때문이다. 또한, 니고데모의 경우와 달리, 사마리아 여인이 예수님을 만나는시간은 낮이다. 즉, 사마리아 여인의 영적 회심이 낮이라는 상징으로 표현되는 것이다.

둘째, 인생의 비참을 깨달은 사마리아 여인은 예수님을 구원자로 영접한다(요 4:10). 계속해서 예수님은 말씀을 통해 하나님의 선물이 자신임을 깨우쳐 주신다. 또한, 예수님은 여인에게 있어 가장 부끄러운 일인 6번째 남편 일을 드러내심으로 어려운 인생을 위로하시고 이 여인이 지닌 종교적인 열심의 문제점을 지적해 주신다.

셋째, 사마리아 여인은 구원받고 예배로의 부름에 동참할 뿐 아니라(요 4:28-30), 다른 사람들에게도 예수님을 전하는 귀한 사역을 감당한다. 하나님은 그녀의 신앙적 열심을 귀히 여기시고, 하나님은 다른 사마리아 사람들도 구원으로 인도하시며 예배로의 부름에 동참시키신다(요 4:39-42). 레온 모리스(Leon Morris)는 이 비참한 여인을 통한 사마리아 선교를 다음과 같이 비유한다.

> 예수님은 사냥꾼처럼 우물 근처에서 비둘기를 기다리고 있었다. 그리고 비둘기 떼를 잡기 위해 한 마리 비둘기에게 쌀알을 던졌다.[23]

---

22 Köstenberger, 『요한복음 총론』, 124.
23 Morris, 『성경주석 뉴 인터내셔널: 요한복음 상』, 314.

4. 예배로의 부름

하나님은 쉬지 않으시고 예배자들을 찾으신다. 그리고 그들을 영과 진리로 예배드리는 예배 공동체로 강권하여 부르신다. 또한 예배자들에게 언제나 성령과 말씀의 일상 예배를 살아가도록 요구하신다(요 4:23-24). 사마리아 여인처럼, 우리도 보잘것없고, 실패한 자들이었다. 그러나 하나님은 미천한 우리들을 구원하시고 예배로 부르셔서 위로하신다.

니고데모와 사마리아 여인을 다음과 같이 비교해 보자.

	니고데모	사마리아 여인
출신	유대	사마리아
신분	산헤드린 공의회 회원(존경받는 자)	인생의 비참한 자리에 있는 자
직업	종교 지도자며 율법학자	무지한 자
만남	밤에 직접 예수님을 찾아옴	낮에 예수님이 직접 찾아오심

하나님은 인종, 신분, 지식 수준에 상관없이, 창세 전에 택하신 자신의 백성을 찾으시고 예배로 부르신다. 다시 말해, 하나님은 참되게 예배할 자들을 불러 모으신다. 이것이 바로 하나님이 우리를 예배로 초청하시는 예배의 첫 순서인 '예배로의 부름'이다. 우리가 아침에 눈을 떠서 우리의 의지로 교회에 오는 것 같지만, 실제로는 하나님께서 강권적으로 우리를 예배로 부르시는 것이다.[24] 그러므로 예배로의 부름으로 시작하는 예배는 복음의 논리에 정확히 부합한다고 할 수 있다.[25]

---

24 Cherry, 『예배건축가: 문화에 적절하고 성경에 충실한 예배 디자인 청사진』, 118-19.
25 Hart & Muether, 『개혁주의 예배신학: 개혁주의 예배의 토대로 돌아가기』, 112-13.

그러나 오늘날 목회자나 성도는 예배 순서에서 '예배로의 부름'에 관한 신학적인 중요성을 인식하지 못하고 있는 듯하다. '예배로의 부름'을 그저 예배 시작을 알리는 차원에서 목사나 예배 인도자가 성경 본문 몇 절을 낭독한 후, 찬양대가 찬양으로 화답하는 개회사 정도로 취급할 뿐이다.[26]

또한, 우리는 예수님을 통해 구원을 선물로 받고 예배로 부름을 받는 자들로서 어떻게 살아야 할까?

첫째, 교회에서 외모로 판단하지 말아야 한다.

요한복음 4:27을 보자. 예수님과 사마리아 여인이 대화하는 장면을 제자들이 목격한다. 제자들은 예수님께서 상대조차 할 수 없는 사마리아 여인과 대화하는 것을 봤다. 그때 제자들은 밖으로 내뱉지 않았지만, 속으로 이런 말을 했을 것이다.

무엇을 구하시나이까 어찌하여 그녀와 말씀을 하시나이까?(요 4:27).

그들은 예수님께 "사마리아 지역을 통과하는 것도 짜증나는 일인데, 사마리아 여인과 굳이 말씀을 나누는 이유가 무엇입니까?"라고 질문을 던지고 싶었던 것이다. 제자들은 외모로 사람을 판단하는 실수를 범하고 있다. 왜냐하면, 그들은 사마리아 사람들이 구원받을 수 없는 존재라고 생각했기 때문이다. 더구나 그들을 예배로 초대한다는 것은 가당치도 않았다. 그러나 구원은 외모와 관계없다. 우리는 이미 하나님의 선물인 예수를 통해 구원을 받았다. 그리고 하나님은 우리를 예배로 부르신다. 이것은 하나님의 강권적인 은혜다.

---

26 Chapell, 『그리스도 중심적 예배』, 254.

둘째, 예배로의 부름에 초청받는 사람들이 많아지는 참된 부흥이 일어날 때 겸손해야 한다.

소위 '교회 부흥'이란 하나님으로부터 시작된 예배로의 부름에 응답하는 자들의 증가를 의미한다. 그럴 때, 한 사람이라도 나 때문에 예배자의 수가 증가했다고 생각하면 큰 오산이다. 왜냐하면, 모든 성도는 오직 은혜로만 구원받고, 오직 은혜로만 예배에 참여할 수 있기 때문이다. 요한복음 4:35-38에서 예수님은 제자들에게 예배로의 부름에 초대받은 사람들은 '자신이 무익한 자라는 사실을 인정하고, 하나님께 감사한 마음으로 전심을 다해 경배를 드려야 한다'는 사실을 가르치신다.

십자가 아래에서 모든 사람이 평등하다(요 4:41-42). 예배드리는 자들 가운데 귀하지 않은 사람은 단 한 명도 없다. 하나님은 자신의 강권으로 예배자들을 불러내어 친히 구원의 감격을 경험하게 하신다.

제5장

찬양

¹⁴너희의 구속자요 이스라엘의 거룩한 이 여호와가 말하노라 너희를 위하여 내가 바벨론에 사람을 보내어 모든 갈대아 사람에게 자기들이 연락하던 배를 타고 도망하여 내려가게 하리라 ¹⁵나는 여호와 너희의 거룩한 이요 이스라엘의 창조자요 너희의 왕이니라 ¹⁶나 여호와가 이같이 말하노라 바다 가운데에 길을, 큰 물 가운데에 지름길을 내고 ¹⁷병거와 말과 군대의 용사를 이끌어 내어 그들이 일시에 엎드러져 일어나지 못하고 소멸하기를 꺼져가는 등불 같게 하였느니라 ¹⁸너희는 이전 일을 기억하지 말며 옛날 일을 생각하지 말라 ¹⁹보라 내가 새 일을 행하리니 이제 나타낼 것이라 너희가 그것을 알지 못하겠느냐 반드시 내가 광야에 길을 사막에 강을 내리니 ²⁰장차 들짐승 곧 승냥이와 타조도 나를 존경할 것은 내가 광야에 물을, 사막에 강들을 내어 내 백성, 내가 택한 자에게 마시게 할 것임이라 ²¹이 백성은 내가 나를 위하여 지었나니 나를 찬송하게 하려 함이니라(사 43:14-21).

1. 천사들이 오늘 예배에 함께한다면?

천사들이 오늘날 예배에 참석한다면 무엇이라 말할까? 성경의 천사는 "거룩하다, 거룩하다, 거룩하다" 선포하면서 하나님을 높이며 예배드린다. 그러나 작금의 시대에 천사가 예배에 함께한다면, 그들은 하나님을 예배하지 않고 "좋아, 좋아, 정말 좋아"를 외치며 자신의 감정을 큰 소리로 표출할지 모른다. 왜냐하면, 오늘날 찬양은 하나님을 높이는 수단으로 사용되지 않고, 사람을 기쁘게 하는 수단으로 전락하였기 때문이다.[1]

언제부터 예배의 대상이신 하나님은 예배의 가장자리로 밀려나시고 인간이 예배의 중심에 자리를 잡아가기 시작했다. 오늘날 많은 예배는 콘서트와 쇼프로그램을 방불케 하며, 신자들은 거기에서 쾌락적 기쁨을 만끽한다.

그런데 과연 예배의 주체이신 하나님께서 그 예배를 받으실까?

우리가 구원받은 것은 하나님을 예배하기 위해서이다. 우리는 찬양으로 하나님의 구원 사역을 높인다. 그러나 오늘날 예배자들은 공연장으로 변한 예배당에서 자신의 만족감에 취해 있다.[2] 찬양이 하나님을 높이는 데 사용되지 않고 사람의 감정을 위로하는 잘못된 도구로 활용되는 것이다. 그러므로 에이든 토저(A. W. Tozer)는 작금의 예배를 향해 일침을 가한다.

---

1 Ronald P. Byars, *The Future of Protestant Worship: Beyond the Worship Wars* (Louisville: Westminster John Knox Press, 2002), 8-20.

2 A. W. Tozer, *What Ever Happened to Worship?* (Camp Hill, Pa.: Christian Publications, 1985), 12.

오늘날의 기독교는 너무 대중화되었기 때문에 영화관에서도 종교 영화를 볼 수 있고, 라디오나 댄스파티에서도 기독교 음악을 들을 수 있다. 기독교는 또 하나의 오락이 되어 버렸다…성령님으로 말미암아 행복감을 얻지 못할 경우 우리는 다른 어떤 방법을 통해서라도 행복해지려고 매우 애를 쓴다. 그 방법 중 하나가 종교적 '로큰롤'(rock-and-roll)을 즐기는 것이다. 우리는 큰 드럼을 신나게 두들기면서 행복감을 느낀다…그들은[신자들은] 자기들이 그리스도를 위해서 산다고 말한다. 그러나 그들은[신자들은] 외식하는 자들이다…그들은[신자들은] 다만 세상의 나이트클럽에 마음놓고 갈 수 없어서, 교회를 나이트클럽처럼 활용할 뿐이다. '종교적 쇼'에는 악취가 난다…최악의 경우 종교적 쇼는 신성모독이 될 수 있다.[3]

어쩌면, 목회자가 신자에게 예배를 팔기 위해서 음악을 희생양으로 사용하는 것은 아닐까?

그렇다면 목회자는 예배 가운데 사람을 변화시키는 능력을 하나님보다 음악에 종속시키는 무례한 결과를 초래하고 있을 뿐이다.[4]

2. 하나님의 구속 노래: 찬양

찬양이 하나님 중심의 예배인지 혹은 인간 중심의 예배인지를 구별하는 데 결정적인 역할을 할 수 있을까?

3　A. W. Tozer, *Worship and Entertainment*, 이용복 역, 『예배인가, 쇼인가?』 (서울: 규장, 2004), 133-135.
4　Dawn, 『예배, 소중한 하늘 보석』, 318.

물론, 예배 순서들 가운데 찬양만을 중요하다고 말하는 것은 아니다. 그러나 음악의 위력은 실로 대단하다. 음악이 없는 예배를 상상할 수 있는가?

예배자들이 성찬식에 참여할 때, 말씀에 대한 응답 시간에, 헌금 시간에, 그리고 예배가 마치는 순간까지도 음악이 울리지 않는다면, 그 예배를 과연 성경적인 예배라 할 수 있을까?[5]

일반적으로, 시각 장애보다 청각 장애가 정서적으로 더 힘들다. 음악이 없는 드라마나 영화는 상상조차 할 수 없다. 내용에 어울리는 음악이 함께 전달될 때, 시청자는 드라마나 영화에 몰입할 수 있다.[6] 인간은 음악과 생사고락을 함께 한다. 그러므로 음악은 다양한 종교 행사뿐 아니라, 사람의 마음을 위로하는 데 사용되었다. 창세기에 등장하는 인간의 문화 발전사를 살펴보면, 가인의 후손인 유발이 수금과 퉁소를 만드는데(창 4:21), 이것이 종교 행사와 인간의 여흥을 위해 음악이 사용된 최초의 증거이다.[7]

그러나 하나님을 경배하는 예배에서 사용되는 노래와 연주는 다른 종교나 세상의 음악과는 분명한 차이점을 보인다. 기독교의 찬양은 오로지 인간을 죄로부터 구원하신 삼위일체 하나님만을 높이는 음악이어야 한다.

---

5 Cherry, 『예배건축가: 문화에 적절하고 성경에 충실한 예배 디자인 청사진』, 286.
6 옥성호, 『엔터테인먼트에 물든 부족한 기독교』 (서울: 부흥과개혁사, 2010), 37-38.
7 John H. Walton, *The NIV Application Commentary: Genesis*, 김일우 · 전광규, 『NIV 적용주석: 창세기』 (서울: 성서유니온선교회, 2007), 405.

1) 찬양의 대상은 누구이신가?

찬양의 궁극적인 대상은 하나님이시다. 오직, 하나님만 찬양받기에 합당한 분이시다. 왜냐하면, 그분만 인생들을 죄로부터 구원하시고, 만물을 창조하시고 주관하시는 분이시기 때문이다. 하나님은 인간을 구원하는 목적을 찬양을 받고자 함이라고 친히 명시하셨다(사 43:21). 하나님은 구원을 베풀 자들에게 스스로를 "너희의 구속자, 너희의 거룩한 이, 너희의 창조자, 너희의 왕"이라 칭하시며, 자신과 백성의 관계를 정립하신다(사 43:1, 15).

다시 말해, 하나님은 백성 된 자들에게 자신을 창조주, 거룩한 주, 구속 주, 통치자란 사실을 분명히 각인시키신다.[8] 왜냐하면, 하나님께서 죄인에게 다가오지 않으신다면, 절대로 죄된 인간은 하나님에게 나아갈 수 없기 때문이다.[9] 그러므로 하나님은 자신의 백성과 먼저 관계를 회복하시고 그들을 구원으로 인도하시며, 구원받은 자들은 하나님의 열심에 감복하여 찬양을 부르지 않을 수 없다.

2) 찬양은 무엇일까?

찬양은 구속의 노래다. 구원받은 자는 구원을 베푸신 주체를 정확히 인지한 후, 감사한 마음으로 구원의 주체-대상을 높인다. 하나님은 이사야 43:14-20에서 친히 자신의 백성을 놀라운 방법으로 구원하실 것이라 약속하신다. 하나님께서 이스라엘 백성을 이집트에서 탈출시키

---

8 Walton, 『NIV 적용주석: 창세기』, 645.
9 Hart, *Recovering Mother Kirk: The Case for Liturgy in the Reformed Tradition*, 74.

실 때에, 홍해를 건너게 하셨다. 이 홍해 사건은 당시 이집트 사람들에게는 절망을 선사했으나, 이스라엘 백성들에게는 상상조차 할 수 없는 은혜 그 자체였다. 그리고 홍해 사건과 달리, 하나님은 바벨론에서 포로 생활로 고초를 겪고 있는 자들을 구원하실 새로운 방법인 '새 일'을 행하실 것이라 약속하신다. 물론, 하나님은 바벨론 포로인 이스라엘 백성에게 '홍해를 육지같이 걷게 하신 출애굽 사건'을 연상시키시며, 새로운 구원 방법을 기대하도록 유도하신다.[10]

마침내 하나님은 이방의 왕들을 감동시키셔서 자신의 백성을 세 번에 걸쳐 바벨론에서 예루살렘으로 귀향시키신다. 그 결과, 이스라엘 백성은 사막과 강을 건너 예루살렘에 도착하여 하나님께 감사 찬양으로 영광을 돌린다.[11] 하나님은 자신의 백성에게 자신이 누구인지를 분명히 인식시킨 후, 그들로 하여금 지금까지 베푸신 일들을 기억하며 영광을 돌리도록 요구하시는데, 그것이 바로 찬양이다.[12]

홍해 사건과 바벨론 포로의 귀향 사건은 궁극적으로 더 놀라우신 하나님의 구원 방법인 '새 일'을 가리킨다. 이 두 사건은 성부 하나님께서 자신의 아들인 성자 하나님이신 예수 그리스도를 세상에 보내시는 위대한 구원 사건을 예표한다. 하나님은 선지자들을 통해 미래의 소망과 회복과 관련된 사건들을 가르쳐 주심으로 신자들에게 가까운 미래에 일어날 사건과 먼 미래에 일어날 사건들을 동시에 볼 수 있는 은혜를 허락하신다.[13]

---

10 정종호, 『대한기독교서회 창립 100주년 기념 성서주석: 이사야 II』 (서울: 대한기독교서회, 2003), 119.
11 Paul D. Hanson, *Interpretation: Isaiah 40-66*, 이인세 역, 『목회자와 설교자를 위한 주석: 이사야 40-66』 (서울: 한국장로교출판사, 2012), 127.
12 Peterson, 『예배신학』, 226.
13 J. Scott Duvall & J Daniel Hays, *Grasping God's Word*, 류호영 역, 『성경해석』 (서울:

(1) 포로생활 가운데 있는 이스라엘 백성을 시대를 걸쳐 스룹바벨, 에스라와 느헤미야를 통해 이스라엘로 돌아오게 하시는 사건.
(2) 예수 그리스도의 초림 사건.
(3) 예수 그리스도의 재림 사건.

3) 누가 찬양을 부를까?

성경은 찬양을 가리켜 '새 노래'라 명시한다. 특히, 시편과 요한계시록은 구원을 베푸신 하나님을 향해 '새 노래'로 찬양할 것을 백성들에게 요구한다.

그렇다면 '새 노래'란 무엇을 의미하는 것일까?

어떤 이들은 문화와 찬양의 관계를 생각하면서, '새 노래'가 '시대와 세대의 변천에 따라 유행하는 새로운 형태의 노래'를 의미한다고 생각한다. 이들은 찬양에 문화라는 옷을 입히기 원한다. 다시 말해, 이들은 오늘날 신자의 구미에 맞도록, 그들이 좋아하는 리듬과 멜로디를 접목하여 새로운 찬양을 만들어야 한다고 주장한다. 거기에, 신자들이 새로운 찬양에 감동하여 표현하는 손뼉, 몸짓, 그밖에 서슴없이 표현하는 행동까지 '새 노래'에 포함시킨다.[14]

물론, 시대에 걸맞은 리듬, 멜로디와 가사를 가진 찬양곡도 지나치지 않는다면 예배에서 부를 수 있다고 생각한다. 그러나 '새 노래'란 시대마다 바뀌는 문화적 산물을 의미하지 않는다. 조영엽은 다음과 같이 설명한다.

성서유니온선교회, 2009), 627.
14 Paul S. Jones, *Singing and Making Music*, 김영수 역, 『예배: 누구를 위해 손뼉을 치는가』 (서울: 빛나라, 2010), 44-45.

새 노래란 무엇인가? 옛 노래 곧 세상 노래와 본질에서 상이한 노래를 말한다. 여기서 '새로운'(카이노스)이란 단어는 질적인 면에서 새 것이라는 뜻이다. 새 노래는 확실히 옛 노래, 세상 노래, 속된 노래와는 반대된다.[15]

결국, '새 노래'란 구원받고 '새 사람'이 된 신자만이 하나님의 구원에 감격하여 부를 수 있는, 세상 노래와 질적으로 전혀 다른 노래를 의미한다.

그렇다면, 누구나 하나님을 향해서 찬양할 수 있을까?

찬양은 오직 구속받은 백성만 부를 수 있는 거룩한 노래다. 또한, 하나님의 백성은 찬양을 통해 하나님의 은혜를 높인다.[16] 이사야 43:1을 보면, 하나님은 자신을 구속자라 명시하신다. 또한, 하나님은 자신의 백성을 구원하신 후, 그들을 찬송 부르는 자들로 삼을 것이라 말씀하신다(사 43: 21).

홍해를 건넌 후, 모세와 미리암은 무엇을 했는가?

그들은 하나님의 구원을 찬양했다(출 15장).

또한, 사도 바울은 구원받은 자들에게 무엇을 요구했는가?

사도 바울은 예수 그리스도의 십자가 은혜를 경험한 자들에게 강력히 권면한다.

> 시와 찬미와 신령한 노래들로 서로 화답하며 너희의 마음으로 예수 그리스도께 노래하며 찬송하라(엡 5:19).

---

15 조영엽, 『찬송가 대 현대복음송』 (서울: 기독신보사, 2007), 232.
16 Hart and Muether, 『개혁주의 예배신학: 개혁주의 예배의 토대로 돌아가기』, 186.

4) 찬양의 내용은 어떨까?

이사야 43:14-21을 보면 알 수 있듯이, 찬양은 삼위일체 하나님의 구속 사역을 노래하는 것이다. 그리고 찬양의 가사는 삼위일체 하나님께서 과거, 현재, 미래에 교회 공동체를 지키시고 인도하시는 변치 않는 사랑과 하나님의 나라가 어떻게 성장해 나가는지, 천국의 삶이 과연 어떤지 등 하나님의 구속 역사를 담고 있다.[17] 그러므로 찬양의 내용은 하나님의 구속사를 분명히 반영하는 것이어야 한다.[18]

실제로 우리가 사용 중인 찬송가집을 살펴보면, 위의 설명들이 고스란히 담겨 있다. 찬송가집에 수록된 찬양곡들은 구속사적인 주제별로 구성되어 있다. 다시 말해, 한국 교회가 사용하는 찬송가집은 창조, 예수 그리스도의 탄생, 죽으심, 부활하심, 성령, 교회 공동체의 교제와 사랑, 마지막 때의 심판과 종말, 죽음과 천국 생활 등의 신학적인 구조를 취한다.

그러나 과연, 요즘 유행하는 찬양 가사는 찬송가에 있는 깊이 있는 신학이 담겨 있을까?

마르바 던(Marva J. Dawn)은 요즘 불리는 찬양을 다음과 같이 평가한다.

> 신학적으로 [가사는] 옳지만, 그 깊이가 아주 얕은 부차적인 기독교 [내용으로] 가사를 구성하고 있다.[19]

---

17 Leanne Van Dyk, *A More Profound Alleluia: Theology and Worship in Harmony* (Grand Rapids: Wm. B. Eerdmans, 2005), 15-16.
18 Hart and Muether, 『개혁주의 예배신학: 개혁주의 예배의 토대로 돌아가기』, 186.
19 Dawn, 『예배, 소중한 하늘보석』, 325.

물론, 찬양 가사에 깊이 있는 신학을 모두 포함할 수 없다. 왜냐하면, 찬양 가사는 시와 같은 형식을 빌려 신학을 함축할 수밖에 없기 때문이다. 예전의 찬양과 오늘날의 찬양으로 단순화시켜 둘로 나누기도 어렵다. 특히, 찬양은 고전과 현대를 나누는 역사적 기준을 설정하기가 쉽지 않다. 오래된 찬양이 오늘날에도 복고적으로 유행하거나, 현대적인 감각으로 재탄생할 수 있기 때문이다.[20] 그러나 예전 찬양과 오늘날 찬양의 특징을 대략 나눠본다면, 다음과 같이 간략히 정리할 수 있다.

예전 찬양	오늘날 찬양
초월적인 하나님을 노래한다.	내재적인 하나님을 노래한다.
기독교적 역사를 노래한다.	개인의 체험을 노래한다.
가사 내용이 길고 발전적이다.	가사 내용이 짧고 반복된다.
신학적 지식을 깊이 있게 담고 있다.	개인의 감성을 담고 있다.
부르기가 어렵고, 리듬이 일정하고 단조롭다.	부르기 쉽고, 리듬이 다양하다.

5) 어떤 찬양을 부를까?

혹자들 가운데 공적 예배 시간에는 반드시 '시편 찬송'만 사용해야 한다고 주장하는 자도 있다. 이것을 가리켜, '시편 전용론'(Exclusive Psalmody)이라 부른다. 그러나 이것은 소수의 주장에 불과하다.[21] 물론, 시편은 하나님을 찬양할 뿐 아니라, 인간의 실존을 논하는 최고의 노

---

20 Dawn, 『예배, 소중한 하늘보석』, 318.
21 John. M. Frame, *Worship in Spirit and Truth: A Refreshing Study of the Principles and Practice of Biblical Worship*, 김광열 역, 『신령과 진정으로 드리는 예배: 예배의 회복을 위한 개혁신학의 원리』 (서울: 총신대학교출판부, 2000), 186.

래다. 종교개혁 이후부터 시편에 곡조를 붙여 예배 시간에 불러 온 것도 사실이다. 그럼에도 불구하고 실제로 시편이 어떻게 불렸는지는 알려져 있지 않다. 초대 기독교 역사가 유세비우스(Eusebius)는 초대 교회 예배 중에 시편 외에 다른 노래들도 불렸다고 기록한다. 아마도, 초대 교회 때에 시편 찬송은 유대인에게만 익숙한 찬양이어서 이방인 기독교인들은 쉽게 따라 부르지 못했을 것이다.[22]

그러므로 바울은 에베소에 편지를 쓰면서, 신자들에게 "시와 찬미와 신령한 노래들로(with psalms, hymns and spiritual songs, NIV) 서로 화답하며 너희의 마음으로 예수 그리스도께 노래하며 찬송하라"(엡 5:19)고 말한 것은 아닐까?

필자가 시편 찬송 무용론을 주장하는 것은 결코 아니다. 단지, 시편 찬송도 예배 중에 사용될 수 있는 찬양들 가운데 하나라는 사실을 강조하고 싶을 뿐이다. 오히려 시편 찬송이 오늘날 교회에서 더 이상 불리지 않는 안타까움이 있다. 목회자는 어떤 찬양을 선곡하여 예배를 예배답게 만들 수 있을지 고민해야 한다.

그렇다면 예배 가운데 사용하는 찬양을 선곡하기 위한 가장 중요한 기준은 무엇일까?

아마도, 신학적 깊이와 신자의 고충을 고려하는 것이 찬양을 선곡하는 중요한 기준이 될 것이다.[23] 찬양은 하나님을 높이는 내용이 담긴 대신곡(對神曲)과 신자나 불신자에 초점을 맞춰 간증이나 권유를 담고

---

22 David Martyn Lloyd-Jones, *Singing to The Lord*, 이태복 역,『성경적 찬양』(서울: 지평서원, 2009), 33-35.
23 Cherry,『예배건축가: 문화에 적절하고 성경에 충실한 예배 디자인 청사진』, 342-43.

있는 대인곡(對人曲)으로 나뉜다.[24] 그러므로 목회자는 균형 잡힌 예배가 드려질 수 있도록 하나님의 하향적인 행위(From God), 우리의 상향적인 행위(To God), 성도들 간의 수평적인 행위(To each other)가 담긴 찬양을 적절하게 배치해야 한다.

그러므로 콘스탄스 체리(Constance M. Cherry)는 찬양을 선별할 경우, 다음 세 가지 견고성(strength)을 생각하라고 권면한다. 물론, 목회자는 다음의 평가 기준을 심사숙고한 후, 그것을 수정, 보완할 수 있으며 무엇보다 예배에 참석하는 성도들을 꼭 고려해야 한다.[25]

(1) 신학적 견고성

- ✔ 가사가 진실한가?
- ✔ 가사가 신학적으로 맞는가?
- ✔ 가사가 성경적인 그리스도인의 경험을 나타내는가?
- ✔ 가사에 명백히 성경의 내용을 암시하는가?
- ✔ 가사가 성경의 가르침을 흠 없이 나타내는가?
- ✔ 가사가 성경에 있는 하나님의 이름과 칭호를 일관되게 사용하는가?
- ✔ 가사에 하나님의 완전한 본성에 대한 언급이 있는가?
- ✔ 가사가 단편적인 신학 지식만 제공하는 것이 아니라, 깊이 있고 발전적인 신학적 견해를 담고 있는가?

---

24 송인규, 『아는 만큼 누리는 예배』, 85.
25 Cherry, 『예배건축가: 문화에 적절하고 성경에 충실한 예배 디자인 청사진』, 344-48.

(2) 가사의 견고성

- ✔ 가사가 논리정연하게 구성되어 있는가?
- ✔ 가사가 분명한가, 아니면 모호한가?
- ✔ 가사가 완전한 문장을 사용하는가?
- ✔ 가사가 시적 장치를 효과적으로 사용하여 회중의 상상력을 자극하는가?
- ✔ 가사에 사용되는 단어를 회중이 이해할 수 있는가?
- ✔ 가사가 믿음을 고취하는가?
- ✔ 가사가 음이 잘 어울리는가?

(3) 음악적 견고성

- ✔ 곡이 조직적인 형식을 갖고 있는가?
- ✔ 선율을 기억할 수 있는가?
- ✔ 곡이 일반적으로 따라 부르기 쉬운가?
- ✔ 곡이 지속적으로 부를 수 있는 흥미를 유발시키는가?

3. 예배와 찬양

존 프레임(John M. Frame)은 예배 때의 찬양이 다음과 같은 이유로 인해 예배의 중요한 요소라고 강조한다.[26]

---

26 John. M. Frame, *Worship in Spirit and Truth: A Refreshing Study of the Principles and Practice of Biblical Worship*, 김광열 역, 『신령과 진정으로 드리는 예배: 예배의 회복을 위한 개혁신학의 원리』(서울: 총신대학교출판부, 2000), 169.

첫째, 찬양은 성도가 (세상을 향하여) 하나님의 진리를 노래하는 것이다. 예배에서의 찬양은 성도가 목소리를 통하여 자신의 믿음과 신학을 고백하는 동시에 듣는 자들에게 신학적인 교육 효과를 줄 수 있다.[27] 즉, 찬양은 하나님의 진리인 예수 그리스도의 구속 이야기에 대한 성도의 믿음의 표현일 뿐 아니라, 다른 사람들을 향한 구속의 선포라 할 수 있다.

둘째, 찬양은 하나님의 구속 이야기를 성도들이 생생히 기억하도록 돕는다. 물론, 이 일 또한 성령 하나님께서 도우셔야 가능하다.[28]

셋째, 찬양은 예배가 시간 속에서 구현된다는 사실을 알려준다. 음악은 계절에 따라 유행한다. 다시 말해, 봄에는 봄에 어울리는 노래가, 겨울은 겨울에 어울릴 만한 노래가 있다. 그래서 대중매체에서 흘러나오는 음악을 들으면서, 사람들은 계절의 변화를 자연스럽게 알게 된다.

넷째, 음악은 어떤 행사가 진행될 때에, 시작과 중간과 끝에 삽입됨으로써 예배자들이 다음 순서를 준비하도록 돕는다. 즉, 예배에서 찬양은 예배 순서들의 변화를 자연스럽게 인지시키는 보조적인 역할을 감당한다. 그러므로 예배 중에 다음과 같은 찬양이 불리면, 예배에 참석한 자들은 예배 순서의 변화를 자연스럽게 인지한다.

 ① 예배 전의 전주(Prelude)
 ② 예배로의 부름을 위한 입례송(Introit)
 ③ 삼위일체 하나님을 위한 송영(Doxology)
 ④ 삼위일체 하나님에 관한 영광송(Gloria Patri)

---

27 Hart and Muether, 『개혁주의 예배신학: 개혁주의 예배의 토대로 돌아가기』, 184.
28 Robert E. Webber, *Worship-Old and New*, 김지찬 역, 『예배학』 (서울: 생명의 말씀사, 1988), 222.

⑤ 신자의 믿음과 불신자의 회심을 위한 찬송(Hymns)

⑥ 성례송(Communion)

⑦ 찬양대의 찬양(Anthem)

⑧ 특송(Special Music)

⑨ 봉헌가(Offertory)

⑩ 찬양대나 회중의 응답송(Responses)

⑪ 축도 후의 후주(Postlude) 등등.[29]

---

29 Jones, 『예배: 누구를 위해 손뼉을 치는가』, 88-100.

제6장

신앙고백

¹³예수께서 가이사랴 빌립보 지방에 이르러 제자들에게 물어 이르시되 사람들이 인자를 누구라 하느냐 ¹⁴이르되 더러는 세례 요한, 더러는 엘리야, 어떤 이는 예레미야나 선지자 중의 하나라 하나이다 ¹⁵이르시되 너희는 나를 누구라 하느냐 ¹⁶시몬 베드로가 대답하여 이르되 주는 그리스도시요 살아 계신 하나님의 아들이시니이다 ¹⁷예수께서 대답하여 이르시되 바요나 시몬아 네가 복이 있도다 이를 네게 알게 한 이는 혈육이 아니요 하늘에 계신 내 아버지시니라(마 16:13-17).

1. 제사보다 젯밥에 관심이 많다

아빠는 퇴근하여 집으로 들어가는 길에 아이들을 위해 간식을 샀다. 집에 도착하기 전에 아내와 자녀들에게 전화를 해서 이 소식을 알렸다. 현관문이 열리자마자 아이들은 아빠를 너무 반갑게 맞이했다. 왜냐하면, 아빠가 사 온 간식으로 군것질을 할 수 있기 때문이다. 다음날도 아빠는 기쁜 마음으로 어제보다 더 비싼 간식을 사서 들어갔다. 이번에도 아이들은 아빠를 끌어안고 "아빠 최고야!"를 외치며 뽀뽀 세례를 했다.

문제는 삼 일째 되는 날에 일어났다. 아빠는 늦게 퇴근하여 그만 빈손으로 집에 들어갈 수밖에 없었다. 아이들은 "아빠!" 하고 달려왔지만, 그들의 눈빛이 달라졌다. 그들의 눈은 온통 아빠의 빈손만 바라보고 있었다. 그리고 말했다.

"아빠! 아무것도 안 사 왔어?"

그러면서, 아이들은 아빠 등뒤에 뭐라도 있을까 봐 두리번거렸다. 그때, 아빠는 깨달았다. 아이들이 지금까지 기다린 것은 자신이 아니라 자신이 손에 쥐고 온 간식이었다는 사실을 말이다.

물론, 아이들이 아빠를 사랑하지 않는다고 생각하지는 않는다. 그리고 아이들은 단순하다. 그러나 이런 속담이 있다.

"제사보다 젯밥에 관심이 많다."

핵심보다 주변에 있는 것에 빼앗긴 마음을 말한다. 세상을 살다 보면, '제사보다 젯밥'에 관심을 보이는 사람들이 많다. 대형마트에서 구매자가 어떤 물건을 살 때 물건의 가치를 따지지 않고, 공짜로 주는 사은품 때문에 구매하는 것과 유사한 경우다. 분명한 것은, 사람이 어떤 일이든지 핵심을 놓치면, 인생을 허비할 수밖에 없다는 것이다.

2. 신앙고백이 실종된 신앙생활

핵심 가치를 놓치는 실수는 신앙생활에 있어서도 큰 걸림돌이 된다. 신자는 '예수 그리스도가 누구이신가?'에 대한 신앙고백적 답변을 분명히 할 수 있어야 한다. 왜냐하면, 하나님께서 예수님을 구원자로 고백하는 자들만 자신의 백성으로 삼으시겠다고 약속하셨기 때문이다.[1]

그러나 많은 성도는 예수님의 정체성보다는 그가 베푸신 기적에만 관심을 둔다. 심지어, 어떤 이들은 예수님의 기적을 바라보면서도, 그를 강하게 부인하고 싶어한다. 어떤 이들은 예수님을 구원자로 이해하지 않고, 예수님의 모습을 자기 생각대로 도안해 버린다.

1) 기적들: 예수님의 자기 계시

어떤 성도들은 신앙생활을 하면서도 '예수님이 누구이신가?' 혹은 '예수님이 왜 인간으로 이 땅에 오셨는가?' 이런 구원에 관한 질문에는 관심조차 없다. 이들은 예수님보다 예수님이 일으키신 기적들에 관심을 둘 뿐이다. 그러나 예수님은 기적을 통해 자신이 누구인지를 드러내고자 하셨다. 그러므로 예수님의 기적은 '예수님의 자기 계시'라 할 수 있다.[2]

첫째, 예수님께서 무리 가운데 가나안 여인의 귀신 들린 딸을 회복시키신다. 이 여인은 이방 여인이며 귀신 들린 딸로 인하여 고초를 겪

---

[1] Stuart K. Weber, *Holman New Testament Commentary: Matthew*, 김창동 역, 『Main Idea로 푸는 마태복음』 (서울: 디모데, 2005), 341.

[2] Geerhardus Vos, *The Self-Disclosure of Jesus: The Modern Debate about the Messianic Consciousness*, 이승구 역, 『예수의 자기 계시』 (서울: 엠마오, 1986), 21-22.

고 있었다. 그녀는 인생의 난관을 해결받고자 예수님을 찾아왔고, 예수님은 여인의 문제를 깨끗이 해결해 주신다(마 15:21-28). 그러나 이 사건은 단순히 예수님의 기적에만 초점을 두지 않는다. 왜냐하면, 예수님께서 많은 사람 앞에서 이 여인의 믿음을 칭찬했기 때문이다(마 15:28).

이 여인은 자신의 어려움을 아뢰는 중에 예수님을 가리켜 "주 다윗의 자손"이라 고백했다(마 15:22). 심지어 예수님께서 여인을 조롱하시면서 그녀의 믿음을 시험했는데도, 이 여인은 계속해서 예수님을 "주님"이라 소리 높여 부른다.[3] 더욱이, 그녀는 예수님 앞에서 자신을 불쌍한 자로 칭할 뿐만 아니라(마 15:22), (유대인이 흔히 이방인을 '개'라고 표현하는 것처럼) 자신을 주인의 상에서 떨어진 부스러기를 먹는 '개'로 칭하면서, 철저하게 예수님을 자신의 주인으로 고백한다.[4]

수많은 자들이 이 가나안 여인의 신앙고백을 들었다. 여기에서 예수님은 가나안 여인의 귀신 들린 딸을 회복시켜 주시면서, 제자들과 무리에게 자신이 누구인지를 계시하셨을 뿐만 아니라, 신앙고백의 중요성을 인지시키셨다.

둘째, 예수님께서 무리 가운데 병든 자들을 고치신다. 어떤 무리가 예수님께 다리 저는 사람, 장애인, 맹인, 말 못하는 사람과 기타 질병으로 고생하는 자들을 데리고 와서 예수님의 발 앞에 앉았다. 그들은 예수님의 권위를 알았던 것이다. 그러자 예수님은 이들을 고쳐주신다(마 15:29-31). 이 사건을 통해, 예수님은 자신이 이사야 35:5-6의 메시

---

[3] Richard T. France, *Tyndale New Testament Commentary Commentaries*, 권해생 · 이강택 역, 『틴데일 신약주석 1: 마태복음』 (서울: CLC, 2013), 404.
[4] 양용의, 『마태복음 어떻게 읽을 것인가』 (서울: 성서유니온선교회, 2005), 273-75.

아 예언 성취자라는 사실을 계시하신다.[5] 그리고 예수님은 구원받은 자들에게 마땅히 성부 하나님께 영광을 돌려야 한다는 점을 가르쳐 주시는데, 이는 웨스트민스터 소요리 제1문답에서 인간의 최고의 목적을 "하나님을 영화롭게 하고, 그를 영원토록 즐거워하는 것"이라고 설명하는 것과 같다.

셋째, 예수님께서 굶주린 무리을 위해 '칠병이어'의 기적을 일으키신다. 예수님은 이전에도 굶주린 무리들을 위해 '오병이어'의 기적을 일으키셨다. 그런데 '오병이어' 사건과 '칠병이어' 사건은 유사하면서도 차이가 있다.

	오병이어(마 14:13-21)	칠병이어(마 15:32-39)
빵	5개	7개
(작은) 물고기	2마리	2-3마리
먹는 무리	5000명	4000명
바구니(광주리)	12개	7개
기도	축복 기도	감사 기도

위의 두 기적은 빵과 물고기로 굶주린 백성을 먹이신다는 점에서 유사하다. 그러나 이 두 사건은 상징적인 면에서 다소 차이가 있다. '오병이어' 기적 사건에서 12광주리는 예수님이 베푸실 천국 잔치의 풍성함과 이스라엘의 열두 지파를 상징하는 듯하다. 그리고 '칠병이어' 기적 사건에서 7광주리는 예수님의 천국 잔치의 풍성함과 모든 이방 민족들을 상징하는 것 같다.

또한, 마태복음 26:26-7에서 예수님이 성찬을 집례하시는 장면을

---

5 France, 『틴데일 신약주석 1: 마태복음』, 407.

"예수께서 빵을 들고 축복 기도를 드리신 후에…또 잔을 들고 감사 기도를 드리신 후에"라고 표현한다. 그러므로 예수님은 오병이어와 칠병이어의 기적을 통해 자신의 죽으심과 천국 백성과 함께하는 자신의 모습을 계시하신다.[6]

2) 예수님을 부인하는 신앙생활

예수님은 이전에도 수많은 기적을 일으키셨고, 이것들을 통해 자신이 누구인가를 계시했다. 그리고 그 기적들을 경험한 자들에게 간접적으로 신앙고백을 요구하셨다. 그러나 사람들이 계속해서 예수님께 요구하는 것이 있었다. 특히, 당시 종교인들인 바리새인과 사두개인들은 예수님이 정말 하나님께서 보내신 자라면, 그에 합당한 표적들을 보여 달라고 계속해서 요구한다(마 16:1).

그때, 예수님은 이들에게 "하늘을 보면 대략 오늘 비가 올 건지, 아닌지를 분별할 수 있으면서도, 이 정도로 표적들을 보여주었는데 내가 누구인지를 모르겠느냐? 내가 마지막 생애에 요나의 표적으로 십자가에 친히 달릴 것이다. 그래도 너희는 나를 따르지 않을 것이다"라고 책망하신다.

사람들이 수많은 기적을 체험한다고 해서 예수님을 구원자로 받아들이는 것은 아니다. 오히려 더 많은 기적을 일으켜서 '당신이 하나님이심'을 증명하기를 요구한다. 톰 라이트(Nicholas Thomas Wright)는 하나님이신 예수님에게 끊임없는 기적들로 자신들을 이해시켜 달라고

---

6 양용의, 『마태복음 어떻게 읽을 것인가』, 277-78.

요구하는 자들을 가리켜 "예수님을 서커스 곡예사로 취급"[7]한 신성모독자라고 부른다.

또한, 그들이 계속해서 예수님에게 표적을 구하는 것은 그들이 영적 맹인이기 때문이다. 이들은 복음서에서 대표적인 불신자들로 그려진다. 이들은 예수님을 바라보면서도, 끝내 믿고 싶지 않았다.[8] 다시 말해, 이들은 성경에 관한 해박한 지식과 탐구 능력을 갖추고 있었다. 그러나 믿음은 지적인 능력이나 해박한 지식으로 얻을 수 있는 것이 아니다. 이들은 스스로 하나님을 믿는 자라고 대중에게 말하면서도, 예수님을 거부한 완고한 자들이다.[9] 예수님은 이런 자들을 가리켜 "악하고 음란한 세대", 즉 악하고 간음하는 세대라 칭하신다.

3) 예수님을 자기 생각으로 도안한 신앙생활

"장님 코끼리 만지기"란 속담이 있다. 여러 장님들이 코끼리의 커다란 코, 커다란 귀, 커다란 다리를 만진 후, 코끼리의 모습을 각각 다르게 설명한다는 말이다. 이 속담은 아주 조금 알면서 전부 다 아는 것처럼 굴 때 쓰는 말이지만, 또한 사람마다 다른 생각을 가질 수 있다는 것을 교훈한다.

그렇다면, 교회 다니는 자들은 예수님에 관하여 동일한 생각을 품고 있을까?

---

7 Nicholas Thomas Wright, *Matthew for Everyone 2*, 양혜원 역,『모든 사람을 위한 마태복음 II 부(16-28장)』(서울: IVP, 2010), 19.

8 Michael Green, *The Message of Matthew: The Kingdom of Heaven*, 김장복 역,『마태복음 강해: 천국의 도래』(서울: IVP, 2005), 251-52.

9 Donald A. Hagner, *WBC 33B: Matthew 14-28*, 채천석 역,『WBC 성경주석: 마태복음 하』(서울: 솔로몬, 1999), 741-42.

어떤 이는 예수님을 최고의 경영자로, 어떤 이는 의사로, 어떤 사람은 소원을 들어주는 램프의 요정으로 이해할 수 있다. 즉, 각자 나름대로 '나만의 예수님'을 그리면서, 신앙생활을 할 수 있다. 그렇기에 예수님은 제자들에게 가이사랴 빌립보 지방에 도착한 후 물으신다.

사람들이 인자[자신]를 누구라 하느냐?(마 16:13).

제자들은 예수님을 세례 요한의 환생이라 말하는 사람도 있고, 예수님을 엘리야라고 말하는 사람도 있고, 예레미야나 선지자 가운데 한 분이라고 말하는 사람들이 있다고 말했다(마 16:14). 오늘날도 예수님이 누구신지 정확히 인식하지 못한 채, 습관적이든 성공을 위해서든, 혹은 단순히 위로받기 위해 교회에 출석하는 사람들이 많다. 이들은 교인이란 이름으로 모두 교회에 출석한다. 그러나 교인이라고 해도 제자가 아닐 수 있다.

3. 신앙고백

여기서, 주목해야 할 점은 예수님이 이 질문을 하시는 장소다. 어떤 이들은 가이사랴 빌립보 지역이 이방 우상들의 집합소였기 때문에, 제자들이 예수님을 어떻게 생각하는지 알 수 있는 좋은 장소라고 생각한다.[10] 또한, 단언할 수 없지만, 예수님은 단지 많은 무리를 뒤로하고,

---

10 Green, 『마태복음 강해: 천국의 도래』, 255.

한적한 곳에서 제자들만의 생각을 알고자 질문하셨는지 모른다.[11]

예수님은 제자들이 자신을 누구라고 고백하고 있는지가 궁금하셨다. 왜냐하면, 예수님은 자신을 구원자로 믿지 않고 따르는 자들을 자신의 팬(fan) 정도로 생각하셨기 때문이다. 그러므로 예수님은 자신과 동고동락한 제자들이 혹시 팬이 아닌지 알고 싶으셨을 것이다. 물론, 예수님은 제자들에게 자신이 메시아라고 직접 말씀하신 적은 없었다. 오로지 기적과 가르침을 통해 간접적으로 자신의 신분을 밝히셨다.[12]

예수님의 제자들이라면, 세상 사람들에게 예수님이 누구이신가를 분명히 가르쳐 줄 필요가 있다. 세상을 향해 우리의 믿는 바가 무엇인지를 들려줘야 한다. 그러므로 자신의 믿음에 관한 증언이 바로 신앙고백이다.

1) 너희는 나를 누구라 하느냐?

골고다 언덕을 올라 십자가를 져야 할 고통의 시간이 다가올수록 예수님은 제자들의 마음가짐이 어떤지 확인하고 싶으셨다. 왜냐하면, 예수님이 떠난 후에도 제자들은 예수님의 증인으로 세상에서 살아가야 하기 때문이다. 그래서 예수님은 제자들에게 자신의 대속 사역과 부활 사건을 구체적으로 말씀하시기 전에, 그들의 신앙을 점검하고 싶으셨다(마 16:21).

마가복음과 누가복음을 살펴보면, 예수님은 먼저 제자들에게 "너희는 나를 누구라 하느냐?" 묻기 전에, 그들을 위해 기도하셨다.[13] 그리

---

11 France, 『틴데일 신약주석 1: 마태복음』, 413.
12 양용의, 『마태복음 어떻게 읽을 것인가』, 283.
13 Matthew Poole, *Matthew Poole's Commentary: Matthew*, 박문재 역, 『매튜 풀 청교도

고 예수님은 제자들과 함께 가이사랴 빌립보에 도착하셨을 때 그들에게 물으신다.

너희는 나를 누구라 하느냐?(마 16:15).

예수님은 자신의 질문을 귀로 접한 제자들에게 반드시 입술의 고백을 요구하신다. 왜냐하면, "너희는 나를 누구라 하느냐?"라는 예수님의 질문은 실제로 "너희는 나를 누구라 [말]하느냐?"라는 표현으로, 그들이 입술로 내뱉는 '말'에 초점을 둔 질문이기 때문이다.[14] 다시 말해, 예수님은 자신을 향한 믿음의 고백과 세상을 향한 믿음의 선포를 제자들의 입술을 통해 신앙고백으로 듣고 싶어하셨다.

예수님은 지금 우리에게도 동일한 질문을 하시고, 동일한 신앙고백을 듣기 원하신다. 결국, 신앙고백이란 믿음의 고백이자 선포로서, 반드시 입으로 정확하게 표현하는 신앙 행위이다(롬 10:10).[15]

2) 신앙고백

신앙고백은 공동체적일 수 없다. 물론, 모든 집단이나 공동체는 함께 모인 후, 신앙고백의 시간을 갖는다. 교회 공동체도 하나님을 향한 온전한 신앙고백을 고백하는 각 지체의 모임이다. 그러나 신앙고백은 하나님과 개인의 관계적인 표현이다. 왜냐하면, 예수님은 "너희는 나를 누구라 [말]하느냐?"라고 제자들에게 물었으나, 각 사람에게 답을 요구

성경주석: 마태복음』(파주: 크리스챤다이제스트, 2015), 313-14.
14 Weber, 『Main Idea로 푸는 마태복음』, 350.
15 Poole, 『매튜 풀 청교도 성경주석: 마태복음』, 315.

하셨기 때문이다. 그러자 베드로가 예수님을 향해 신앙고백을 한다.

주는 그리스도요 살아계신 하나님의 아들이시니이다(마 16:16).

다른 제자들도 베드로의 고백에 동의를 표한다.[16] 만일, 베드로와 다른 제자들의 생각이 달랐다면, 그 자리에서 제자 중에 누군가는 "나는 예수님이 이런 분이라고 생각합니다"라고 자기 생각을 솔직히 말할 수 있었다. 물론, 가룟 유다는 분명히 예수님을 다르게 인식하고 있었다. 왜냐하면, 가룟 유다는 처음부터 물질과 권력을 탐하여 예수님을 좇았기 때문이다. 다시 말해, 가룟 유다는 제자들의 신앙고백에 겉으로만 동조했다. 여기서 우리는 신자가 자신의 신앙고백을 말로 정확히 표현하고, 전심으로 예수님을 따르는 것이 얼마나 중요한지 새삼 깨닫게 된다.

다음은 제자들의 신앙고백을 삼위일체 하나님과 교회의 관점으로 확장해서 살펴보겠다.

(1) 성자 하나님

베드로를 중심으로 고백한 제자들의 신앙고백은 예수님에 대한 간략하면서도 분명한 몇 가지 내용을 드러낸다.

① 예수님을 '주인'으로 고백한다. 그리스도인(Christian)이란 표현은 라틴어 크리스티아노스(Christianos)에서 유래한 것으로, Christ(그리스도)와 −ianos(-tian: 소속)가 결합된 용어이다. 이는 그리스도

---

16 Weber, 『Main Idea로 푸는 마태복음』, 350.

에게 속한 자들, 즉 그리스도를 주인으로 따르며 살아가는 자들을 의미한다.[17]

② 예수님을 '그리스도'라 고백한다. 그리스도란 '기름 부음을 받은 자'를 의미하는데, 구약성경에 보면 하나님의 백성들 가운데 왕, 선지자, 제사장만이 기름 부음을 받는다. 기름 부음을 받은 자들은 각각 하나님의 백성을 통치하며, 바른길로 인도하며, 죄 용서를 위한 사역을 감당한다. 그러므로 제자들이 예수님을 그리스도라고 고백하는 것은, 예수님께서 삼중직을 성취하신 분으로서, 하나님의 백성들을 통치하시고 인도하시며, 죄 용서를 위한 사역을 감당하시는 분이라는 사실을 받아들이는 것이다.

③ 예수님을 '살아계신 하나님'으로 고백한다. 제자들은 예수님을 살아계신 하나님의 아들이라 말한다. 이것은 예수님이 성육신하셨으나, 여전히 성자 하나님이심을 믿는다는 뜻이다.

(2) 성부 하나님

제자들의 신앙고백에는 성부 하나님에 관한 내용도 포함되어 있다. 제자들은 예수님을 가리켜 "살아계신 하나님의 아들"이라 칭했는데, 여기에는 성부 하나님의 지극한 사랑이 표현되어 있다. 왜냐하면, 성부 하나님은 자신의 독생자를 십자가에 죽이시기까지 택한 자들을 사랑하시기 때문이다.

또한, 제자들은 하나님을 '살아계신 분'으로 고백한다. 그들은 지금 가이사랴 빌립보의 생명 없는 잡다한 우상들을 바라보면서, 하나님이야말로 자신의 백성을 위해 쉬지 않고 일하시는 살아계신 분이심을

---

[17] http://100.daum.net/encyclopedia/view/187XX75400015.

고백하는 것이다.[18]

(3) 성령 하나님

예수님은 제자들의 신앙고백을 흡족히 여기셨다. 그리고 제자들이 신앙고백을 입술로 말한 것, 그 자체가 복이라고 말씀하신다.

왜 예수님은 입술의 신앙고백을 복이라고 말씀하셨을까?

창세기 12:1-3을 보면, 하나님께서 믿음의 조상인 아브라함에게 명령하신 후 "내가 너로 큰 민족을 이루고 네게 복을 주어 네 이름을 창대하게 하리니 너는 복이 될지라" 약속하신다. 그런데 바울은 갈라디아서 3:1-9에서 아브라함이 받은 복을 성령 세례를 받은 것으로 설명한다. 또한, 바울은 하나님께서 주신 복으로 인하여, 아브라함의 자손을 육적 자손이 아닌 영적 자손, 즉 성령의 인침을 받고 온전히 신앙고백을 한 사람으로 설명한다.[19]

성령 하나님께서 역사하시지 않으신다면 어느 누구도 입술로 신앙고백을 온전히 말할 수 없기 때문에, 예수님은 제자들의 신앙고백을 들은 후 자신의 기쁜 마음을 이렇게 표현하신 것이다.

> 바요나 시몬아 네가 복이 있도다[여기에 있는 너희들도 복이 있다] 이를 네게 알게 한 이는 혈육이 아니요 하늘에 계신 내 아버지시니라 (마 16:17).

18　Poole, 『매튜 풀 청교도 성경주석: 마태복음』, 315; 양용의, 『마태복음 어떻게 읽을 것인가』, 285.

19　Matthew Poole, *Annotations upon The Holy Bible*, 김용훈 역, 『매튜 풀 성경주석: 갈라디아서』(용인: 그 책의 사람들, 2014), 70-72.

(4) 교회 공동체

예수님은 베드로를 칭찬하셨지만, 베드로의 신앙고백에 동의한 제자 모두를 칭찬하신 것이다. 이와 같이 신앙고백은, 구원받은 자들이 각자 하나님을 향해 고백하는 개인적인 신앙 행위이지만, 공적 예배에서 구원받은 자들이 함께 고백하기에 공동체성도 지닌다. 교회 공동체는 언약 공동체로서 삼위일체 하나님을 믿고 따르는 자들의 모임이며, 공통적인 신앙고백을 공유한다.

(5) 신앙고백 공동체의 능력

예배 가운데 신앙고백을 하고, 세상을 향해 선포하는 교회는 어떤 일을 일으킬까?

마태복음 16:18-19을 보면, 예수님께서 "음부의 권세가 이기지 못하리라"고 말씀하신다. 여기에서 "음부의 권세"는 '음부의 문'으로 해석할 수 있다. 마치 겨자 씨가 훗날 커서 많은 새가 깃들이는 거대한 나무가 되는 것처럼, 신앙고백 공동체는 음부의 문을 부수며 하나님 나라를 확장하여 나간다.[20] 그리고 하나님 나라의 확장은 단순히 신앙고백 공동체의 능력으로 이뤄지는 것이 아니라, 신앙고백 공동체의 머리 되시는 예수 그리스도께서 함께 이뤄 나가신다.

그러므로 하나님은 예수님이 머리이신 신앙고백 공동체를 통해 세상을 다스리고 보존하시며, 이 믿음의 공동체는 하나님의 계획에 따라 세상의 역사를 만들어 나간다.

20　Hagner, 『WBC 성경주석: 마태복음 하』, 763.

4. 사도신경

제자들의 신앙고백의 본을 따라 우리도 예배 시간에 개인적으로, 또 공동체적으로 사도신경을 고백한다. 사도신경은 하나님의 구원에 관한 감사와 증인으로 사는 삶의 응답이며, 한 개인과 한 공동체의 정체성과 삶의 목적의식을 담고 있는 신앙고백이다.[21] 이런 점에서, 사도신경은 몇 가지 특징들이 나타난다.

첫째, 신앙고백의 주체는 '우리'가 아닌 '나'이다. 주기도문에서는 하나님을 "하늘에 계신 우리 아버지"라고 부르는데, '우리'는 기도의 공동체성을 보이는 단어다. 그러나 사도신경에서는 "나는 전능하신 아버지 하나님, 천지의 창조주를 믿습니다"라는 기술적인 방식으로 '나'라는 개인의 고백을 강조한다.[22]

둘째, 앞서 베드로의 신앙고백을 삼위일체 하나님과 교회 공동체의 관점에서 간략히 살펴본 것처럼, 사도신경은 성부 하나님, 성자 하나님, 성령 하나님, 교회 공동체의 내용으로 구조화되어 있다.

셋째, 사도신경은 예배에서 사용할 수 있도록 시의 형태로 기술하였다. 왜냐하면, 사도신경이 비록 성경에서 도출된 교리지만, 살아있는 하나님의 말씀을 화석화시키지 않고, 살아 움직여서 구원을 가져다주는 진리로 인지시키고 싶었기 때문이다.[23]

넷째, 사도신경은 개인적인 신앙고백이지만, 공적인 예배에서는 공

---

21 Alister McGrath, *Understanding Doctrine: Its Relevance and Purpose for Today*, 정진오 역, 『기독교 교리이해』 (서울: CLC, 2005), 27.
22 James I. Packer, ?, 이상원 역, 『사도신경』 (고양: 크리스천 다이제스트, 1989), 9-10.
23 Philip Schaff, *Creeds of Christendom*, 박일민 역, 『신조학』 (서울: CLC, 1984), 19.

동체성을 지닌다. 물론, 사도신경이 십계명이나 주기도문처럼, 성경 본문에 명시되어 있거나 그 자체가 영감되었다고 말할 수 없다. 그러나 사도신경은 2세기 로마 교회에서 세례를 집례할 때에 신앙고백문 형태로 사용되었으며, 현재 대다수의 교회가 신앙고백으로 채택해서 사용하고 있다. 즉, 대부분의 교회 공동체들이 공(公)예배에서 사도신경을 고백함으로써 개인적이고 공동체적인 신앙의 자태를 하나님과 세상 앞에 공표한다.[24]

---

24 이승구, 『사도신경: 기독교회의 가장 보편적인 신조』 (서울: SFC, 2004), 7, 13.

제7장

대표(목회)기도

¹:¹하가랴의 아들 느헤미야의 말이라 아닥사스다 왕 제이십 년 기슬르월에 내가 수산 궁에 있는데 ²내 형제들 가운데 하나인 하나니가 두어 사람과 함께 유다에서 내게 이르렀기로 내가 그 사로잡힘을 면하고 남아 있는 유다와 예루살렘 사람들의 형편을 물은즉 ³그들이 내게 이르되 사로잡힘을 면하고 남아 있는 자들이 그 지방 거기에서 큰 환난을 당하고 능욕을 받으며 예루살렘 성은 허물어지고 성문들은 불탔다 하는지라 ⁴내가 이 말을 듣고 앉아서 울고 수일 동안 슬퍼하며 하늘의 하나님 앞에 금식하며 기도하여 ⁵이르되 하늘의 하나님 여호와 크고 두려우신 하나님이여 주를 사랑하고 주의 계명을 지키는 자에게 언약을 지키시며 긍휼을 베푸시는 주여 간구하나이다 ⁶이제 종이 주의 종들인 이스라엘 자손을 위하여 주야로 기도하오며 우리 이스라엘 자손이 주께 범죄한 죄들을 자복하오니 주는 귀를 기울이시며 눈을 여시사 종의 기도를 들으시옵소서 나와 내 아버지의 집이 범죄하여 ⁷주를 향하여 크게 악을 행하여 주께서 주의 종 모세에게 명령하신 계명과 율례와 규례를 지키지 아니하였나이다 ⁸옛적에 주께서 주의 종 모세에게 명령하여 이르시되 만일 너희가 범죄하면 내가 너희를 여러 나라 가운데에 흩을 것이요 ⁹만일 내게로 돌아와 내 계명을 지켜 행하면 너희 쫓긴 자가 하늘 끝에 있을지라도 내가 거기서부터 그들을 모아 내 이름을 두려고 택한 곳에 돌아오게 하리라 하신 말씀을 이제 청하건대 기

억하옵소서 ¹⁰이들은 주께서 일찍이 큰 권능과 강한 손으로 구속하신 주의 종들이요 주의 백성이니이다 ¹¹주여 구하오니 귀를 기울이사 종의 기도와 주의 이름을 경외하기를 기뻐하는 종들의 기도를 들으시고 오늘 종이 형통하여 이 사람들 앞에서 은혜를 입게 하옵소서 하였나니 그 때에 내가 왕의 술 관원이 되었느니라 ²:¹아닥사스다 왕 제 이십년 니산월에 왕 앞에 포도주가 있기로 내가 그 포도주를 왕에게 드렸는데 이전에는 내가 왕 앞에서 수심이 없었더니…(느 1:1-2:10).

1. 국가대표

요한 호이징가(Johan Huizinga)는 인간의 특징적 행위 가운데 '놀이'에 주목했다. 다른 동물들과 달리, 인간은 놀이를 통해 일시적이지만 행복함을 느끼고 싶어 한다. 그러므로 그는 인간을 '유희적 동물'(*Homo Ludens*)이라 부르며, 인간만이 '유희'를 추구하고 취미 혹은 놀이를 개발한다고 주장한다. 또한, 그는 인간의 유희적인 욕구가 가장 잘 표출된 것이 스포츠라 주장한다. 왜냐하면, 스포츠는 원래 유희였기 때문이다.[1]

하지만 각종 스포츠에 전문적인 팀이 생기고 직업화된 선수들이 등장하면서, 스포츠는 순수한 유희적 추구가 아닌, 상업적인 추구로 전락했다고 호이징가는 주장한다.[2] 그의 주장은 매우 타당하다. 상업화된 스포츠를 대중매체로 접하면서도 사람들은 여전히 유희를 찾는다. 특히, 한 국가를 대표하는 선수들의 선의의 경쟁은 우리에게 최고의 유희를 선사한다.

---

1 스포츠의 어원은 라틴어의 '물건을 운반한다'라는 portāre의 뜻에서 전화(轉化)하였다. 13세기경에는 프랑스어인 de(s) port=disport로 되었고, 거의 같은 무렵에 영어인 sporte로 다시 전화되었는데, 지금은 본래의 게임(game)이나 플레이(play)를 대신하여 국제 공통어가 되었다. 어원이 그리스어가 아니라는 점에서 고대 그리스의 제전경기와 근본적인 차이가 있음을 알 수 있다. 고대 그리스의 경기는 죽을 때까지 싸운다는 아고니즈(agonize)이다. 프랑스어나 영어로 전화한 시대는 서민들이 부분적이나마 권리를 주장하기 시작한 무렵이며, '엄하고 가혹한 작업이나 노동에서 잠시 벗어나 기분전환을 한다'는 뜻으로 쓰였다. 농민·기술자 등 일반 시민들이 달리고 뛰고, 헤엄을 치고, 공을 차고, 힘을 겨루고 한 모든 것이 스포츠이며, 어느 경우에는 도박도 이에 속했다고 볼 수 있다. 이와 같은 스포츠가 차차 거리에서 거리로, 마을에서 마을로 번졌고, 교회의 예배일이나 마을의 축제 때 승자에게는 상금이나 상품을 주기도 하고, 승부에 대한 도박도 있기는 했으나 프로 스포츠는 아니었고 아무나 참가할 수 있는 놀이와 같은 경기였다. http://gall.dcinside.com/board/view/?id=leagueoflegends1&no=4515362.

2 Johan Huizinga, *Homo Ludens*, 김윤수 역, 『호모 루덴스』 (서울: 까치, 2003), 294.

하지만 '놀이'가 참여하는 영역에서 관람하는 영역으로 전환되면서 인간은 분명히 놀이에서 얻을 수 있는 한 가지 유익을 잃어버리게 되었다. 공동체를 이루는 존재인 인간은 '놀이'를 통해 사람의 진면목을 입체적으로 파악할 수 있다. 그러나 우리는 스포츠를 통해 한 운동선수를 입체적으로 파악 수 없다. 그 운동선수를 보는 것만으로 그를 온전히 파악하는 것은 불가능하다. 우리에게 축구 국가대표 선수는 단순히 축구공을 가장 잘 다루는 사람일 뿐이다.

2. 탁월한 리더십의 소유자, 느헤미야?

수많은 성경 인물 중, 느헤미야는 단연 탁월한 리더십의 소유자로 인정받는다. 간단히 말해, 이스라엘 역사에서 리더십 분야에서만큼은 느헤미야가 국가대표다. 왜냐하면, 그는 무너진 예루살렘 성을 52일 만에 재건하는 놀라운 능력을 발휘했기 때문이다(느 6:15).

느헤미야는 유대인들 4만 2360명, 남녀 노예가 7337명, 남녀 찬양대원 245명, 대략 5만 명을 이끌고 위험한 광야와 산길을 걸어서 4개월 만에 예루살렘에 도착했다. 또한, 성벽과 성문들을 재건할 공사에 필요한 거대한 나무들과 물품까지 함께 가지고 왔다. 이것은 그가 탁월한 리더십을 소유하지 못했다면 불가능했을 것이다.

또한, 그는 산발랏, 도비야, 게셈과 같은 지방 호족의 위협과 정치적인 압박과 방해 때문에 어려움을 당했다(느 6:1). 그들의 생각에, 만일 예루살렘 성이 다시 옛 모습을 갖춘다면, 이스라엘이 주변 이방 호족들과 마찰을 일으킬 것이 뻔했기 때문이다. 그러나 느헤미야는 이스라엘 백성들에게 한 손에는 전쟁에 쓸 무기를, 다른 한 손에는 삽이나 망치를 들고 공사하도록 명령했다. 이스라엘 백성들은 상당한 중압감에 시달리며 훼파된 성벽과 성문들을 보수했지만, 하나님의 은혜로 말미암아 기적처럼 52일 만에 성을 재건한다(느 4:1-6:15).

당시 고대 사회에서 무너진 성벽과 성문들을 재건한다는 것은 어떤 의미가 있었을까?

고대에는 각 나라의 요충지마다 높은 성을 쌓아서 적이 침공하면 성을 중심으로 방어했다. 그래서 나라의 모든 성을 빼앗기면 전쟁에서 패하게 된다. 그리고 전쟁에서 승리한 나라는 패한 나라의 성들의 벽과 문들을 허물어 버렸다. 왜냐하면 온전한 성이 존재한다면, 어떤 사람이 흩어졌던 백성들을 그곳에 모아 쿠데타를 일으킬 수 있기 때문이다.

그러므로 승전국은 패전국의 중요 인사들 즉 귀족, 지식인들, 왕족들을 포로로 잡아가고 나머지 사람들은 무너진 성 주변에 거주하게 했다. 포로로 잡혀간 자들은 고통스러운 나날을 보냈다. 그러나 남아 있는 자들의 고통도 만만치 않았다. 왜냐하면 자신들이 사는 성의 벽과 문들이 훼파되어 방어능력을 상실했기 때문이다. 다시 말해, 그들은 떼강도의 습격이나 짐승들의 공격에 속수무책일 수밖에 없었다.

하나님은 이미 스룹바벨과 에스라를 통해 2번에 걸쳐 이스라엘 백성 5만 명 정도를 고향인 이스라엘로 돌려보내셨다. 불행하게도 이들에게는 자신을 보호해 줄 성벽과 성문이 없었기에, 느헤미야가 예루살렘에 오기 전까지 그들은 100년의 고통스러운 세월을 보내고 있었다. 그러므로 그들에게 있어서 느헤미야는 분명히 영웅일 수밖에 없었다. 느헤미야는 타의 추종을 불허하는 사람이었다.

그래서 많은 사람은 우리가 느헤미야의 지도력과 결단력, 희생정신을 배워야 한다고 입을 모은다. 느헤미야가 위급한 상황에서 어떻게 대처했는지, 어떻게 지도력과 결단력을 발휘했는지를 연구하고 느헤미야의 리더십을 본받을 것을 주문한다.

그러나 우리는 느헤미야를 리더십만 탁월한 사람으로 오해하고 있는 것은 아닐까?

마치, 우리가 축구선수를 축구만 잘하는 사람으로 인식하는 것처럼 말이다.

우리는 느헤미야의 리더십만을 배워야 할까?

물론 그는 탁월한 지도자였다. 그러나 과연 하나님은 느헤미야서를 통해 '느헤미야의 탁월한 리더십'을 말씀하고 싶은 것일까?

3. 느헤미야의 대표(목회)기도

느헤미야서를 천천히 읽어보라.[3] 하나님은 느헤미야서를 기록하시면서, 탁월한 리더십으로 고난을 돌파한 위인으로 그를 묘사하지 않으신다. 오히려, 하나님은 느헤미야를 무능한 사람으로 말씀하신다. 느헤미야 또한 자신의 무능함과 이스라엘 공동체의 무능함을 철저히 깨닫고 하나님을 향해 대표(나라와 민족, 가정을 위해)로서 기도의 자리로 나간다. 다음에 나오는 느헤미야서의 신학적인 구조를 보면, 느헤미야의 기도가 느헤미야서에서 중심적인 주제라는 사실을 알 수 있다.[4]

---

[3] 에스라서와 느헤미야서는 원래 한 권이었다. 또한, 에스더는 에스라와 느헤미야 전 시대의 사람이다. 한글 성경의 배열로 인하여 역사적인 순서에 착각을 줄 수 있다. Mark A. Throntveit, *Interpretation: Ezra-Nehemiah*, 차종순 역, 『현대성서주석기 에스라-느헤미야』 (서울: 한국장로교출판사, 2001), 97.

[4] 물론 한 가지 문제점은 느 5장이 애매하게 배치되었다는 점이다. Throntveit, 『현대성서주석기 에스라-느헤미야』, 98.

느헤미야의 회고(1:1a)
  A. 하나니의 보고, 느헤미야가 도시를 재건한다(1:1b-2:8)
    B. 느헤미야를 보증하기 위해 총족들에게 보내는 편지들(2:9)
      C. 반대(2:10)
        D. 밤중에 예루살렘을 순찰하다: 쏟아지는 비난(2:11-18)
          E. 반대: 게셈이 반역으로 고소하다(2:19-20)
            F. 성벽 건축(3:1-32)
              G. 반대(4:1)
                H. 조소(4:2-3)
                  I. 느헤미야의 기도(4:4-5)
                    J. '연합하여' 성벽을 절반까지 건축하다(4:6)
                  J'. '함께 연합한' 반대(4:7-8)
                I'. 느헤미야의 기도(4:9)
              H'. 조소의 효과(4:10-14)
            G'. 반대(4:15)
          F'. 방어하는 가운데 건축되는 성벽(4:16-23)
            (5장: 느헤미야의 두 번째 문제)
          E'. 반대: 게셈이 반역으로 고소하다(6:1-9)
        D'. 느헤미야: 밤중에 협박을 당하고 비난받다(6:10-14)
      C'. 반대(6:15-16)
    B'. 느헤미야를 헐뜯기 위한 도비야의 편지(6:17-19)
  A'. 하나니가 재건축된 예루살렘의 책임을 맡다(7:1-3)

느헤미야서는 느헤미야와 돌아온 이스라엘 백성들이 연합하여 성벽을 건축하는 내용이다. 그러나 도표에서 알 수 있는 것처럼, 느헤미야의 기도가 없었다면 예루살렘 재건은 불가능했을 것이다. 느헤미야는 탁월한 리더십을 소유한 사람이기 이전에 하나님 앞에서 자신과 잃어버린 조국과 고통받는 동포를 위해 기도하는 사람이었다.[5] 또한, 느헤미야서가 느헤미야의 기도로 시작하는 것을 보면, '대표(목회)기도'가 공동체(가장, 교회, 사업장, 국가 등)를 회복시키는 데 있어서 필수적인 신앙 요소임을 알 수 있다. 느헤미야 1:1-4을 읽어 보자.

> 하가랴의 아들 느헤미야의 말이라 아닥사스다 왕 제20년 기슬르월에 내가 수산 궁에 있는데 내 형제들 가운데 하나인 하나니가 두어 사람과 함께 유다에서 내게 이르렀기로 내가 그 사로잡힘을 면하고 남아 있는 유다와 예루살렘 사람들의 형편을 물은즉 그들이 내게 이르되 사로잡힘을 면하고 남아 있는 자들이 그 지방 거기에서 큰 환난을 당하고 능욕을 받으며 예루살렘 성은 허물어지고 성문들은 불탔다 하는지라 내가 이 말을 듣고 앉아서 울고 수일 동안 슬퍼하며 하늘의 하나님 앞에 금식하며 기도하여 이르되 하늘의 하나님 여호와 크고 두려우신 하나님이여 주를 사랑하고 주의 계명을 지키는 자에게 언약을 지키시며 긍휼을 베푸시는 주여 간구하나이다(느 1:1-4).

느헤미야는 수산 궁에 있었다. 수산 궁은 페르시아 왕들이 겨울에 머물던 관저였으며, 다리오가 건축한 이후에 몇몇 왕위 계승자들이 사용해 왔다.[6] 느헤미야가 수산 궁을 관리하던 사람이었는지, 고위관

---

[5] 장춘식, 『대한기독교서회 창립 100주년 기념 성서주석: 에스라-느헤미야』 (서울: 대한기독교서회, 2007), 231.

[6] 수산 궁은 각각 약 20-25m 높이로 어림 되는 72개의 돌기둥과 각 변의 길이가 107m 이상의 사각형 건물이었다. 수산 궁은 바벨론에서 동쪽으로 약 360km 지점에 위치했으며, 샤우르 강(Shaur River)이 내려다보이는 세 언덕 위에 세웠다. 그리고

로서 왕을 보좌하기 위해서 수산 궁에 동행했는지는 알 수 없다. 분명한 것은, 느헤미야가 남부럽지 않은 부귀영화와 수많은 혜택을 누리며 살아가고 있었다는 사실이다.[7] 그러나 그는 언제나 저 예루살렘에 살고 있는 동족들을 걱정했다. 그래서 아마도 가장 믿을 수 있는 형제나 친척을 예루살렘에 수시로 보내어 그곳의 형편을 파악하고 있었을 것이다. 우리는 의문을 가질 수 있다.

'정말로 느헤미야는 수시로 예루살렘의 형편을 살펴봤을까?'

'혹시, 느헤미야가 예루살렘에서 돌아온 하나니와 무리에게 예루살렘의 형편을 무심코 물어본 것은 아닐까?'[8]

그렇지 않다. 왜냐하면, 느헤미야가 아닥사스다 왕에게 예루살렘까지의 도착과 재건 준공 기간, 그리고 재건에 필요한 구체적인 재료 목록들을 열거한 것을 보면, 그가 분명히 예루살렘 재건을 위한 조사를 매우 철저히 했다는 사실을 알 수 있기 때문이다(느 2:6-8).[9]

느헤미야는 예루살렘에서 일어나는 여러 곤경을 들으면서, 자신의 무능함을 한탄하며 하나님께 나간다. 현재 자신의 지위로는 예루살렘 주민들에게 어떤 도움도 줄 수 없을 뿐만 아니라, 성벽 재건에 대한 이야기를 왕께 하면, 그는 반역에 대한 오해의 소지로 목숨을 잃을 수도 있기 때문이다. 그러므로 그는 자신의 무능함을 철저히 깨닫고 대표(

수산 궁 주변으로 약 8만 평방미터의 상업 지구가 위치에 있었다. John H. Walton, Victor H. Matthews & Mark W. Chavalas, *The IVP Bible Background Commentary: Old Testament*, 정옥배 · 이철민 · 신재구 · 이지영 역, 『IVP 성경배경주석: 구약』 (서울: IVP, 2001), 673.

7 장춘식, 『대한기독교서회 창립 100주년 기념 성서주석: 에스라-느헤미야』, 213.

8 D. A. Carson, R. T. France, J. A. Motyer & G. J. Wenham 외, *New Bible Commentary: 21st Edition*, 신현기 역, 『IVP 성경주석』 (서울: IVP, 2010), 585.

9 H. G. M. Williamson, *Word Bible Commentary vol 16: Ezra-Nehemiah*, 조호진 역, 『에스라-느헤미야』 (서울: 솔로몬, 2008), 343.

목회)기도의 자리로 나가, 하늘의 하나님께 슬피 울며 금식할 수밖에 없었다(느 1:4).

느헤미야의 대표(목회)기도에서 눈여겨 봐야 할 점이 있다. 그것은 그가 하나님과 맺은 언약을 붙들고 기도한다는 점이다(느 1:5). 하나님께서 자신의 백성들에게 언약을 먼저 제안하셨으며, 그 언약을 이루어 가시는 분도 하나님이시다. 그러므로 느헤미야는 하나님과의 언약을 언급함으로, 하나님께서 자신의 신실하심을 역사 가운데 구현하시기를 간구한다.[10] 하나님의 언약을 신뢰하는 성도만이 하나님의 은혜를 경험할 수 있다.[11]

4. 대표(목회)기도

도대체, 느헤미야가 보여준 대표(목회)기도란 무엇인가?
예배 중에 대표(목회)기도는 어떻게 이루어지고 있는가?

먼저 대표(목회)기도는 기도하는 자를 포함한 공동체 전체를 위한 기도를 의미한다. 대표(목회)기도에는 '나는 무능한 자요, 내가 속한 공동체도 무능한 자들의 모임이기에 우리가 하나님만 의지합니다. 하나님께서 당신의 신실함을 세상에 나타내 주십시오'라는 언약적 고백이 담겨 있다. 또한 대표기도는 목회적 특성을 가지는데, 기도자는 자신과 교회 공동체의 무능을 하나님 앞에 자복함으로써, 하나님께서 교회의 주인으로서 친히 간섭해 주시기를 아뢴다.

---

10 Williamson, 『에스라-느헤미야』, 346.
11 Throntveit, 『현대성서주석 에스라-느헤미야』, 106.

그런데 '대표기도'라는 표현은 한국 교회에서만 관습적으로 사용되는 용어다. 서양의 교회에서는 이를 일반적으로 '목회기도'(pastoral prayer)라 칭하는데,[12] 이 순서는 자신이 속한 공동체의 현안들을 하나님께 아뢰는 시간이다.

그렇다면, 예배 가운데 대표(목회)기도는 어떤 사람이 해야 하는가?

한국 교회는 통상적으로 장로가 교인들을 대표하여 기도한다. 아마도 한국 교회에서 목사는 성도를 대표하여 예배를 인도하고 하나님의 말씀을 전하는 자로 인식되고, 장로는 성도를 대표해서 기도하는 자로 인식되는 듯하다. 그러나 서양 교회에서는 일반적으로 목사가 대표(목회)기도를 담당한다.

목회라는 용어를 생각해 보라! 목사와 장로 중, 누가 성도의 현안들과 상황들, 교회 공동체의 문제와 방향성에 관하여 깊이 있게 파악하고 있을까?

사람은 아는 만큼 기도한다. 그러므로 한 교회를 섬기는 목사가 예배 가운데 대표(목회)기도를 맡는 것이 더욱 합당하다.[13] 느헤미야는 하나님의 공동체인 예루살렘에 거주하는 동족을 사랑하는 참된 목회자며, 그의 기도는 진정한 목회기도라 말할 수 있다. 그런 의미에서 느헤미야의 대표(목회)기도를 되짚어보자.

---

12 De Jong, 『개혁주의 예배』, 134.
13 송인규, 『아는 만큼 누리는 예배』, 54-55.

5. 대표(목회)기도 방법

어떤 사람이 이런 말을 했다.
'기도는 무능의 극치다. 그러나 하나님은 그 무능의 극치인 기도를 사용하셔서 하나님의 전지전능하심을 나타내신다.'
그렇다면 대표(목회)기도는 어떠해야 할까?
하나님께서 느헤미야의 기도를 통해 3가지 대표(목회)기도 방법을 가르쳐 주신다.

1) 대표(목회)기도는 이타적이다

대표(목회)기도는 자신과 가정을 필두로 공동체에 속한 지체들과 지체들의 가정과 사업장, 더 나아가 국가를 위해서 기도하는 이타적인 시간이다. 느헤미야 1:1-11을 살펴보면, 느헤미야의 대표(목회)기도를 보면 이 사실을 분명히 알 수 있다. 왜냐하면, 1:1-4까지 1인칭인 '내가'라는 단어가 반복되지만, 1:5-11까지는 3인칭인 '우리가'라는 단어가 반복되기 때문이다. 즉, 느헤미야의 기도는 두 가지 특징을 가진다.

(1) 나의 무능과 공동체의 무능을 인정한다.
(2) 나의 필요부터 공동체의 필요까지 하나님께 의탁한다.

그러므로 마크 트론베이트(Mark A. Throntveit)는 이러한 느헤미야의 대표(목회)기도의 특징을 다음과 같이 설명한다.

그는 최초의 반응인 애통의 기간에 이어…그의 힘의 근원인 기도로

방향을 돌리는 믿음을 보인다. [그리고] 이 기도는…공동체적 애통의 특징을…가지고 있다.[14]

2) 대표(목회)기도는 공동체의 죄를 자복한다

느헤미야는 예수님께서 중보하시는 모습과 흡사한 모습을 보여준다.[15] 특히, 그는 공동체의 죄를 자신의 죄처럼 자복한다. 느헤미야 1:6-9을 살펴보자.

> 이제 종이 주의 종들인 이스라엘 자손을 위하여 주야로 기도하오며 우리 이스라엘 자손이 주께 범죄한 죄들을 자복하오니 주는 귀를 기울이시며 눈을 여시사 종의 기도를 들으시옵소서 나와 내 아버지의 집이 범죄하여 주를 향하여 크게 악을 행하여 주께서 주의 종 모세에게 명령하신 계명과 율례와 규례를 지키지 아니하였나이다 옛적에 주께서 주의 종 모세에게 명령하여 이르시되 만일 너희가 범죄하면 내가 너희를 여러 나라 가운데에 흩을 것이요 만일 내게로 돌아와 내 계명을 지켜 행하면 너희 쫓긴 자가 하늘 끝에 있을지라도 내가 거기서부터 그들을 모아 내 이름을 두려고 택한 곳에 돌아오게 하리라 하신 말씀을 이제 청하건대 기억하옵소서(느 1:6-9).

느헤미야는 다음과 같은 순서로 하나님께 기도한다.

---

14 Throntveit, 『현대성서주석 에스라-느헤미야』, 104.
15 Throntveit, 『현대성서주석 에스라-느헤미야』, 110.

(1) 공동체의 죄를 자신의 죄처럼 하나님께 자복한다.
(2) 자신을 하나님의 종으로 부르며 낮은 자세로 나간다.
(3) 하나님과 맺은 언약에 호소한다.
(4) 하나님의 자비와 형통을 베풀어 달라고 구한다.

결국, 대표(목회)기도는 우리의 삶 가운데 저지르는 죄를 고백하고 하나님의 은혜를 간구하는 시간이다.

3) 대표(목회)기도는 구체적이며 쉼이 없다

느헤미야 1:1을 보면, 느헤미야는 아닥사스다 왕 제20년 기슬르월에 예루살렘의 형편을 듣고 이때부터 본격적으로 하나님께 대표(목회)기도를 시작한다. 아닥사스다 왕 제20년 기슬르월은 대략 주전 446년 11월이나 12월 중순을 말한다. 느헤미야 2:1을 보면 느헤미야의 기도는 제20년 니산월까지 이어졌다는 사실을 알 수 있는데, 니산월은 3-4월을 의미한다. 그러므로 느헤미야는 대략 4개월 동안 기도했다.

또한, 느헤미야가 "주야로" 끊임없이 기도했다고 느헤미야 1:6에서 기록하고 있다. 한글 성경에는 "이제"라는 말로 표현하지만, 영어 성경을 보면 "now"로 표현되어 있다. 다시 말해, '어제 기도했다,' 혹은 '내일 기도할 것이다'와 같이 기도 시간을 과거나 미래가 아니라 현재에 둠으로써 느헤미야가 끊임없이 기도하는, 기도의 현재성을 강조한다.

지금 느헤미야가 자신과 공동체의 무능력함을 깨달았는데, 어떻게 그 자리에 주저앉아 금식하고 울면서 기도하지 않을 수 있는가?

더 놀라운 사실은 느헤미야가 4개월 동안 기도하면서, 모든 것을 구체적으로 계획했다는 점이다. 그리고 하나님은 대표(목회)기도를 하는 느헤미야를 수산 성의 궁전지기에서 왕의 최측근이면서 왕에게 조언을 할 수 있는 '술 맡은 관원'의 높은 신분으로 올려놓으신다(느 1:11). 하나님은 대표(목회)기도 하는 사람의 지위를 무겁게 만든다. 내가 공동체의 문제를 놓고 기도하면 어느 순간, 하나님은 문제를 해결할 수 있는 지위에 나를 옮겨 놓으신다.

이제 느헤미야는 술 맡은 관원으로서 왕의 식탁으로 나가 왕과 왕후에게 술을 따라 주는 가운데, 근심하는 안색을 그들에게 보이고 말았다. 어쩌면, 왕과 왕후가 술을 따르는 그를 향해 의심의 눈길을 보냈을 수도 있다. 왜냐하면, 술에 독을 섞어 자기들을 음해하고자 하는 두려움이 안색에 비쳤다고 생각할 수도 있기 때문이다. 그러나 왕과 왕후는 느헤미야를 믿었다. 그리고 그의 자초지종을 들은 후, 느헤미야가 대표(목회)기도 했던 것에 응답한다.

물론, 왕의 응답은 하나님의 역사하심에서 비롯된 것이다. 느헤미야 2:6-9을 함께 읽어 보자.

> 그 때에 왕후도 왕 곁에 앉아 있었더라 왕이 내게 이르시되 네가 몇 날에 다녀올 길이며 어느 때에 돌아오겠느냐 하고 왕이 나를 보내기를 좋게 여기시기로 내가 기한을 정하고 내가 또 왕에게 아뢰되 왕이 만일 좋게 여기시거든 강 서쪽 총독들에게 내리시는 조서를 내게 주사 그들에게 나를 용납하여 유다에 들어가기까지 통과하게 하시고 또 왕의 삼림 감독 아삽에게 조서를 내리사 그가 성전에 속한 영문의 문과 성곽과 내가 들어갈 집을 위하여 들보로 쓸 재목을 내게 주게 하옵소서 하매 내 하나님의 선한 손이 나를 도우시므로 왕이 허락하고 군대 장관과 마병을 보내어 나와 함께 하게 하시기로 내가 강 서쪽에 있는 총독들에게 이르러 왕의 조서를 전하였더니(느 2:6-9).

이와 같이 예루살렘 재건을 위해 필요한 시간, 물품, 사람들 등을 꼼꼼히 생각하며 기도했던 느헤미야는, 공동체의 문제를 해결할 수 있는 이 절호의 기회를 절대로 놓칠 수 없었다.

제8장

참회의 시간[1]

¹하나님이 야곱에게 이르시되 일어나 벧엘로 올라가서 거기 거주하며 네가 네 형 에서의 낯을 피하여 도망하던 때에 네게 나타났던 하나님께 거기서 제단을 쌓으라 하신지라 ²야곱이 이에 자기 집안 사람과 자기와 함께 한 모든 자에게 이르되 너희 중에 있는 이방 신상들을 버리고 자신을 정결하게 하고 너희들의 의복을 바꾸어 입으라 ³우리가 일어나 벧엘로 올라가자 내 환난 날에 내게 응답하시며 내가 가는 길에서 나와 함께 하신 하나님께 내가 거기서 제단을 쌓으려 하노라 하매 ⁴그들이 자기 손에 있는 모든 이방 신상들과 자기 귀에 있는 귀고리들을 야곱에게 주는지라 야곱이 그것들을 세겜 근처 상수리나무 아래에 묻고 ⁵그들이 떠났으나 하나님이 그 사면 고을들로 크게 두려워하게 하셨으므로 야곱의 아들들을 추격하는 자가 없었더라 ⁶야곱과 그와 함께 한 모든 사람이 가나안 땅 루스 곧 벧엘에 이르고 ⁷그가 거기서 제단을 쌓고 그 곳을 엘벧엘이라 불렀으니 이는 그의 형의 낯을 피할 때에 하나님이 거기서 그에게 나타나셨음이더라(창 35:1-7).

---

1 박성환, "선데이 크리스천 야곱의 회개", 「그 말씀」 제272호(2012, 2): 100-115. 기고된 글을 수정보완하여 '참회와 사죄'로 정리했다.

1. 선데이 크리스천

'선데이 크리스천'(Sunday Christian)이란 말이 있다. 이 단어는 일반적으로 주일에 한 번 교회에 나와 하나님을 예배하는 사람을 가리킨다. 선데이 크리스천은 남들이 보기에는 신자다. 그들은 성경을 들고 교회에 온다. 찬양을 하고 설교를 듣고 헌금을 드린다. 누가 보기에도 다른 신자와 유사하다. 그러나 그들은 막상 교회 문턱을 나서면 믿지 않는 사람처럼 살아간다. 그리고 다음 주일이 오면 다시 신자의 가면을 쓰고 교회 문턱을 넘는다.

왜 선데이 크리스천들이 교회 안에 존재할까?

첫째, 선데이 크리스천은 신앙생활의 흉내만 냄으로써 하나님의 심판을 피하고 싶어한다.

둘째, 세상에서 신자로 살아가는 것이 매우 불편하다는 사실을 알고 있다.

선데이 크리스천이란 하나님과 세상 모두를 자신의 손에 쥐고 싶은 갈망이 만들어 낸 '신앙적 기형아'라 할 수 있다.

2. 야곱의 신앙

선데이 크리스천 같은 신앙적 기형아는 우리가 살고 있는 시대에만 존재하는 것이 아니다. 성경에도 이러한 예가 있으니 바로 야곱이다. 그는 선데이 크리스천이 가진 전형적인 특징을 보여준다. 야곱의 행동을 살펴보면, 왜 그가 선데이 크리스천으로 불릴 만한지 알 수 있다.

1) 할아버지 아브라함의 신앙을 흉내 내는 야곱(창 33:17-20)

야곱은 얍복 강가에서 하나님과 씨름해서 이긴 후, 자기 인생에서 가장 골칫거리인 에서를 만난다. 야곱에게 있어서 이 만남은 반드시 한 번 거쳐야 하는 통과의례 같은 일이었다. 왜냐하면, 지난날 야곱이 형 에서를 속여 장자권을 취한 일로 야곱과 형의 사이에는 깊은 골이 생겼기 때문이다. 그리고 지금 에서는 자신이 수족처럼 부리는 400명과 함께 달려와 야곱의 코앞에 도착해 있다. 그러므로 야곱은 에서가 자신에게 잔혹한 행동을 서슴없이 할 수 있다고 생각했다.

그러나 야곱의 염려와는 달리 형 에서는 동생에 관한 묵은 앙금을 뒤로 하고 약 20년 만에 만난 동생을 기쁨으로 맞이한다. 거기에다 에서는 야곱에게 자신의 터전인 세일로 가서 그 옛날처럼 함께 살아보자고 권유한다. 그러나 야곱은 여전히 에서를 향한 불신을 가지고 있다. 혹시, 에서가 딴 마음을 품고 있을지 모르기 때문이다. 그렇기에 야곱은 에서의 권유를 받아들이는 척하면서, 자신의 가족을 이끌고 숙곳으로 떠난다.

야곱은 그 옛날, 하나님과 약속했던 장소인 벧엘로 가는 길이었을지도 모른다. 왜냐하면 얍복 강에서 벧엘로 가는 길목에 숙곳이 있기 때문이다. 그러나 그는 숙곳에서 집과 우릿간을 짓고 오랜 시간 머물렀다. 다시, 야곱은 가솔들을 데리고 가나안 땅 세겜으로 이동한다(창 33:18). 세겜 땅에 도착한 후, 야곱은 세겜의 아버지 하몰의 아들들에게 '백 크시타'의 땅을 산다. 그리고 그곳에서 하나님을 위해 단을 쌓고 '엘 엘로헤 이스라엘'(하나님, 이스라엘의 하나님)이라 불렀다.

이 사건에서, 우리는 야곱이 늘 마음속에 간직했던 본능적인 야망, 즉 하나님께서 자신의 할아버지인 아브라함에게 약속했던 많은 후손과 큰 땅을 자신의 소유로 삼고 싶어 한다고 생각해 볼 수 있다. 예전에, 하란을 떠나 가나안 땅에 도착한 아브라함에게 하나님께서 바로 이 땅에 자신의 나라를 세울 것이라 말씀하셨다. 그래서 아브라함은 그곳에 제단을 쌓고 하나님의 이름을 부르며 가나안 땅이 자신의 땅이 될 것을 믿음으로 확인했다.

지금 야곱도 자신의 할아버지인 아브라함과 똑같은 행동을 함으로써, 자신이 하나님과의 약속을 이룰 자임을 드러내고 싶어 한다. 다시 말해, 야곱은 하나님의 약속을 이행할 자라는 것을 보이고자 세겜 땅의 입성에 특별한 의미를 부여하고 싶었다. 그러므로 야곱은 할아버지 아브라함이 했던 신앙적 행동을 재현하고자, 자신이 값을 치른 땅에 단을 쌓고 할아버지 아브라함처럼 그 제단에 이름을 붙여 부른다.

그러나 야곱이 할아버지 아브라함의 신앙을 흉내 내는 것은 여기까지였다. 왜냐하면, 그가 보여준 화려한 신앙적 퍼포먼스와 다르게, 세겜 땅에서 야곱과 그의 가정이 보여준 신앙은 기대 이하였기 때문이다. 야곱과 그의 가정은 선데이 크리스천에 불과했다.

2) 야곱의 신앙 실태 (창 34:1-31)

야곱의 가정은 세상 사람들과 평화롭게 지냈지만, 하나님의 백성으로서 절대로 그들과 섞일 수 없었다. 그러나 세겜 땅의 야곱은 오히려 세겜 사람들과 친분을 쌓기 위해 노력했다.

그러나 이 타협적인 신앙은 오히려 야곱 가정에 불행을 일으킨다. 야곱의 딸 디나가 세겜 땅의 여인들과 교제하기 위해 나갔다가 하몰의 아들 곧 그 땅의 추장인 세겜에게 능욕을 당하고 말았다. 야곱의 수욕은 여기에서 끝나지 않는다. 추장 세겜은 자신의 아버지 하몰에게 야곱의 딸 디나와 결혼하고 싶다고 간청하고 하몰은 곧바로 야곱에게 서로의 집안이 통혼함으로써 두 민족의 정치적 경제적 통합을 이루자고 제안한다.

야곱은 이를 악물고 치욕과 아픔을 참아낸다. 왜냐하면 세겜 땅에서 그는 미약한 존재였기 때문이다. 다시 말해 야곱과 자녀들, 그리고 자신 종들의 수는 씨족으로 구성된 세겜 성 사람들과 비교될 수 없었다. 그래서 만일 야곱이 싸움을 일으킨다면, 그 결과는 불을 보듯 뻔한 것이었다.

돌이켜 볼 때 디나의 겁탈 사건은 하나님의 백성이 세상에서 신자라는 정체성을 망각하고 세상과 타협함으로 발생한 비극이라 할 수 있다. 즉 디나의 능욕 사건은 야곱으로부터 기인하였다.

첫째, 야곱은 아비로서 딸 디나가 이질적인 문화를 가진 가나안 여인들과 교제하는 것을 미연에 방지할 책임이 있었다. 특히, 성경은 디나의 능욕 사건이 성적, 도덕적 문제임에도 불구하고, '더럽힘'이라 표현함으로써 이를 제의적인 정결 문제로 설명한다. 다시 말해, 디나의 겁탈 사건은 단순히 야곱 가정의 도덕적 수치일 뿐 아니라, 하나님 백성이 세상과 결탁하는 것이 하나님께 대한 불신앙을 나타난다.[2]

둘째, 야곱은 언제나 세겜 땅에서 자신이 약자라고 생각했다. 왜냐하면, 야곱은 눈에 보이지 않는 하나님보다 눈에 보이는 세겜 사람들을 더욱 무서워했기 때문이다. 그래서 야곱은 딸 디나가 세겜 여인들과 교제하는 것을 허락했을 것이며, 자신은 세겜 땅에서 사는 동안 그들과 거리낌 없이 살려고 애를 썼다. 아마도 야곱은 적극적으로 그들과

---

2 Walter Brueggemann, *Interpretation: Genesis*, 강성열 역, 『창세기』 (서울: 한국장로교출판사, 2002), 413.

좋은 관계를 유지하려고 노력했을 것이다.

셋째, 한술 더 떠서 야곱의 아들들인 시므온과 레위는 디나의 강간 사건을 앙갚음하고자 신앙을 빙자한 속임수를 쓴다. 다시 말해, 그들은 할례를 이용한 속임수로 피의 복수를 감행한다. 그러나 이와 같은 방법을 사용하는 것은 신앙의 이름으로 대학살을 저지른 것과 같다. 하지만 야곱은 신앙의 아비로서 그들을 통제하고 훈계하기보다는 세겜 사람들의 복수를 두려워할 뿐이었다.

우리의 모습과 야곱과 얼마나 다를까?

우리도 주일에만 신자일 뿐, 교회 문턱을 나선 후에는 세상 사람들과 똑같은 삶을 살아 가지 않는가?

아니, 어쩌면 세상 사람들보다 더 악하게 살고 있지 않은가?

세상 사람들은 자신들이 죄인인지를 모르고 살아가지만 예수님의 이름으로 구원받았다고 믿는 우리는 죄인 줄 알면서도 세상의 유익과 쾌락을 좇기에 바쁘지 않은가?

우리는 야곱처럼 자신과 가정, 더 나아가 공동체를 통제하지 못할 때가 허다하다.

어디서부터 잘못된 것일까?

물은 위에서 아래로 흐른다. 자연의 법칙을 거슬러, 아래에서 위로 흐를 수는 없다. 야곱도 자녀들에게 신앙인의 본을 보여주지 못했기 때문에 이런 험한 꼴을 당한 것이다. 출애굽기 20:4-6에서 하나님은 무늬만 신앙인이 부모 세대에게 무서운 경종을 울린다.

> 너를 위하여 새긴 우상을 만들지 말고 또 위로 하늘에 있는 것이나 아래로 땅에 있는 것이나 땅 아래 물속에 있는 것의 아무 형상이든지 만들지 말며 그것들에게 절하지 말며 그것들을 섬기지 말라 나 여호와

너의 하나님은 질투의 하나님인즉 나를 미워하는 자의 죄를 갚되 아
비로부터 아들에게로 삼 사대까지 이르게 하거니와 나를 사랑하고 내
계명을 지키는 자에게는 천대까지 은혜를 베푸느니라(출 20:4-6).

하나님께서는 믿는 자들에게 우상숭배의 위험성을 가르치신다. 그
리고 하나님은 할아버지와 아버지가 자녀들에게 이러한 신앙 교육을
철저히 할 것을 당부하신다. 왜냐하면, 부모는 신앙의 계대를 유지, 보
전, 발전시킬 의무가 있기 때문이다.[3]

결국, 아버지 야곱의 얄팍한 신앙이 그의 가정을 위기로 몰고 간 것
이다. 가장이 리더로서 가정의 신앙을 책임져야 하는 것과 마찬가지
로, 목회자는 교회 공동체의 리더로서 교회의 신앙을 책임져야 한다.

3. 야곱이 보여준 참회의 결단(창 35:1-5)

하나님은 야곱과 그의 가족에게 회개를 촉구하시는 열심을 나타내
신다. 하나님은 야곱과 그의 가정이 진실한 신자로 회복되길 원하신
것이다. 그래서 하나님은 야곱에게 '벧엘로 올라가 단을 쌓으라'고 명
하신다. 하나님은 야곱이, 세겜이 아닌 벧엘에 있어야 한다는 것을 알
려 주신다. 왜냐하면, 벧엘은 야곱이 하나님께 서원한 첫 번째 장소로
하나님은 야곱이 자신과의 첫사랑을 회복하길 원하시기 때문이다.

하나님은 야곱이 예전의 신앙을 다시 회복하길 원하신다. 만일 야곱

---

[3] Joel R. Beeke, *Bringing the Gospel to Covenant Children*, 김진선 역,『언약 자손으로 양
육하라』(서울: 성서유니온선교회, 2011), 24.

이 이 기회를 놓쳐 버린다면, 그의 회복은 아예 불가능할지도 모른다. 사울이 회개하지 않았을 때 그의 인생은 망했고, 가룟 유다도 회개하지 않았을 때 그의 인생은 종착역에 도착했다. 하지만 다윗은 엄청난 죄를 지었으나, 참회의 기회를 놓치지 않았기에 하나님의 은혜를 입을 수 있었다.

지금 야곱은 하나님의 참회 요구가 자신의 인생에서 가장 중요한 전환점이 될 것이란 사실을 알고 있다. 그래서 야곱은 그와 함께한 모든 자에게 이방 신들을 제거하고 스스로 정결케 할 것과 새 옷으로 갈아입을 것을 요구한다. 야곱은 철저히 하나님과 이방 신들을 겸하여 섬겼던 불신앙을 정리하고, 오직 하나님만 섬길 것을 다짐한다. 그리고 자신의 가솔들에게 이방 풍습과 문화를 버리고 새 삶을 살기 위해 세겜을 떠나자고 제안한다.

심지어 떠날 때, 야곱과 가솔들은 새 옷으로 바꿔 입음으로써 자신들이 세겜 사람, 즉 세상과 다른 하나님의 백성임을 드러낸다. 결국, 야곱과 그의 가솔은 하나님 앞에서 철저히 참회의 기도를 드리고 무거운 죄짐을 내려놓을 수 있었다.

4. 참회의 시간

야곱과 그의 가정에게 닥친 영적 위기는 그들만의 어려움이라 할 수 없다. 모든 사람에게는 참회의 시간과 하나님이 베푸시는 사죄의 은총이 필요하다. 그래서 오늘날의 모든 신자들 또한 야곱의 이야기를 반면교사로 삼아야 할 것이다.

진정, 야곱과 그의 가솔이 경험한 참회의 은혜를 경험하기 원하는 신자는 예배 중 참회의 시간에 하나님 앞에서 뼈를 깎는 듯한 죄의 고백을 해야 하지 않을까?

또한 우리는 우리의 죄악들을 공적 예배에서 참회함으로써, 목회자가 선포하는 하나님의 사죄의 은총을 누려야 한다. 참된 신자란 하나님의 명령을 좇아 야곱과 그의 가솔들이 온갖 더러운 것들을 상수리 나무 밑에 묻어 버린 것처럼, 온갖 더러운 것들을 버리고 예수 그리스도와 함께 믿음의 경주를 하는 자를 의미한다. 히브리서 12:1에서 하나님은 신자들에게 "모든 무거운 것과 얽매이기 쉬운 죄를 벗어버리고 인내로써 우리 앞에 당한 경주를 경주하라"고 말씀하신다. 즉, 신자가 인생의 경주를 할 때, 참회를 통해 무거운 짐들을 정리해야 그 경주를 완주할 수 있다.

이런 점에서, 종교개혁자들과 청교도들은 신자들에게 언제, 어떻게 하나님께 자신의 죄를 참회해야 할지를 가르쳤다. 그들은 특별히 공(公)예배에서 가지는 개인적인 참회 시간뿐 아니라, 공동체가 함께 죄를 자복한 후, 목회자로부터 하나님의 사죄 사언을 받는 것을 강조했다. 왜냐하면, 교회 공동체는 한 몸으로서 순결과 화목이 필수적이기 때문이다.

참회의 시간은 성도들이 서로 격려하고 서로를 이해하는 훈련의 시간이며, 하나님의 사랑을 재확인하는 시간이다.[4] 종교개혁자들과 청도교들의 가르침에 따라, 목회자는 참회의 시간에 십계명을 통해 신자들이 (개인적으로 또 공동체적으로) 죄인임을 깨닫게 한 후 입술로 그 죄들을 토설하도록 했다. 그 후, 목회자는 사죄의 선언과 함께 헌신에 관한

---

4   De Jong, 『개혁주의 예배』, 94-95.

합당한 성경 구절을 선포했다.[5]

그러나 작금의 개신교 예배에서는 참회의 시간이 실종된 지 오래다. 현대적인 감성을 가진 자들에는 참회의 시간이 매력적이지 않을 것이다. 어떤 목회자나 신자는 예배 시간에 죄를 강조하면 사람들이 오히려 예배에 큰 반감을 가질 것이라고 착각하는 경우도 허다하다. 물론, 참회의 시간이 신자에게 하나님의 은혜에 굴복하게 만드는 인위적인 예배 순서처럼 비칠 수 있다. 그러나 신자들이 죄를 심각하게 인식하지 못한다면, 하나님의 은혜를 깊이 깨닫는 것은 불가능하다.[6] 그러므로 하나님은 참회의 시간이라는 예배 순서를 통해 자신의 백성들이 죄로부터 참된 자유를 얻기를 열망하신다.

---

5   De Jong, 『개혁주의 예배』, 97.
6   Chapell, 『그리스도 중심적 예배』, 293.

제9장

설교

¹여호와의 종 모세가 죽은 후에 여호와께서 모세의 수종자 눈의 아들 여호수아에게 말씀하여 이르시되 ²내 종 모세가 죽었으니 이제 너는 이 모든 백성과 더불어 일어나 이 요단을 건너 내가 그들 곧 이스라엘 자손에게 주는 그 땅으로 가라 ³내가 모세에게 말한 바와 같이 너희 발바닥으로 밟는 곳은 모두 내가 너희에게 주었노니 ⁴곧 광야와 이 레바논에서부터 큰 강 곧 유브라데 강까지 헷 족속의 온 땅과 또 해 지는 쪽 대해까지 너희의 영토가 되리라 ⁵네 평생에 너를 능히 대적할 자가 없으리니 내가 모세와 함께 있었던 것 같이 너와 함께 있을 것임이니라 내가 너를 떠나지 아니하며 버리지 아니하리니 ⁶강하고 담대하라 너는 내가 그들의 조상에게 맹세하여 그들에게 주리라 한 땅을 이 백성에게 차지하게 하리라 ⁷오직 강하고 극히 담대하여 나의 종 모세가 네게 명령한 그 율법을 다 지켜 행하고 우로나 좌로나 치우치지 말라 그리하면 어디로 가든지 형통하리니 ⁸이 율법책을 네 입에서 떠나지 말게 하며 주야로 그것을 묵상하여 그 안에 기록된 대로 다 지켜 행하라 그리하면 네 길이 평탄하게 될 것이며 네가 형통하리라 ⁹내가 네게 명령한 것이 아니냐 강하고 담대하라 두려워하지 말며 놀라지 말라 네가 어디로 가든지 네 하나님 여호와가 너와 함께 하느니라 하시니라 ¹⁰이에 여호수아가 그 백성의 관리들에게 명령하여 이르되 ¹¹진중에 두루 다니며 그 백성에게 명령하여 이르기를 양식을 준비하라 사흘 안에 너희가 이 요단을 건너 너희의 하나님 여호와께서 너희에게 주사 차지하게 하시는 땅을 차지하기 위하여 들어갈 것임이니라 하라(수 1:1-11).

1. 일본의 합격사과 이야기

　일본의 아오모리 현은 사과 농사로 유명한 곳이다. 그러나 1991년에 계속된 태풍으로 인하여 사과의 90%가 땅에 떨어져 버리고 10%의 사과만 나무에 온전히 매달려 있었다. 한 해 농사를 망치게 된 것이다. 많은 농부들이 어떻게 농사 빚을 갚고 어떻게 먹고 살아야 할까 망막했다. 큰 위기를 당한 농부들은 크게 낙심하였다.

　그러나 한 농부는 달랐다. 그는 이 위기의 시간을 성공의 발판으로 삼았다. 때마침 일본 전역은 대학 수능을 코앞에 남겨둔 입시철이었다. 이 농부는 아직 나무에 매달려 있는 사과를 어떻게 하면 비싼 값에 팔 수 있을까 고민했다. 그리고 태풍을 이겨낸 사과를 '대학 수능 합격 사과'라고 이름 짓고, 사과 하나당 10배 이상의 가격으로 팔았다. 결과는 대성공이었다.[1]

2. 위기에 처한 여호수아와 이스라엘 백성

　만일, 우리 인생에 이런 위기가 찾아온다면 '수능 합격 사과'를 판 농부처럼 지혜를 발휘할 수 있을까?

　과연 어떤 방법으로 지혜를 얻을 수 있을까?

　사람은 누구나 죽을 때까지 수많은 위기를 맞이한다. 그래서 인생을 고해(苦海)라고 표현한다. 바다에 밀물과 썰물이 반복되는 것처럼, 인생도 위기의 순간과 평안한 순간이 교차하기 때문이다. 사람마다 위기

1　http://blog.naver.com/PostView.nhn?blogId=speed8447&logNo=220107690412.

의 순간에 지혜를 얻은 방법이 다르고 위기를 관리하는 능력도 제각각이다.

그렇다면 하나님을 신뢰하는 자는 어떻게 위기를 바라보고 극복할 수 있을까?

두려워하고 낙심한 마음을 어떻게 평안하게 만들 수 있을까?

신자는 위기를 극복하는 방법에 있어서도 비신자와 수준이 달라야 한다.

신자가 세상에 보여줘야 할, 수준이 다른 방법이란 무엇일까?

신자는 하나님의 말씀을 인생의 나침반으로 삼고, 그 말씀에서 참된 위로를 받으며 나아갈 길을 모색해야 한다.

여호수아는 출애굽 이후부터 지금까지 이스라엘 최고의 장군으로서 백전불패의 신화를 써 내려간 자이다. 물론, 그는 하나님의 도우심과 모세의 격려로 위대한 장군이 되었으며, 하나님의 은혜로 승리했다는 사실도 알고 있다. 또한, 그는 출애굽을 시작으로 40년 광야의 세월을 보내면서, 하나님의 은혜로 사는 삶이 무엇인지를 경험했다.

그러나 전쟁에 잔뼈가 굵은 백전노장 여호수아에게 위기가 찾아온다. 정확히 말한다면, 하나님께서 여호수아를 위기 가운데로 몰아세우셨다고 하는 말이 맞을 것이다.

1) 모세의 죽음

여호수아서는 "여호와의 종 모세가 죽은 후에"(수 1:1a)라고 모세의 죽음을 알리며 시작한다. 또한, 여호수아 1:1은 동사의 연속형(Consecutive Form)인 '그리고'로 시작한다. 즉, 신명기 34장의 모세의 죽음 이후, 여호수아가 이스라엘의 지도자로 계승되었음을 의미한다.[2]

여호수아는 젊었을 때부터 모세에게 지도자 교육을 받았다.

그러나 모세가 죽은 후에 여호수아의 심정이 어떠했을까?

여호수아 1:1은 여호수아를 "모세의 수종자"로 칭하면서 모세의 우월성을 드러낸다. 물론 신명기 34:9에서 모세는 죽기 전에 여호수아에게 안수하며 후계자로서 그를 재신임했다. 그리고 하나님과 이스라엘 백성도 여호수아를 전폭적으로 지지했다. 다시 말해, 여호수아는 예비 지도자로서 이미 하나님과 이스라엘 백성에게 인정을 받았으며, 여러 직무와 전쟁을 치른 용사로서 행정과 실무 능력을 고루 갖춘 자였다.[3] 그러나 여호수아는 모세와 같지 않다.

신명기 34:10-12에서 모세를 다음과 같이 평가한다.

> 그 후에는 이스라엘에 모세와 같은 선지자가 일어나지 못하였나니 모세는 여호와께서 대면하여 아시던 자요 여호와께서 그를 애굽 땅에 보내사 바로와 그의 모든 신하와 그의 온 땅에 모든 이적과 기사와 모든 큰 권능과 위엄을 행하게 하시매 온 이스라엘의 목전에서 그것을 행한 자이더라(신 34:10-12).

또한, 모세의 죽음을 바라보는 이스라엘 백성의 정신 상태는 어떠했을까?

모세는 출애굽 이후, 하나님의 명령을 따라 이스라엘의 체제를 정비한 사람이다. 물론, 모세도 흠이 있었고, 이스라엘 백성들이 모세

---

2 손석태, 『대한기독교서회 창립 100주년 기념 성서주석: 여호수아』 (서울: 대한기독교서회, 2006), 70.

3 Jerome F. D. Creach, Interpretation: Joshua, 조용식 역, 『여호수아』 (서울: 한국장로교출판사, 2010), 54.

를 대항하기도 했다. 그러나 모세는 하나님과 백성 사이에서 중보의 역할을 성실히 감당했으며, 이스라엘 백성은 그가 죽는 날까지 그를 따르고 사랑했다. 그는 늙었지만, 여전히 분별할 수 있는 통찰력과 이스라엘을 이끌 만한 체력이 있었다. 그런데 그 모세가 갑자기 죽었다(신 34:7).

모세가 살아있을 때, 여호수아는 그에게서 지도자 수업을 받았다. 그리고 그는 언제나 하나님과 친밀한 관계를 유지했다. 하지만 이제 여호수아는 자신 곁에 모세가 없다는 사실 때문에 두려움에 사로잡힐 수밖에 없다. 뛰어난 지도자가 사라지는 것은 공동체에 불행한 일이다. 왜냐하면, 지도자의 공백은 반드시 공동체의 위기와 직결되기 때문이다. 물론, 하나님은 새로운 지도자로서 여호수아를 세워 이스라엘에게 주신 약속을 지킬 것을 알리셨다.[4]

그러나 전임자가 40년 동안 성공적이고 안정적인 지도력을 행사했는데, 어느 후임자가 부담을 느끼지 않을까?

여호수아와 이스라엘 백성은 불안할 수밖에 없는 상황이다.[5] 거기다가 여호수아는 모세보다 못하다는 비난을 받을까 봐 노심초사하며 자신과 싸움을 계속하고 있다.[6]

2) 요단 강

하나님은 이렇게 마음이 복잡한 여호수아에게 이스라엘 백성과 함

---

4 Robert L. Hubbard Jr, *The NIV Application Commentary: Joshua* (Grand Rapid: Zondervan, 2009), 75.
5 송병헌, 『엑스포지멘터리: 여호수아』 (서울: 국제제자훈련원, 2010), 79.
6 Creach, 『여호수아』, 54-55.

께 요단 강을 건너갈 것을 요구하신다(수 1:2). 그러나 '요단을 건너라'는 하나님의 명령은 여호수아와 이스라엘 백성에게 정말 어처구니없는 요구다. 왜냐하면, 지금 가나안은 보리를 거둘 때인데, 이 시기에는 요단 강에 물이 넘쳐 누구도 쉽사리 건너갈 수 없기 때문이다(수 3:15). 요단 강은 훌레 호수(Lake Huleh) 위쪽의 네 물줄기(바레깃, 하스바디, 렛단, 바니아스)가 근원을 이루는데, 특히 바니아스 물줄기는 바니아스 성읍 근처에서 솟아난 요단 강의 계곡을 이룬다. 또한 이 계곡은 세계에서 가장 낮으며 해수면보다 약 300m 낮다. 그런데 보리를 추수할 때에는 계곡의 물이 가득하고 물살의 방향도 읽기가 쉽지 않을 뿐 아니라, 물살도 빠르다. 그러므로 이 시기에 요단 강 도하는 죽음을 각오하는 것이었다.[7]

그러나 하나님은 여호수아와 이스라엘 백성에게 '요단을 건너라' 명하셨다. 하나님의 명령은 여호수아와 이스라엘 전체에게 충격 그 자체였을 것이다. 모세가 없으니 이젠 너희같이 말을 듣지 않는 자들은 모조리 몰살시키고 새로운 백성을 선택하겠다는, '하나님의 새판짜기'로 여호수아가 오해할 수도 있다. 왜냐하면, 출애굽 1세대들이 금송아지를 만들어 하나님의 노여움을 샀을 때, 하나님은 모세에게 아브라함의 자손을 멸하고 모세의 자손으로 새로운 민족을 만들겠다고 화난 목소리를 내셨는데(출 32:9-13), 여호수아는 누구보다 이 사건을 잘 알고 있었기 때문이다.

---

[7] 손석태, 『대한기독교서회 창립 100주년 기념 성서주석: 여호수아』, 70-71.

3) 과거의 회상

어쩌면, 여호수아는 과거의 실패를 재차 떠올렸을지 모른다. 여호수아는 젊었을 때, 11명과 함께 요단 저편의 가나안 땅을 40일 동안 정탐하고 돌아왔다. 여호수아와 갈렙은 모세에게 가나안 사람들을 하나님이 허락하신 '밥'에 비유했다. 그러나 나머지 정탐꾼 10명은 가나안 사람들의 문화와 전투력을 살펴보고 이스라엘은 그들에 비하면 메뚜기처럼 하찮은 존재에 불과하다고 보고했다. 하나님은 자신을 신뢰하지 못하는 이스라엘을 광야학교에서 40년 동안 교육하신다. 그리고 여호수아와 갈렙을 제외하고 모세를 포함한 출애굽 1세대를 전부 광야에서 죽게 만드신 것이다. 이제 하나님은 여호수아와 출애굽 2세대를 다시 부모들이 들어가는 데 실패했던 장소 앞에 모으시고 그들의 믿음을 시험하신다.

가나안 땅을 바라보는 여호수아와 이스라엘의 심정은 어떨까?

과거의 실패가 머릿속에 맴돌지 않을까?

과거의 실패는 사람을 불안하게 만든다. 위협에 성공적으로 대처하지 못함으로써 악화된 불안은 극대화되어 공포심을 일으킨다. 또한, 과거의 실패는 자존감을 상실하게 만든다. 자신의 능력 이상이 요구되는 일을 당했을 때 상황은 더욱 악화된다.

과거의 실패가 현실 상황에 투영되면, 결단과 용기로 맞서야 한다. 그러나 대다수는 이런 대결을 회피한다.[8] 마찬가지로 여호수아는 과거의 실패로부터 불안이 창출되어 공포심을 느끼고 있다.

---

8 Richard S. Lazarus & Bernice N. Lazarus, *Passion & Reason: Making Sense of Our Emotions*, 정영목 역, 『감정과 이성』 (서울: 문예출판사, 2004), 76-77.

3. 말씀의 하나님

위기의 순간에 하나님이 여호수아에게 먼저 찾아오신다. 하나님은 여호수아와 이스라엘을 향해 설교하심으로 그들을 위로하고 격려하신다. 왜냐하면, 여호수아와 새로운 세대는 새로운 도전에 직면해 있기 때문이다.[9]

과연, 하나님은 자신의 백성에게 다른 방법이 아닌 설교로 자신의 마음을 전달하실까?

다음은 여호수아 1:3-9 말씀이다.

> **내가 모세에게 말한 바와 같이** 너희 발바닥으로 밟는 곳은 모두 내가 너희에게 주었노니 곧 광야와 이 레바논에서부터 큰 강 곧 유브라데 강까지 헷 족속의 온 땅과 또 해 지는 쪽 대해까지 너희의 영토가 되리라 네 평생에 너를 능히 대적할 자가 없으리니 내가 모세와 함께 있었던 것 같이 너와 함께 있을 것임이니라 내가 너를 떠나지 아니하며 버리지 아니하리니 강하고 담대하라 너는 내가 그들의 조상에게 맹세하여 그들에게 주리라 한 땅을 이 백성에게 차지하게 하리라 오직 강하고 극히 담대하여 나의 종 모세가 네게 명령한 그 율법을 다 지켜 행하고 우로나 좌로나 치우치지 말라 그리하면 어디로 가든지 형통하리니 이 율법 책을 네 입에서 떠나지 말게 하며 주야로 그것을 묵상하여 그 안에 기록된 대로 다 지켜 행하라 그리하면 네 길이 평탄하게 될 것이며 네가 형통하리라 내가 네게 명령한 것이 아니냐 강하고 담

---

9 Warren W. Wiersbe, *Be Strong*, 안보현 역, 『여호수아서 강해: 강건하여라』 (서울: 생명의말씀사, 1996), 28.

대하라 두려워하지 말며 놀라지 말라 네가 어디로 가든지 네 하나님
여호와가 너와 함께 하느니라 하시니라(수 1:3-9).

"내가 모세에게 말한 바와 같이"(as I told Moses)란 표현에 유념할 필
요가 있다. 여호수아는 이 말씀(수 1:3-9)을 여기서 처음 들은 것은 아
니다. 예전에 하나님은 모세의 설교를 통해 여호수아에게 동일한 말
씀을 전달하셨다. 그러므로 여호수아 1:3-9은 하나님께서 모세를 통
해 여호수아에게 했던 설교를 반복해서 들려주며 그를 격려하시는 것
이다. 왜냐하면, 여호수아가 리더의 부재, 환경의 어려움, 과거 실패의
회상으로 인해 깊은 고뇌의 시간을 보내고 있기 때문이다.

그렇다면, 여호수아는 언제 모세의 설교를 통해 하나님의 동일한 말
씀을 들었는가?

바로 신명기 31:1-8이다.

또 모세가 가서 온 이스라엘에게 이 말씀을 전하여 그들에게 이르되
이제 내 나이 백이십 세라 내가 더 이상 출입하지 못하겠고 여호와께
서도 내게 이르시기를 너는 이 요단을 건너지 못하리라 하셨느니라
여호와께서 이미 말씀하신 것과 같이 네 하나님 여호와께서 너보다
먼저 건너가사 이 민족들을 네 앞에서 멸하시고 네가 그 땅을 차지하
게 할 것이며 여호수아는 네 앞에서 건너갈지라 또한 여호와께서 이
미 멸하신 아모리 왕 시혼과 옥과 및 그 땅에 행하신 것과 같이 그들
에게도 행하실 것이라 또한 여호와께서 그들을 너희 앞에 넘기시리니
너희는 내가 너희에게 명한 모든 명령대로 그들에게 행할 것이라 너
희는 강하고 담대하라 두려워하지 말라 그들 앞에서 떨지 말라 이는
네 하나님 여호와 그가 너와 함께 가시며 결코 너를 떠나지 아니하시

며 버리지 아니하실 것임이라 하고 모세가 여호수아를 불러 온 이스라엘의 목전에서 그에게 이르되 너는 강하고 담대하라 너는 이 백성을 거느리고 여호와께서 그들의 조상에게 주리라고 맹세하신 땅에 들어가서 그들에게 그 땅을 차지하게 하라 그리하면 여호와 그가 네 앞에서 가시며 너와 함께 하사 너를 떠나지 아니하시며 버리지 아니하시리니 너는 두려워하지 말라 놀라지 말라(신 31:1-8).

신명기 31:1-8과 여호수아 1:3-9은 내용이 유사하다. 또한, 모세는 이스라엘 앞에 여호수아를 세워 놓고, 그를 위하여 신명기 31:1-8의 설교 내용을 요약하여 한 번 더 설교한다(신 31:7-8). 그러므로 여호수아는 모세가 생존해 있을 때에, 그로부터 적어도 두 번 이상 이 설교를 들었다.

그러나 누구든지 위기가 닥쳐오면, 하나님의 약속을 기억하지 못한 채, 여호수아처럼 실의에 빠진다. 그럴 때, 하나님은 실의에 빠진 자신의 백성에게 격려하시고자 다른 방법이 아닌 목회자의 설교를 사용하신다. 하나님께서 설교를 통해 자신의 백성을 위로하고 격려하신다는 사실이 놀랍지 않은가!

하나님은 다른 방법을 사용하셔도 얼마든지 좌절감에 빠진 자신의 백성을 위로하실 수 있다. 사람들 또한 설교가 아니라 다른 방법을 통해 위로나 격려를 받기 원할지 모른다.

가령, 지금 위기에 봉착한 여호수아에게 하나님께서 천사를 보내 위로하신다면 어떨까?

아니면, 죽은 모세를 보내어 여호수아를 격려하면 어떨까?

또는 하늘의 무지개를 보여주시면서 위로하시는 것은 어떨까?

그러나 하나님이 은혜를 베푸시는 보편적인 방편은 설교(말씀), 성례, 기도이다. 신자는 이 세 가지 방편을 부지런히 사용하여 하나님의 은혜를 경험해야 한다.[10] 그 중에서 설교는 기독교에서 가히 절대적인 위치를 차지한다.

> 설교는 기독교에 있어서 절대적으로 필요하다…기독교는 바로 그 본질에 있어서 하나님의 말씀의 종교이기 때문이다. 살아계신 하나님께서 타락한 인간에게 구조적으로 자신을 계시하기 위해 주도권을 행사 하신다는 사실, 또는 하나님 자신의 계시가 가장 간단한 전달 방법들…또는 하나님께서 하나님의 말씀을 들은 사람들에게 그 말씀을 다른 사람들에게 전하도록 요구하신다는 사실들을 간과하거나 부인하면서 기독교를 이해하려고 한다면 이것은 절대로 불가능한 일이다.[11]

그런데, 신명기 31:1-8과 여호수아 1:3-9에서 다른 부분이 하나 있다. 하나님께서 여호수아에게 모세의 설교를 다시 들려주시면서, 한 가지 덧붙이신 것이 있는데, 그것은 하나님이 여호수아에게 율법 책을 끊임없이 묵상하기를 요구하신 것이다(수 1:8). 하나님은 여호수아에게 정기적인 설교를 통해 격려하실 뿐 아니라, 일상에서 말씀을 묵상하며 자신에게 순종하길 원하신다. 제임스 패커(James I. Packer)는 하나님의 말씀인 성경을 가리켜, "우리의 입에서 떠나게 하지 말고 주야로 묵상해야 할 책"[12]이라고 정의한다.

---

10 Williamson, 『웨스트민스터 소요리문답강해』, 344-49.
11 John R. W. Stott, *Between Two Worlds*, 정성구 역, 『현대 사회와 설교』(서울: 생명의 말씀사, 1992), 21.
12 James I. Packer & Carolyn Nystrom, *Praying: Finding Our Way Through Duty to Delight*, 정옥배 역, 『제임스 패커의 기도』(서울: IVP, 2008), 118.

하나님은 성경을 통해 신자에게 말씀하시며, 신자들이 점진적인 성화의 과정을 이루어 가게 하신다. 또한, 신자가 성경의 가르침을 따라 적극적으로 자신과 교제하시기를 원하신다. 그러므로 성경 묵상은 하나님과 사귐을 꾸준히 실천하는 행위며, 하나님과 깊은 교제를 형성하는 과정이다.

'하나님의 말씀을 묵상하라'는 명령을 받은 여호수아는 어떤 삶을 살았을까?

일반적으로 사람들은 여호수아를 전쟁의 영웅으로, 이스라엘을 가나안에 정착시키고 안식을 선물한 위대한 지도자로만 인식한다. 그러나 여호수아는 가나안 사람들과 전쟁을 치른 영웅이라기보다는 일평생 하나님의 말씀을 붙들고 그 말씀에 순종하기 위해 애쓴 신앙인이라 할 수 있다. 왜냐하면, 하나님의 종으로 이스라엘을 다스리는 지도자가 갖춰야 할 조건은 하나님의 말씀에 순종하는 것이기 때문이다.[13]

여호수아의 고별 설교를 살펴보면, 마치 여호수아 1장에서 하나님께서 모세의 설교를 통해 여호수아에게 들려주셨던 장면과 흡사하다(수 23:1-13). 늙은 여호수아는 하나님 곁으로 떠나기 전에 이스라엘 백성에게 하나님께서 이스라엘 백성을 위해 싸우셨다는 사실과 이스라엘 백성이 하나님의 말씀을 묵상해야 할 것, 그리고 하나님과 가까이 하기를 힘써야 한다고 가르친다(수 23:1-13). 이 가르침을 뒤집어 생각해 보면, 여호수아는 일평생 하나님의 말씀을 묵상하고 하나님과 교제하는 데 온 힘을 기울였다는 사실을 알 수 있다.

이렇듯, 하나님의 백성에게 "[성경] 묵상은 하나님의 역사와 방법과 목적과 약속들에 대하여 알고 있는 바를 기억해 내고, 사색하고, 곰곰

---

13 손석태, 『대한기독교서회 창립 100주년 기념 성서주석: 여호수아』, 73.

이 생각하여 자신에게 적용해 보는 활동…하나님의 임재 가운데에서
…하나님의 도움을 받아, 하나님과 교제하며 [실천하는]…거룩한 사
고 활동"[14]이다.

4. 설교의 위력

여호수아는 하나님의 말씀을 통해 위로를 얻었다. 그리고 담대히 이스라엘 백성에게 "양식을 예비하라"(수 1:10-11)고 첫 번째 명령을 내린다. 그러나 그의 명령은 어리석어 보인다. 왜냐하면, 지금 요단 강이 범람하여 이스라엘 백성이 가나안 땅으로 건너갈 수 없는 상황이기 때문이다. 그렇다면, 상식적으로 여호수아가 이스라엘 백성에게 '배'를 건조하게 하든지, '다리'를 건설하라고 명령하는 것이 이치에 맞다. 하지만 여호수아는 요단 강을 건넌 후부터 필요한 전쟁 군량을 모을 것을 요구한다. 지금 요단 강을 건너지 못한다면, 군량도 쓸데없는 것인데 말이다.

여호수아는 이스라엘 백성들에게 왜 이런 명령을 내렸을까?

그는 하나님의 말씀을 들은 후, 과거에 베푸신 하나님의 은혜를 상기했을 것이다. 여호수아가 태어났을 당시 이스라엘은 애굽의 노예였다. 그렇기에 그의 부모는 소망을 담아 여호수아, 곧 "구원"이란 이름을 아들에게 선물한 것 같다. 또한, 여호수아는 하나님께서 애굽을 심판한 10가지 무서운 재앙을 경험했다. 특히 그는 에브라임 지파, 눈의 장자였기에, 하나님의 장자 심판을 목격하면서 자신의 생명이 은혜로

---

14   송인규, 『나의 주 나의 하나님』 (서울: IVP, 1990), 73.

보존되었다는 사실도 알고 있었다. 또한, 그는 하나님께서 홍해를 가르시고 구원하시는 기적을 체험했으며, 40년 광야 생활에서 하나님의 돌보심을 경험했다.

그러므로 여호수아는 하나님께서 모세와 이스라엘 백성(출애굽 1세대)으로 홍해를 건너게 하신 것처럼, 다시 여호수아와 이스라엘 백성(출애굽 2세대)으로 요단 강을 건너게 하실 것이란 확신이 들었을 것이다. 그리하여 여호수아는 하나님의 말씀을 들은 이후, 이스라엘 백성에게 "양식을 예비하라"는 믿음의 명령을 내릴 수 있었던 것이다.

여호수아에게와 같이, 하나님은 설교를 통해 자신의 백성에게 자신의 살아계심을 드러내신다. 하나님은 설교를 통해 신자를 위로하고 격려하신다. 때로 신자를 교훈하시고 책망도 하신다. 그래서 목사는 설교를, 하나님의 말씀을 예배 가운데 선포하는 위대한 행위이며 교회 공동체를 변화시키는 핵심적인 수단으로 인식해야 한다. 『웨스트민스터 예배 모범』(The Westminster Directory)도 설교를 가리켜 "구원으로 인도하는 하나님의 능력이며 복음 사역에 있어서 가장 위대하고 탁월한 일에 해당하는 말씀 선포"라고 정의한다.[15] 그러므로 설교는 "가장 고귀하고 위대하며, 영광스러운 소명이고, 오늘날 교회는 참된 설교가 절실히 필요하다."[16]

---

15 Thomas Leishman, *The Westminster Directory*, 정장복 역, 『장로교 예배의 뿌리: 웨스트민스터 예배모범』 (서울: 예배와 설교아카데미, 2002), 51.
16 D. Martyn Lloyd-Jones, *Preaching and Preachers*, 정근두 역, 『설교와 설교자』 (서울: 복있는 사람, 2005), 15.

제10장

세 례

³:¹그때에 세례 요한이 이르러 유대 광야에서 전파하여 말하되 ²회개하라 천국이 가까이 왔느니라 하였으니 ³그는 선지자 이사야를 통하여 말씀하신 자라 일렀으되 광야에서 외치는 자의 소리가 있어 이르되 너희는 주의 길을 준비하라 그가 오실 길을 곧게 하라 하였으니라 ⁴이 요한은 낙타털 옷을 입고 허리에 가죽 띠를 띠고 음식은 메뚜기와 석청이었더라 ⁵이 때에 예루살렘과 온 유대와 요단 강 사방에서 다 그에게 나아와 ⁶자기들의 죄를 자복하고 요단 강에서 그에게 세례를 받더니 ⁷요한이 많은 바리새인들과 사두개인들이 세례 베푸는 데로 오는 것을 보고 이르되 독사의 자식들아 누가 너희를 가르쳐 임박한 진노를 피하라 하더냐 ⁸그러므로 회개에 합당한 열매를 맺고 ⁹속으로 아브라함이 우리 조상이라고 생각하지 말라 내가 너희에게 이르노니 하나님이 능히 이 돌들로도 아브라함의 자손이 되게 하시리라 ¹⁰이미 도끼가 나무 뿌리에 놓였으니 좋은 열매를 맺지 아니하는 나무마다 찍혀 불에 던져지리라 ¹¹나는 너희로 회개하게 하기 위하여 물로 세례를 베풀거니와 내 뒤에 오시는 이는 나보다 능력이 많으시니 나는 그의 신을 들기도 감당하지 못하겠노라 그는 성령과 불로 너희에게 세례를 베푸실 것이요 ¹²손에 키를 들고 자기의 타작 마당을 정하게 하사 알곡은 모아 곳간에 들이고 쭉정이는 꺼지지 않는 불에 태우시리라 ¹³이 때에 예수께서 갈릴리로부터 요단 강에 이르러 요한에게 세례를 받으려 하시니 ¹⁴요한이 말려 이르되 내가 당신에게서 세례를 받아야 할 터인

데 당신이 내게로 오시나이까 ^{15}예수께서 대답하여 이르시되 이제 허락하라 우리가 이와 같이 하여 모든 의를 이루는 것이 합당하니라 하시니 이에 요한이 허락하는지라 ^{16}예수께서 세례를 받으시고 곧 물에서 올라오실새 하늘이 열리고 하나님의 성령이 비둘기 같이 내려 자기 위에 임하심을 보시더니 ^{17}하늘로부터 소리가 있어 말씀하시되 이는 내 사랑하는 아들이요 내 기뻐하는 자라 하시니라 $^{4:1}$그 때에 예수께서 성령에게 이끌리어 마귀에게 시험을 받으러 광야로 가사 ^{2}사십 일을 밤낮으로 금식하신 후에 주리신지라 ^{3}시험하는 자가 예수께 나아와서 이르되 네가 만일 하나님의 아들이어든 명하여 이 돌들로 떡덩이가 되게 하라 ^{4}예수께서 대답하여 이르시되 기록되었으되 사람이 떡으로만 살 것이 아니요 하나님의 입으로부터 나오는 모든 말씀으로 살 것이라 하였느니라 하시니 ^{5}이에 마귀가 예수를 거룩한 성으로 데려다가 성전 꼭대기에 세우고 ^{6}이르되 네가 만일 하나님의 아들이어든 뛰어내리라 기록되었으되 그가 너를 위하여 그의 사자들을 명하시리니 그들이 손으로 너를 받들어 발이 돌에 부딪치지 않게 하리로다 하였느니라 ^{7}예수께서 이르시되 또 기록되었으되 주 너의 하나님을 시험하지 말라 하였느니라 하시니 ^{8}마귀가 또 그를 데리고 지극히 높은 산으로 가서 천하만국과 그 영광을 보여 ^{9}이르되 만일 내게 엎드려 경배하면 이 모든 것을 네게 주리라 ^{10}이에 예수께서 말씀하시되 사탄아 물러가라 기록되었으되 주 너의 하나님께 경배하고 다만 그를 섬기라 하였느니라 ^{11}이에 마귀는 예수를 떠나고 천사들이 나아와서 수종드니라(마 3:1-4:11).

1. 산티아고의 조개[1]

스페인어 산티아고(Santiago)는 'saint'를 'sant'로 'James'를 'Yago'로 발음한 합성어로, '주님의 제자 야고보'를 의미한다. 그리고 산티아고 순례길의 종착지를 '산티아고 데 콤포스텔라'(Santiago de Compostela, 야고보 성인의 별이 빛나는 들판)라 부른다.

왜 스페인에 주님의 제자인 야고보를 기리는 지명이 있을까?

전승에 따르면, 야고보는 스데반 집사의 순교 이후, 이베리아 반도까지 가서 선교 활동을 펼쳤다. 그리고 예루살렘으로 돌아온 후에, 제자들 가운데 처음으로 순교한다. 그러자 예수님의 제자들은 야고보의 시신을 배에 실어 바다에 띄어 보냈고 그 배가 스페인 땅끝 마을 해안에 멈췄다고 한다.

주후 800년, 이 해안가에서 조개껍데기에 덮힌 야고보의 유해가 손상 없이 발견되어 이 지역을 가리켜 산티아고라 부르게 되었으며, 유럽 곳곳에서 이곳까지 연결하는 순례길이 만들어졌다. 또한, 야고보의 시신을 감싸고 있던 조개껍데기는 순교한 야고보를 상징하는 표식이 되었다. 그래서 순례자들은 조개껍데기를 가슴에 달고 순례하기 시작했으며, 산티아고 순례길은 조개껍데기로 길의 방향을 표시하게 되었다.

마을 사람들은 가슴에 조개껍데기를 달고 이 길을 걷는 순례자들을 집으로 초대해 하룻밤을 재워주는 미덕을 베풀었다. 12세기부터 교회는 세 개의 물방울(삼위일체 하나님)과 조개껍데기를 함께 그려 세례를 상징하는 데 사용하거나, 예수 그리스도의 세례를 상징하는 표식으로 활용했다.

---

[1] https://ko.wikipedia.org/wiki/%EC%B9%B4%EB%AF%B8%EB%85%B8%EB%8D%B0%EC%82%B0%ED%8B%B0%EC%95%84%EA%B3%A0.

2. 세례

예수님은 세례를 받으심으로 공생애의 첫 출발을 알리셨다. 부활하신 후, 예수님은 사도들에게 모든 민족을 제자로 삼아 삼위일체 하나님의 이름으로 세례를 주라고 명령하셨다(마 28:19-20). 그러므로 교회는 사도들의 가르침을 받아, 세례를 중요한 교회 예식으로 인정하며, 각 개인에게 하나님의 백성이 되었다는 상징적 증거로 세례를 베푼다.

특히, 물로 거행하는 세례식은 죄 씻음과 은혜와 옛사람의 죽음과 새 사람의 탄생 등과 같은 신학적 의미를 함축하는 '가시적인 설교'(visual preaching)로서,[2] 성도의 첫 출발을 공식화한다. 또한, 세례식에 참석한 수세자를 바라보는 신자들은 자신들도 과거에 하나님의 은혜로 '죄 사함'을 받았다는 사실을 상기한다.

1) 세례는 무엇인가?

흔히, 우리는 세례의 의미를 '죄인이 거듭난 후, 하나님의 백성인 새 사람이 된 것을 표현하는 행위' 정도로만 이해한다. 그러나 세례는 실제로 다양한 신학적 의미를 함축한 거룩한 의식이다. 여기서는 세례 요한이 세례를 베푸는 이야기와 세례를 받으시는 예수님의 이야기로 세례에 관한 다양한 신학적 의미를 간략히 살펴보고자 한다.

(1) 죄 사함

세례는 헬라어 '밥티조'(baptizo)로 '담그다, 잠기다'는 의미가 있으며,

---

2 가시적인 설교는 성례인 세례와 성찬을 말한다.

물로써 행하는 거룩한 행위를 말한다.³ 쉽게 말해, 세례식에서 사람의 육체가 물로 관수(灌水), 점수(點水), 혹은 침수(浸水)⁴되는 모습은 마치, 어떤 사람이 물로 깨끗이 씻는 목욕과 유사하다. 그러나 세례식은 목욕과 두 가지 다른 점을 갖는다.

첫째, 세례는 반드시 공동체 앞에서 자신의 죄인 됨을 고백하는 사람에게만 베푸는 행위다. 다시 말해, 죄인임을 고백하고 하나님의 백성이 되기를 소망하는 자에게 목회자가 물로써 깨끗해졌다는 것을 공인하는 행위다. 그러므로 세례는 한 사람이 죄에서 떠나 하나님께로 돌아섰다는 회심을 공식화하는 의식이다.⁵

마태복음 3:1-5을 보면, 세례 요한이 유대 광야에서 세례를 집례하는 장면이 나온다. 당시, 이스라엘에서 선지자는 전설에나 나올 만한 직분이었다. 왜냐하면, 바벨론에서 이스라엘 공동체가 귀향한 이후부터 예수님의 도래까지, 약 400년 동안 이스라엘에는 선지자들이 존재하지 않았기 때문이다.

또한, 당시 이스라엘 공동체를 이끌던 종교 지도자들과 그들의 가르침을 따르던 수많은 자들은 선지자 요한의 가르침이 낯설고 불편했을지 모른다. 왜냐하면, 세례 요한은 '회개'와 세례를 강조했기 때문이다 (마 3:1-2).⁶ 그러나 세례 요한의 강력한 복음 설교를 들은 사람들은 하

---

3 James I. Packer, *I Want to be a Christian*, 권달천 역,『J. I. 팩커의 신앙 강좌 2: 세례와 회심』(서울: 생명의말씀사, 1981), 11.
4 일반적으로 교회의 세례는 세 가지 방식으로 거행되었다. 관수 세례는 머리에 물을 잔뜩 쏟아붓는 세례 방식을, 점수 세례는 요즘 교회에서 흔히 하는 방식으로 목회자가 머리에 물을 떨어뜨리는 세례 방식을, 침수 세례는 사람을 완전히 물속에 잠기게 했다가 일으켜 세우는 세례 방식을 말한다. 세례는 어떤 방식으로 해야 하는지, 방법은 그리 중요하지 않다. 왜냐하면, 세례는 물로 씻음을 받고 새사람이 되었다는 상징을 보이면 되기 때문이다.
5 양용의,『하나님 나라 어떻게 이해할 것인가?』(서울: 성서유니온선교회, 2005), 64.
6 Green,『마태복음 강해: 천국의 도래』, 95-96.

나님의 강권으로 자신의 죄를 자복하고 세례를 받는다(마 3:6).

둘째, 세례는 수동적인 의식이다. 세례 요한은 쿰란의 정결 의식이나 요단 강 주변의 세례 관습들을 모방한 듯하다. 왜냐하면, 쿰란 공동체와 유사하게 세례 요한도 광야를 주된 활동 무대로 사용하였기 때문이다.

그러나 세례 요한은 새로운 세례 방법을 고안한다. 물로 씻는 의식이라는 외형은 같지만, 세례 방식에 있어서 다소 차이를 보인다. 지금까지, 이스라엘의 정결 의식은 본인이 능동적으로 물가로 나아가 몸을 씻는 반복적인 의식이었다. 그러나 세례 요한이 베푼 세례는 수동적이며 단회적인 의식이다.[7] 마태복음 3:5-6을 보면, 세례 요한의 설교를 들은 후, "그[세례 요한]에게 나아와... 그[세례 요한]에게 세례를 받았다"고 기록되어 있다. 다시 말해, 수세자는 평생 동안 단 한 번만 세례를 받는 것이다.

물론, 성경은 예수님의 제자들이 어떻게 세례를 받았는지 구체적으로 기록하지 않는다. 아마도 이들은 요한으로부터 세례를 받았을 가능성이 크다. 또한, 예수님의 제자들이 세례 요한보다 많은 사람에게 세례를 집례했다(요 4:1-2). 그러므로 세례 요한에게 이미 세례를 받은 예수님의 제자들이 다른 제자들에게 세례를 주었을 가능성도 있다(그러나 바울은 아나니아에게 세례를 받았다고 분명히 기록되어 있다, 행 9:17-19. 또한 자신의 편지에서 세례를 강조한다).

분명한 것은 예수님께서 제자들에게 세례를 베풀지 않았음에도 그들이 받은 세례는 인정하셨다는 점이다. 즉, 예수님은 단회적인 세례

---

7 조기연, 『기독교 세례예식』 (서울: 대한기독교서회, 2012), 13-15; France, 『틴데일 신약주석 1: 마태복음』 (서울: CLC, 2013), 147.

식을 인정하셨다. 그러나 사도행전 19:1-7에는 세례 요한으로부터 이미 세례받은 자들이 성령을 받을 수 있도록, 재세례를 베풀었다는 사실이 유일하게 기록되어 있다. 그러나 이러한 예외적인 사건이 교회에서 보편적으로 통용되어야 할 근거는 없다.

그렇다면, 왜 세례는 수동적이며 단회적인 의식일까?

첫째, 인간은 죄를 저지르기 때문에 죄인이 아니라, 죄인이기 때문에 죄를 저지른다는 사실이다.[8] 다시 말해, 모든 인간은 죄의 눌림으로 삶에서 죄가 흘러넘치며 스스로 정결케 하는 그 어떤 행위도 할 수 없다. 그러므로 사람은 하나님이 은혜를 주시지 않으시면 결단코 죄 사함을 받을 수 없다.

둘째, 세례는 집례자를 통해 수행되지만, 지존하신 삼위 하나님의 거룩한 행위다. 왜냐하면, 세례는 성부, 성자, 성령 하나님께서 죄인에게 찾아오셔서 구원을 베푸시는 사건이기 때문이다(마 3:13-17).[9] 예수님도 제자들에게 삼위일체 하나님의 이름으로 세례를 줄 것을 명령하셨다(마 28:19-20).

그러므로 세례는 어떤 것과 비교할 수 없는 삼위일체 하나님의 일이기에, 재연될 필요가 없다.[10] 만일, 세례가 수세자에게 반복적으로 베풀어진다면, 그것은 삼위일체 하나님의 완전하심을 모욕하는, 신성모독적인 것이 될 수 있다.

8　Robert C. Sproul, *Grace Unknown: The Heart of Reformed Theology*, 노진준 역, 『개혁주의 은혜론』(서울: CLC, 1999), 130-31.
9　마 3:13-17을 보면, 성부와 성령 하나님께서 성자 하나님이신 예수께서 세례를 받으실 때 함께 하신 장면이 나온다. 물론 예수께서 모범을 보이시고자 세례식에 참석하셨지만, 분명히, 세례는 삼위 하나님이 죄인을 위해 다가오시는 사건이다.
10　Frame, 『신령과 진정으로 드리는 예배』, 151.

(2) 하나님의 백성

당시, 이스라엘 공동체의 일원이 되는 방법에는 두 가지가 있었다.

첫째, 혈통적으로 유대인이면 누구나 하나님의 백성으로 인정받았다.

둘째, 유대교로 개종하길 원하는 이방인은 세례를 받고 정결 의식을 행함으로 이스라엘 공동체의 일원이 되었다.

이스라엘 공동체는 육적 혈통으로 아브라함의 자손이 되어 구원을 선물로 받았다는 선민의식을 갖고 있었고, 개종한 이방인 유대인은 유대인의 삶을 흠모하면서 자기들도 세례만 받으면 이방인 유대주의자로 살 수 있다고 생각했다.[11]

그러나 세례 요한은 지금까지 이스라엘의 공동체가 지닌 세례 신학에 정면으로 부딪쳤다. 왜냐하면, 그는 유대인과 이방인의 구분이 없이, 누구든지 구원받은 아브라함의 영적 자녀가 되기 위해서는 회개(회심)하고 세례를 받아야 한다고 주장했기 때문이다. 세례 요한의 주장은 육적으로 구원받았다고 자신하는 자들에게 경종을 울렸다.

> 속으로 아브라함이 우리 조상이라고 생각하지 말라 내가 너희에게 이르노니 하나님이 능히 이 돌들로도 아브라함의 자손이 되게 하시리라 (마 3:9).

세례 요한은 실제로 이스라엘 백성들에게 육적인 혈통과 종교적인 관습만으로 참된 생명을 부여받을 수 없다는 사실을 깨닫게 해 주고 싶었다. 왜냐하면, 그들은 속으로 자신들이 하나님으로부터 선택받

11　France, 『틴데일 신약주석 1: 마태복음』, 147; 조기연, 『기독교 세례예식』, 14.

은 자라고 인식하며 살아갔기 때문이다. 그러므로 세례 요한이 "하나님께서 능히 돌로 아브라함의 자손이 되게 하시리라"고 말한 언어유희적인 표현을 주목해야 한다. 왜냐하면 아람어(또는 히브리어)에서 '돌들'이란 말은 '자손'이란 말과 유사하게 발음되기 때문이다.

이사야 51:1-2에서 하나님은 이스라엘 백성들에게 아브라함이란 '돌(반석)'로부터 이스라엘 자손(돌들)을 떼어낼 것이라고 선언하신다. 그리고 하나님은 세례 요한을 통해 '이 돌들'이 가리키는 '회개하고 세례 받은 자들'을 아브라함 자손들(돌들)로 삼을 것이라고 선언한다.[12] 결국, 이스라엘 자손이라 할지라도 진심에서 우러나온 회개가 없다면, 그는 하나님 나라에 속한 영적 생명을 얻을 수 없다. 그래서 예수 그리스도를 믿는 집안에서 태어나고 자란 자라 할지라도 그에게 영생이 담보되어 있는 것은 아니다.[13]

(3) 새로운 생명

세례 요한은 옛사람이 죽고, 새 사람으로 거듭나는 것을 상징하고자 물을 사용했다. 왜냐하면, 물은 홍해의 사건이나 노아의 홍수 사건에서 알 수 있듯이, 죽음을 상징하기 때문이다. 한편 하나님은 창조로부터 지금까지 물을 매개체로 온갖 생명을 탄생시키고 소생시키신다. 그러므로 물은 어떤 사람이 죽은 후 다시 새롭게 태어났다[14]는 것을 보여주는 가시적인 수단이라 할 수 있다.

라틴어로 세례는 '이니치오'(*initio*)로 '시작, 출발'이란 의미가 있으

---

12 Donald A. Hagner, *WBC 33A: Matthew 1-13*, 채천석 역, 『WBC 성경주석: 마태복음 상』(서울: 솔로몬, 1999), 156; France, 『틴데일 신약주석 1: 마태복음』, 148.
13 Green, 『마태복음 강해: 천국의 도래』, 100.
14 이를 중생(重生, regeneration)이라 부른다. 조기연, 『기독교 세례예식』, 20-21.

며¹⁵ 이는 한 사람이 거룩한 교회 공동체의 일원으로 태어났다는 사실을 공식화하는 행위다. 다시 말해, 세례는 교회 공동체의 지체가 되었음을 알리는 입교 의식이다.¹⁶ 그러나 세례는 개인이 공동체로 들어가는 것을 강조하기보다 교회가 새 신자를 공동체의 일원으로서 받아들이는 것을 의미한다.

또한, 교회는 나이에 상관없이 세례를 받은 수세자를 '영적 유아'로 인식했다. 그러므로 어떤 지역의 교회 공동체에서는 세례식 후, 성찬식에 참석한 수세자에게 유아가 먹는 우유와 꿀을 줌으로써 그(녀)가 영적 성장이 필요한 유아 그리스도인임을 인식하도록 했다.¹⁷

교회는 개인이 아닌 예수 그리스도를 믿는 자들의 공동체이다. 그러므로 교회 공동체에 속한 회원이 되기 위해서는 반드시 절차가 필요한데, 그것이 바로 세례식이다. 그리고 교회 공동체에 속한 모든 세례교인은 교회 공동체에서 개최하는 여러 회의에 참석하여 의결권을 행사하게 된다. 왜냐하면, 세례교인은 교회의 머리이신 예수 그리스도의 몸에 접붙여진 지체로서, 서로서로 협력하고 돌볼 책무를 갖기 때문이다.

(4) 성령의 인과 보증

세례 요한은 자신이 준 세례와 앞으로 예수 그리스도께서 베푸실 세례는 질적으로 다르다는 사실을 모든 사람 앞에서 부끄러움 없이 밝힌다.

> 나[세례 요한]는 너희로 회개하게 하려고 물로 세례를 베풀거니와 내

---

15 Richard A. Muller, *Dictionary of Latin and Greek Theological Terms* (Grand Rapids: Backer Academic, 2017), 173.
16 Packer, 『J. I. 팩커의 신앙강좌 2: 세례와 회심』, 11.
17 조기연, 『기독교 세례예식』, 21.

> 뒤에 오시는 이[예수 그리스도]는 나보다 능력이 많으시니…그[예수 그리스도]는 성령과 불로 너희에게 세례를 베푸실 것이요(마 3:11).

도대체, 성령과 불이 세례와 어떤 관계가 있을까?

세례는 물로 베푸는 예식 아닌가?

성경에서 물은 정결케 하는 수단으로 상징된다. 불도 마찬가지다. 왜냐하면, 불은 더러운 이물질을 태워 순결한 상태로 바꾸기 때문이다 (잠 17:3).[18] 그러므로 세례 요한은 자신이 단순히 물로 세례를 집례하나, 성령이 불처럼 죄된 마음을 정결케 하시는 일을 하시지 않는다면, 죄 씻음이 불가능하다는 사실을 하나님의 지혜를 통해 깨달았던 것 같다.

또한, 세례 요한은 하나님의 지혜를 통해 세례가 단순히 죄를 씻는 역할만 하지 않고, 하나님의 백성의 일원이 되었다는 성령의 인(印)과 보증의 역할을 한다는 사실을 알고 있었다. 왜냐하면, 세례 요한이 세례와 불의 연관을 연관시켜 설명하면서 구원과 심판을 다음과 같이 선포하기 때문이다.

> 손에 키를 들고 자기의 타작마당을 정하게 하사 알곡은 모아 곳간에 들이고 쭉정이는 꺼지지 않는 불에 태우시리라(마 3:12).

세례를 가리켜 일반적으로 '은혜 언약의 표와 인'이라 칭한다.[19] 왜냐하면, 과거에는 주인이 자신의 소유물인 것을 확실히 알리고자 쇠

---

18 Matthew Poole, *Matthew Poole's Commentary: Matthew*, 박문재 역, 『매튜 풀 청교도 성경주석: 마태복음』 (파주: 크리스챤다이제스트, 2015), 66-67.
19 고재수, 『세례와 성찬』 (서울: 성약, 2005), 100.

인을 찍었다. 특히, 그것이 살아있는 동물일 경우에는 불로 달군 쇠도장으로 낙인을 찍음으로 주인이 누구인가를 알렸다. 세례도 예수 그리스도를 주님으로 인정하는 자들이 그의 소유가 되었음을 공식적으로 성령 낙인을 찍는 것이다. 하나님은 성령의 낙인이 찍힌 백성들과 영원히 함께하시며 그들을 보호·감찰하시며, 성령을 보증(금) 삼아 자신의 백성을 영원히 소유하신다(엡 1:13-14).[20]

지금 세례 요한과 예수 그리스도께서 함께 있는 장소는 광야다. 광야는 황폐한 장소일 뿐 아니라, 누구의 도움이 없으면 절대로 살 수 없는 막막한 곳이다. 그러나 이스라엘은 홍해를 건너는 영적 세례 사건을 경험한 이후부터, 40년의 적막한 광야 동안에 하나님과 동행하면서 하나님의 신실하심을 경험했다. 마찬가지로 세례 요한은 하나님께서 참된 세례를 받은 자들을 광야와 같은 세상에서 어떻게 돌보실 것을 알고 있었다.

한편, 그는 성령의 인침을 받지 못한 사람의 최후도 인식했다. 바로, 하나님께서 소돔과 고모라를 심판하셨던 것처럼(창 19:24-25), 죄된 세상을 심판하신다는 사실이다. 이 무서운 심판을 자각한 세례 요한은 자신의 동포들이 하나님께 참되게 돌아오길 간절히 소원했다.[21] 이런 점에서, 세례 요한의 간절한 마음을 같이했던 교회 공동체는 유아에게 세례를 베풀었다.

유아세례는 하나님과의 언약의 상징인 유대인의 할례를 대신한 교회의 거룩한 행위다. 유대인들은 자신들의 자녀를 거룩한 백성의 씨앗으로 생각했다. 그들을 하나님의 언약을 계대할 자로 여겼다. 교회 공

20　Robert Charles Sproul, *Grace Unknown*, 노진준 역, 『개혁주의 은혜론』 (서울: CLC, 1999), 223-24.
21　양용의, 『하나님 나라 어떻게 이해할 것인가?』, 62-63.

동체 또한 성도의 자녀들에게 유아세례를 베풀어 성령의 인과 보증을 통해 아이들이 하나님의 백성 가운데 있다는 것을 공식화했다. 아브라함에게 할례를 명했듯이 하나님은 그리스도인들에게 세례를 명했다.

예수님도 어린이들이 자신에게 나아오는 것을 허락하셨다. 그들도 하나님의 나라에 속한 권속이라 말씀하셨다. 그들 또한 하나님의 백성임을 공식적으로 알리는 세례식이 필요하다. 또한, 사도행전은 '온 집 안 사람들'이 세례를 받았다고 기록한다(행 18:1). 즉, 성경에는 유아들이 세례에서 제외되었다는 언급이 전혀 없다. 왜냐하면, 세례는 사람의 일이 아니라, 전적으로 삼위일체 하나님의 역사이기 때문이다.[22]

(5) 예수 그리스도와의 연합

예수 그리스도께서 세례받으신 이야기는 마태복음 3:13-17, 마가복음 1:9-11, 누가복음 3:21-22에 기록되어 있다. 요한의 세례는 회개를 강권하는 세례였다. 예수님은 죄가 없으시기 때문에, 세례 요한은 예수님이 하나님의 아들로서 세례를 받지 않으셔도 되는 분이심을 알았다(마 3:13-14). 그래서 처음에 그는 예수님의 세례를 거절하였다. 그러나 예수님은 "이와 같이 하여 모든 의를 이루는 것이 합당하니라"고 말씀하셨다. 예수님의 세례식은 공생애의 첫 출발을 알리는 계기가 되었다.

도대체, 예수님은 왜 공생애의 첫걸음을 세례로 시작하셨을까?

예수님은 자신이 친히 세례를 받는 목적이 "모든 의를 이루기 위함"이라고 밝히시는데, 예수님이 말씀하신 '의'란 무엇일까?

첫째, 예수님은 제자들에게 하나님의 뜻을 온전히 따르는 삶의 모범

---

22 고재수, 『세례와 성찬』, 20-24.

을 직접 보이고자 하셨다.[23] 이는 그가 자신을 하나님의 참된 백성 가운데 한 명으로 제시하시기 위함이다.[24] 그러므로 예수님은 교회 공동체의 사역을 위해 세례의 신학적 기초를 세우시고 몸소 신자의 삶의 모범을 보이신다.

둘째, 예수님은 세례를 받으심으로 자신의 백성과 한 몸임을 알리고자 하셨다. 그리고 앞으로 예수님은 하나님의 택한 자들을 구원으로 인도하시기 위하여 새로운 교회 공동체와 함께 일하신다.[25] 즉 예수님의 세례는 자신의 백성을 자신의 사역에 참여시키는 행위이다.[26] 그러므로 예수님의 세례는 성육신의 절정으로 예수님과 자신의 백성과의 아름다운 연합을 드러내는 것이다.

셋째, 예수님의 세례는 수세자가 하나님의 자녀가 되는 권세를 받았다는 사실을 깨닫게 한다. 예수님께서 세례를 받으시고 땅으로 올라오실 때에 성령 하나님께서 비둘기같이 임하시고(마 3:16), 성부 하나님은 "이는 내 사랑하는 아들이요 내 기뻐하는 자"(마 3:17)라 말씀하셨다.

성자 하나님이신 예수님은 성부 하나님과 동등한 능력과 권한을 가진 분으로 성부 하나님에게 입양될 필요가 없으시지만 인간을 구원하시고자 성육신하셨고, 친히 성부 하나님의 아들로 자신의 신분을 격하시키신 겸손한 분이시다. 그러므로 예수님의 세례는 하나님의 아들로서 예수님의 공생애의 시작을 알리는 신호이다. 그러나 신자의 경우는 이와 다르다. 신자는 스스로 하나님의 자녀가 될 수 없다. 그러므로 신

23　Hagner, 『WBC 성경주석: 마태복음 상』, 164.
24　France, 『틴데일 신약주석 1: 마태복음』, 151-52.
25　Hanger, 『WBC 성경주석: 마태복음 상』, 165; Poole, 『매튜 풀 청교도 성경주석: 마태복음』, 68.
26　김상구, 『세례로의 초대』 (서울: 대서, 2009), 15.

자는 성령의 역사로 말미암아 회심 이후에, 세례식을 통해 하나님의 자녀로 입양되었다는 사실을 선언받는 것이다.[27]

2. 세례 절차

신약 성경에 기록된 세례의 예를 통해 세례의 절차를 생각해 보자. 먼저, 마태복음 3:1-6에 나타난 세례 요한의 세례식을 보자.

① 설교를 들은 무리들이
② 복음을 받아드리고 죄를 자복한 후,
③ 안수를 받는 것처럼 물로 세례를 받는다.

또한 예수님이 받으신 세례를 살펴보자(예수님은 죄가 없으시다).

① 세례 요한의 설교를 들으셨다.
② 그는 죄가 없으나, 교회 공동체의 모범이 되고자 안수를 받는 것처럼 요한으로부터 물로 세례를 받으셨다.
③ 그리고 성령이 임하셨다.

마지막으로, 사도행전에서 예수님의 가르침을 따르는 제자들이 무리들에게 세례를 베풀 때를 보자.

---

27   Hagner, 『WBC 성경주석: 마태복음 상』, 168.

① 제자들이 복음을 선포하고,
② 무리들이 그 복음을 받아들이고 회개(심)한 후,
③ 안수를 받는 것처럼 물로 세례를 받고,
④ 성령이 임하셨다.

그러나 초대 교회는 언제나 세례를 앞에서 언급한 절차에 따라 집례하지 않는 경우도 있었다. 왜냐하면, 사도행전 10:47-48을 보면, 베드로가 세례를 집례할 때에 무리가 이미 성령의 인침을 받아 회개(심)한 후에, 물로 세례를 주었다고 기록되어 있기 때문이다.

분명한 사실은 복음이 언제나 회심과 세례보다 먼저 선포된다는 점이다. 그러므로 개신교에서 행하는 세례의 보편적인 절차는 아래와 같이 설명될 수 있다.

① 복음 설교 → 물세례 → 회심: 개인이 복음을 들었으나 여전히 죄인인 것을 자각하지 못함. 세례식 때에 교회 공동체 앞에서 거짓으로 죄인 됨을 고백하고 세례를 받았으나 훗날 복음을 듣고 죄인인 것을 깨닫고 회심함.
② 복음 설교 → 회심 → 물세례: 개인이 복음을 듣고 죄인인 것을 자각함. 그리고 세례식 때에 교회 공동체 앞에서 하나님의 은혜에 감격하여 진실되게 구원받았다는 사실을 고백함.
③ 복음 설교 → 물세례와 회심: 개인이 복음을 들었으나 여전히 죄인인 것을 자각하지 못함. 그러나 물세례를 받을 때, 하나님의 초월적인 능력에 힘입어 회심이 일어남. (이와 같은 경우는 세례식에서 극히 예외적인 현상임.)

그러나 개신교에서 세례식 절차가 없는 교파들도 있다.

첫째, 윌리엄 부스(William Booth)가 창설한 구세군이다(The Salvation Army, 군대식 조직 명칭을 갖고 있는데 교회는 영문, 목사는 사관, 신학교를 사관학교라 부른다). 구세군은 회심한 이후, 삶으로 회심한 것을 증명해야 한다고 생각한다. 다시 말해, 인간이 회심했다면, 구제나 봉사 등이 자원하는 마음으로 발생하는 것이다. 그러므로 구세군은 외형적인 세례식이 필요없다고 생각한다. 그러나 그들은 자신의 구세군 교회에 등록한 신자를 세례교인에 해당하는 '병사'라 칭하면서 세례식과 유사한 입영식을 치른다.[28]

둘째, 조지 폭스(George Fox)에 의해 형성된 퀘이커교도다(Quaker란 '떠는 사람'이라는 의미인데, '하나님 앞에서 떤다'는 조지 폭스의 말에서 시작된 영성운동이 한 교파이다). 퀘이커교도는 외형적인 세례식은 필요없고, 오직 성령께서 역사하신 내적인 세례인 회심만을 강조한다.[29]

3. 세례 집례자인 목회자의 삶과 세례교인의 삶

1) 세례 집례자인 목회자의 삶

그렇다면 세례를 집례하는 목회자의 삶은 어떠해야 할까?

세례 요한의 삶을 통해 과연 세례 집례자인 목회자가 어떤 삶을 영위해야 하는지 간략히 설명하고자 한다.

---

28 Williamson, 『웨스트민스터 소요리문답강해』, 346.
29 https://ko.wikipedia.org/wiki/%ED%80%98%EC%9D%B4%EC%BB%A4.

첫째, 세례 요한은 금욕적이고 절제하는 삶을 살았다.

물론, 목회자에게 수도원 생활처럼 세상과 단절된 삶을 요구하는 것은 아니다. 그러나 목회자는 하나님의 특별한 소명을 받은 자로서, 신자들에게 세상 속의 그리스도인이 어떻게 살아야 하는지 본이 되어야 할 사명이 있다. 하나님은 자신의 양무리를 맡은 목회자에게 선한 본이 될 것을 요구하셨다(벧전 5:2-4).

그러므로 목회자는 세례 요한의 금욕적이며 절세하는 삶(마 3:4)을 자신의 삶의 지표로 삼아야 할 것이다. 하나님께서 세례 요한을 보내 사역케 하심으로, '광야에서 외치며 주의 길을 예비하는 자'(사 40:3; 말 3:1)가 메시아보다 먼저 올 것이란 자신의 예언을 성취하신다. 세례 요한은 '허리에 가죽 띠를 차고 낙타 털옷'(마 3:4a)을 입고 사역을 시작하는데, 이는 열왕기상 1:8에서 묘사된 엘리야의 모습과 일치한다.

물론 털옷은 선지자의 의복으로서 하나님의 보냄을 받았다는 상징적인 의미를 가지고 있었다.[30] 그러나 털옷은 당시 왕궁에 있는 사람이나, 종교 지도자들이 입는 부드러운 옷이 아니다.[31] 더욱이, 그는 광야를 삶의 터전으로 삼고, 메뚜기와 석청을 주식으로 먹었다(마 3:4b). 요한의 음식은 당시 서민들이 광야에 나가 얻을 수 있는 식재료였으며, 지금까지도 중동 사람들이 광야에서 손쉽게 구해 먹는 식재료다.[32] 하지만 이것은 당시 호화로운 삶을 영위하던 종교 지도자들의 모습과는 대조적이다.[33]

둘째, 세례 요한은 당시 종교 지도자들과 달리 겸손하다.

---

30 Weber, *Holman*『Main Idea로 푸는 마태복음』, 56-57.
31 Poole,『매튜 풀 청교도 성경주석: 마태복음』, 60.
32 France,『틴데일 신약주석 1: 마태복음』, 147.
33 Green,『마태복음 강해: 천국의 도래』, 96.

종교 지도자들은 권력과 물질에 굴복하여 하나님의 가르침을 왜곡시켰다. 그들의 종교적인 위선과 교만은 하늘을 찔렀다. 그러나 세례 요한은 하나님 나라의 조연으로서, 예수님을 돋보이게 하는 삶을 살았다. 광야에서 외치는 자의 소리에 불과하였으며(광야에서 외치면 연기처럼 사라지는 소리), 스스로 예수님의 신발을 들고 다니는 종보다도 못한 자로 칭하는 겸손의 극치를 보여주었다(마 3:11, 14).

셋째, 세례 요한은 강직하고 세상과 타협하지 않는다.

그는 세상의 모범이 되어야 할 종교 지도자인 바리새인과 사두개인에게 자신의 삶을 회개하고, 회개에 합당한 삶을 살 것을 요구했다. 그는 당시 종교 지도자들의 비난과 조롱을 두려워하지 않았다. 사람의 시선보다 하나님의 시선을 두려워했기 때문이다. 심지어, 그는 왕에게 나아가 왕의 잘못을 꾸짖기까지 했다. 당시 왕인 헤롯이 동생 빌립의 아내인 헤로디아와 결혼했기 때문이다. 헤롯은 세례 요한의 강직함을 바라보며, 그가 진정 하나님의 선지자로서 의롭고 거룩한 삶을 산다고 평가했다. 그러나 세례 요한의 타협하지 않는 강직한 삶과 설교 메시지는 자신을 죽음으로 몰고 갔다(막 6:17-29).

세례 요한의 탁월한 삶은 세상 사람들의 마음을 움직였다. 그의 말과 행동은 언제나 일치했으며, 세상의 위정자들과 종교 지도자들 앞에서도 당찼다. 무수한 자들이 세례 요한의 삶과 그의 가르침에 따라, 자신들의 죄를 자복하고 세례를 받았다.[34] 결국, 세례 요한은 세상 사람들과 다른 삶, 다른 종교 지도자들과 구별된 삶, 즉 하나님께 헌신적인 삶을 산다. 다시 말해, 세례 요한은 부모가 하나님께 서원한 나실인의 삶을 살았다(눅 1:15). 그는 나실인으로 세상과 타협하지 않고, 자신을

34　Poole, 『매튜 풀 청교도 성경주석: 마태복음』, 61.

거룩히 지켜나갔으며, 하나님의 백성 가운데서 하나님의 뜻을 가르치고 하나님의 능력을 힘입어 그들을 관장했다.[35]

그러나 세례 집례자의 삶을 강조한다고 해서 필자가 인효론(人效論, *Ex Opere Operantis*)을 주장하는 것은 결코 아니다.[36] 수세자는 하나님께서 제정하신 세례 절차와 자신의 참된 회심에 의해 세례 효력을 경험하는 것이지, 결단코 목회자의 사악함에 의해 세례 효력이 반감되거나 사라지지 않는다. 왜냐하면 세례는 신비(mystery)한 하나님의 구원 사역이며, 전적인 은혜의 역사이기 때문이다.[37]

하지만 세례 집례자인 목회자의 삶이 거룩하다면, 세례식은 더욱 복된 예식이 될 것이 분명하다. 또한, 수세 이후, 교회 공동체의 일원이 된 세례교인은 자신이 존경하는 목회자와 인생의 순례 길을 함께 걸

---

[35] 나실인은 '구별된 사람 혹은 헌신된 사람'이란 의미다. 자신이 직접 하나님께 나실인으로 서원하거나, 부모가 자녀를 나실인으로 양육할 것을 하나님께 서원하거나, 하나님께서 친히 특정 사람을 나실인으로 지목하는 경우가 있다. 전성민, 『사사기 어떻게 읽을 것인가』(서울: 성서유니온, 2015), 210.

[36] 교회는 4세기 콘스탄틴 황제가 밀란 칙령(Edict of Milan)을 통해 기독교를 '로마의 국교'로 인정하기 전까지, 핍박과 순교를 당했다. 그 가운데 일부 목사와 신자들은 자신의 생명을 보존하고자 배교했다. 그러나 밀란 칙령 이후, 배교했던 자들이 다시 교회에 출석하기 시작했다. 그러나 문제가 발생한다. 배교한 신자들은 회개하고 용서해 주면 되었으나, 목사는 달랐다. 다시 말해, 믿음으로 이겨낸 신자와 목사들이 배교한 목사를 향해, '당신들이 예배에서 성례를 베풀면 하나님께서 받으시겠는가?'라는 질문을 던지기 시작했다. 당시, 도나투스(Aelius Donatus)는 배교한 목사가 집례하는 성례의 무효성을 주장했다. 왜냐하면 도나투스는 '세례 집례자를 통해 은혜의 효력이 전달된다'고 생각했기 때문이다. 그리고 도나투스의 의견을 가리켜 인효론(*ex opere operantis*)이라 칭한다. 한편, '어거스틴'은 다른 입장을 취한다. 왜냐하면 그는 '하나님은 사람을 통해 일하기보다 성례, 그 자체를 통해 역사하시기 때문에, 집례자가 중요하지 않다'고 생각했다. 그리고 어거스틴의 의견을 가리켜 '사효론'(*ex opere operato*)이라 부른다. 그리고 하나님은 두 사람의 논쟁 가운데 어거스틴의 의견에 손을 들어 주신다. Alister E. McGrath, *Christian Theology: An introduction*, 김홍기 외 4인 역, 『역사 속의 신학: 그리스도교 신학 개론』(서울: 대한기독교서회, 1998), 653-55; Muller, *Dictionary of Latin and Greek Theological Terms*, 113-14.

[37] McGrath, 『역사 속의 신학: 그리스도교 신학 개론』, 645.

을 수 있다는 것을 귀하게 생각할 것이다.

  2) 세례교인의 삶

  수세자는 세례를 받았기 때문에 구원을 받은 것이라면 구원 이후의 삶은 개차반[38]이라도 상관이 없을까?
  구원이란 성령의 일하심을 통해 한 개인이 죄인인 것을 깨닫고 회심한 것을 의미한다. 그러므로 비록 수세자라 할지라도, 그(녀)가 회심하지 않았다면 구원받았다고 할 수 없다. 다시 말해, 이 사람은 껍데기만 그리스도인으로 외식적인 신앙생활만 할 뿐, 내재하시는 성령과 함께 신앙의 성숙을 이뤄나가지 못한다. 물론, 이 사람이 도덕적인 양심에 따라 윤리적인 삶을 살고자 노력할 수 있다. 그러나 인간은 죄를 저지르기 때문에 죄인이 아니라, 죄인이기 때문에 죄를 저지르는 존재일 뿐이다.[39]
  세례 요한은 당시 종교 지도자들과 이스라엘 백성들에게 빈껍데기 신앙을 버리고, '합당한 열매'를 맺는 참된 신앙을 추구하라고 가르친다(마 3:8). 다시 말해, 하나님의 참된 백성이라면, 하나님과 세상 사람들에게 인정받을 수 있는 전인격적인 삶의 변화가 나타나야 한다는 것이다.[40] 세례 요한은 무늬만 신자인 자들에게 "독사의 자식들아,[41] 너

---

38 차반은 맛있게 잘 차린 음식이나 반찬을 가리킨다. 그러므로 '개차반'이란 개가 먹을 음식, 즉 배설물을 말한다. 또한 개차반은 '행실이 바르지 못한 사람'을 비유하는 말이다.
39 Sproul, 『개혁주의 은혜론』, 130-31.
40 양용의, 『하나님 나라 어떻게 이해할 것인가』, 64.
41 세례 요한이 말한 '독사'는 품고 있던 독으로 다른 사람을 해하는 자를 비유한 것처럼 인식될 수 있다. 그러나 세례 요한이 말한 '독사' 비유는 '마치 산불이 발생하면 이리저리 달아나는 뱀들처럼, 형식적인 신자들이 마지막 하나님의 심판대

희는 임박한 하나님의 진노를 피할 수 없다"(마 3:7b)고 무서운 심판의 메시지를 던진다. 그러나 참된 회심자는 성령의 인도하심에 따라 회개에 합당한 열매를 맺는 성화의 삶을 살아간다.

그렇다면, 신자가 회개에 합당한 열매를 맺는 삶을 살기 위해서는 어떻게 해야 할까?

마태복음 4:1-11에 소개된 세례 이후의 예수님의 자태를 본받아야 할 것이다. 왜냐하면, 예수님은 하나님의 백성으로서 온전히 하나님을 따르는 삶의 모범을 보여주시기 때문이다.[42] 또한, 예수님의 시험은 수세자가 어떻게 세상 풍파에 굴하지 않고, 하나님의 자녀임을 삶으로 드러내야 하는지를 가르쳐 준다.

세례를 받으신 예수님은 성령의 이끌림을 받아 광야에서 마귀의 시험(test)을 받으신다. 이 시험은 예수님과 하나님의 관계에 관한 구체적인 시험이었다. 하나님은 수세자들이 예수님의 시험을 거울 삼아 다음과 같은 삶을 살 것을 요구하신다.

첫째, 하나님께 순종하는 삶이다.

예수님은 광야에서 40일 동안 금식하시면서 배고픔과 싸우는 중이셨다(마 4:2). 그때 마귀가 예수님을 찾아와 이렇게 말한다.

> 네가 만일 하나님의 아들이어든 명하여 이 돌들로 떡덩이가 되게 하라(마 4:3).

하나님의 아들은 자신의 능력으로 육체적인 필요를 채울 수 있다.

앞에서 허둥대는 모습'을 묘사한 것이다. Hagner, 『WBC 성경주석: 마태복음 상』, 155.

42 Hagner, 『WBC 성경주석: 마태복음 상』, 164.

예수님은 공생애 기간 사람들의 육신적인 필요를 채워주신 일도 있다.[43] 그러나 예수님은 지금 자신의 능력으로 자신의 굶주림을 해결하지 않으신다. 왜냐하면, 이 굶주림의 시험은 하나님께서 허락하신 것이기 때문이다. 그러므로 만일 예수님이 굶주림을 자신의 힘으로 해결한다면, 그것은 하나님께 불순종의 죄를 범하는 것이 된다.[44]

"이 돌들로 떡덩이가 되게 하라"는 마귀의 시험에는 의미심장한 표현이 숨어 있다. 바로, 마귀는 이 '돌'로 떡덩이를 만들라고 하지 않고, 이 '돌들'로 떡덩이를 많이 만들라고 명령한다. 다시 말해, 마귀는 예수님을 재정적인 안락함으로 유혹한다. 그러나 예수님은 풍요한 물질적인 안락함을 추구하지 않으신다. 예수님은 돈과 하나님을 겸하여 섬길 수 없다는 사실을 알고 계셨으며, 나중에 제자들에게도 그렇게 가르치셨다(마 6:24).

예수님은 마귀에게 "사람이 떡으로만 살 것이 아니요 하나님의 입으로부터 나오는 모든 말씀으로 살 것이라(마 4:4)"고 말씀하신다. 즉, 예수님은 부가 인생의 전부가 아니라, 하나님의 뜻에 따라 순종하는 것이 삶의 우선순위라는 사실을 가르쳐 주신 것이다.[45]

둘째, 하나님을 신뢰하는 삶이다.

마귀는 예수님을 다시 예루살렘 성에 있는 성전 꼭대기에 세운 후(마 4:5) 말한다.

> 네가 만일 하나님의 아들이어든 뛰어 내리라 기록되었으되 그[하나님]가 너를 위하여 그의 사자들을 명하시리니 그들이 손으로 너를 받

---

43 France, 『틴데일 신약주석 1: 마태복음』, 159.
44 Hagner, 『WBC 성경주석: 마태복음 상』, 176.
45 Hagner, 『WBC 성경주석: 마태복음 상』, 177-78.

들어 발이 돌에 부딪치지 않게 하리로다(마 4:6).

만일, 예수님이 마귀의 시험에 넘어가 성전 꼭대기에서 뛰어내린다면, 어떻게 될까?

그것은 하나님을 신뢰하지 않고, 그를 시험한 꼴이 된다. 그러므로 예수님은 마귀에게 "주 너의 하나님을 시험하지 말라"(마 4:7)고 말씀하시면서 시험을 물리치신다.[46] 결국, 예수님의 두 번째 시험은 수세자들에게 역경 가운데 하나님을 신뢰하는 삶을 살라고 당부하는 것이다.

셋째, 하나님께 충성하는 삶이다.

마지막으로, 마귀는 예수님을 가장 높은 산에 세운 후, 천하만국을 보여준다(마 4:8). 그리고 "만일 내게 엎드려 경배하면 이 모든 것을 네게 주리라(마 4:9)"고 예수님을 설득한다. 세 번째 마귀의 말을 살펴보면, 독특한 점이 있다. 즉 첫 번째와 두 번째 마귀의 말은 명령형이지만 세 번째 마귀의 말은 약속의 형태를 취한다.[47] 다시 말해, 마귀는 세 번째 시험으로 예수님에게 하나님을 등지고 자신에게 충성하면, 이 모든 것을 주겠다고 약속하고 있다.

그러나 예수님은 하나님과의 언약을 지키는 충성스러움을 보여주신다. 예수님은 마귀에게 "사탄아 물러가라 기록되었으되 주 너의 하나님만 경배하고 다만 그를 섬길 것이다(마 4:10)"고 말씀하셨다. 다시 말해, 예수님은 십계명 가운데 제1계명인 "너는 나 외에 다른 신을 섬기지 말라"를 몸소 실천하신다.[48] 예수님은 마귀의 세 번째 시험을 이김으로써, 수세자들에게 세상의 위정자들과 타협하지 말고 오직 하나님

---

46 Poole, 『매튜 풀 청교도 성경주석: 마태복음』, 75.
47 Hagner, 『WBC 성경주석: 마태복음 상』, 181.
48 Hagner, 『WBC 성경주석: 마태복음 상』, 182.

께만 충성할 것을 가르치신다. 하나님은 자신의 은혜로 구원받은 자들에게 오직 한 가지, 곧 충성만을 요구하신다(고전 4:1-2).

결국, 예수님은 직접 마귀의 시험을 통해 수세자들이 반드시 하나님께 순종하고, 하나님을 신뢰하며, 하나님께만 충성하는 삶을 살 것을 요구하신다.

그렇다면 신자의 삶에서 하나님을 향한 세 가지 삶의 모습을 어떻게 실천할 수 있을까?

예수님은 오직 하나님의 말씀을 준행함으로 마귀의 시험을 이기셨다(마 4:4; 6; 10). 신자도 예수님의 삶을 본받아 하나님의 말씀을 준행하는 삶을 살 때, 회개에 열매를 맺을 수 있다.[49]

5. 하나님의 참된 사랑, 성도의 순종, 성도 간의 사랑을 보여주는 세례[50]

세례는 예배의 세 방향성(↓ ↑ ↔)을 고스란히 담아낸다. 다시 말해, 다양한 세례의 의미를 크게 세 부분으로 나눠 설명할 수 있다.

49　Green, 『마태복음 강해: 천국의 도래』, 107-8.
50　James White, *Sacraments as God's Self-Giving*, 김운용 역, 『하나님의 자기 주심의 선물: 성례전』 (서울: 예배와 설교아카데미, 2006), 23-43.

1) 집례자 방향(↓): 하나님의 하향적인 행위(From God)

우선적으로 세례는 하나님께서 행하신 은혜를 강조한다. 다시 말해, 세례는 하나님께서 우리에게 먼저 행하신 일에 집중하도록 한다. 그러므로 세례는 주일에 집례하는 것이 온당하다. 왜냐하면, 주일에 자신의 백성을 예배로 초대하시는 하나님의 열심이 세례까지 이어지기 때문이다. 물론 세례 시에는 믿음의 고백이 강조된다. 그러나 믿음의 고백도 하나님의 은혜에 대한 우리의 반응일 뿐이다. 그러므로 세례는 능동적인 예식이 아닌, 하나님으로부터 시작되는 수동적인 예식이다.

2) 수세자 방향(↑): 성도의 상향적인 행위(To God)

세례는 하나님의 섬김으로 시작된다. 그러나 하나님의 섬김을 향한 수세자의 믿음도 반드시 표현되어야 한다. 그러므로 세례를 집례하기 전에, 집례자는 수세할 자에게 믿음의 고백을 요구한다. 수세자는 믿음의 고백을 전제로 세례를 받을 수 있다.

3) 세례식 방향(↔): 성도들 간의 수평적인 행위(To each other)

세례는 하나님과 수세자 혹은 집례자와 수세자만의 일대일 관계 형성을 의미하지 않는다. 세례는 수세자가 교회 공동체의 일원으로 서로 지체가 된다는 사실을 뜻한다. 그러나 수세자가 교회 공동체의 일원이 된다는 것은 한 개인이 교회 공동체에 속하는 것이 아니라, 교회 공동체가 새 신자를 영적인 식구로 받아들인다는 것을 말한다. 그러므로 세례는 집례자와 수세자만이 아닌, 교회 공동체 전체가 참여하는 예식이다.

따라서 수세자는 이제부터 교회 공동체의 책임을 함께 짊어져야 한다. 또한 수세자는 영적 유아로서 신앙 교육을 통해 신앙 성숙을 이뤄 나가야 한다. 영적 유아인 수세자가 영적으로 성숙해 갈 때 교회 공동체는 더욱 온전한 그리스도의 몸으로 완성되어 갈 수 있을 것이다.

제11장

성찬

¹그 후에 예수께서 디베랴의 갈릴리 바다 건너편으로 가시매 ²큰 무리가 따르니 이는 병자들에게 행하시는 표적을 보았음이러라 ³예수께서 산에 오르사 제자들과 함께 거기 앉으시니 ⁴마침 유대인의 명절인 유월절이 가까운지라 ⁵예수께서 눈을 들어 큰 무리가 자기에게로 오는 것을 보시고 빌립에게 이르시되 우리가 어디서 떡을 사서 이 사람들을 먹이겠느냐 하시니 ⁶이렇게 말씀하심은 친히 어떻게 하실지를 아시고 빌립을 시험하고자 하심이라 ⁷빌립이 대답하되 각 사람으로 조금씩 받게 할지라도 이백 데나리온의 떡이 부족하리이다 ⁸제자 중 하나 곧 시몬 베드로의 형제 안드레가 예수께 여짜오되 ⁹여기 한 아이가 있어 보리떡 다섯 개와 물고기 두 마리를 가지고 있나이다 그러나 그것이 이 많은 사람에게 얼마나 되겠사옵나이까 ¹⁰예수께서 이르시되 이 사람들로 앉게 하라 하시니 그 곳에 잔디가 많은지라 사람들이 앉으니 수가 오천 명쯤 되더라 ¹¹예수께서 떡을 가져 축사하신 후에 앉아 있는 자들에게 나눠 주시고 물고기도 그렇게 그들의 원대로 주시니라 ¹²그들이 배부른 후에 예수께서 제자들에게 이르시되 남은 조각을 거두고 버리는 것이 없게 하라 하시므로 ¹³이에 거두니 보리떡 다섯 개로 먹고 남은 조각이 열두 바구니에 찼더라 ¹⁴그 사람들이 예수께서 행하신 이 표적을 보고 말하되 이는 참으로 세상에 오실 그 선지자라 하더라 ¹⁵그러므로 예수께서 그들이 와서 자기를 억지로 붙들어 임금으로 삼으려는 줄 아시고 다시 혼자 산으로 떠나 가시니라 ¹⁶저물매 제자들이

바다에 내려가서 ¹⁷배를 타고 바다를 건너 가버나움으로 가는데 이미 어두웠고 예수는 아직 그들에게 오시지 아니하셨더니 ¹⁸큰 바람이 불어 파도가 일어나더라 ¹⁹제자들이 노를 저어 십여 리쯤 가다가 예수께서 바다 위로 걸어 배에 가까이 오심을 보고 두려워하거늘 ²⁰이르시되 내니 두려워하지 말라 하신대 ²¹이에 기뻐서 배로 영접하니 배는 곧 그들이 가려던 땅에 이르렀더라(요 6:1-21).

1. 질문의 의도

부산 OO 초등학교의 한 학급에서 생물 시험을 치르던 중이었다. 생물 시험 문제들 가운데 "곤충을 세 부분으로 나누면?"이란 문제가 있었다. 대다수의 아이는 '머리, 가슴, 배'라고 답을 적었다. 그런데 한 아이는 이렇게 적었다.

"죽는다."[1]

인생을 살다 보면, 수많은 질문을 받는다. 그리고 이 질문들에 어떤 답을 내리고 행동하느냐에 따라, 인생의 결과가 달라지는 경우가 허다하다. 왜냐하면, 질문에는 반드시 어떤 의도가 숨어 있기 때문이다.

2. 예수님의 이상한 질문

예수님은 제자들과 디베랴의 갈릴리 바다 건너편에 있는 벳새다로 건너가셨다. 예수님의 기적을 경험한 수많은 무리가 함께 따랐는데, 그중에는 병자들도 있었다(요 6:1-2). 시간이 흘러, 어느덧 저녁 식사를 먹어야 할 때가 되었다. 아마도, 예수님은 그들을 향해 긍휼한 마음을 느끼신 것 같다. 왜냐하면, 예수님의 눈에는 그들이 "목자 없는 양" 같았기 때문이다. 예수님은 갑자기 제자들에게 이상한 질문을 던지신다.

"우리가 어디서 떡을 사서 이 사람들을 먹이겠느냐?"(요 6:5).

예수님은 빌립을 향해 물어 보셨다(요 6:5). 그러나 예수님의 질문에 빌립뿐 아니라 안드레도 대답했다(요 6:9). 유추하건대, 예수님은 빌립

---

1 http://blog.naver.com/PostView.nhn?blogId=yskkhh&logNo=221228449205.

에게 질문하셨지만, 함께 있던 제자들의 생각을 알고 싶어 하신 것이다. 예수님은 수많은 무리에게 저녁 식사를 제공할 방법을 계획해 놓으시고 제자들이 자신의 계획을 파악하고 있는지를 확인하신 것이다.[2]

1) 빌립의 대답

빌립은 "우리가 어디서 떡을 사서 이 사람들을 먹이겠느냐?"라고 물으신 예수님의 의중을 파악했다. 왜냐하면, 예수님은 가장 먼저 질문한 사람이 빌립이고 또한 예수님이 질문하신 장소 벳세다는 빌립의 고향이었다.[3] 빌립은 마침내 예수님의 질문에서 "어디서 떡을 사서"라는 부분이 질문의 의도라고 생각했다. 빌립은 예수님께서 우리의 재정으로 이들을 먹이려면, 어디서 싼 가격에 먹을 것을 살 수 있는지 묻고 계신 것으로 파악해서 이렇게 대답한다.

> 아무리 싸게 파는 곳에서 최대한 먹을 것을 사서, 이들에게 조금씩 나눠주더라도 이백 데나리온[4] 어치가 부족합니다(요 6:7).

빌립의 생각을 요즘 말로 표현한다면, 빌립은 자신이 살던 곳에서 1+1 도시락이나 원가 도시락을 파는 대형마트나 편의점이 어디 있는지를 생각해 낸 것이다. 그리고 빌립은 예수님의 질문에 현실적인 답

---

2 Matthew Poole, *Matthew Poole's Commentary: John*, 박문재 역, 『매튜 풀 청교도 주석: 요한복음』(파주: 크리스챤다이제스트, 2015), 141.
3 Colin G. Kruse, *Tyndale New Testament Commentaries 4: John*, 배용덕 역, 『틴데일 신약주석 시리즈 4: 요한복음』(서울: CLC, 2013), 239.
4 1데나리온은 노동자 하루 품삯을 의미한다.

을 제시한다.

2) 안드레의 대답

옆에서 빌립의 대답을 듣던 안드레는 예수님께 보리 떡 다섯 개와 물고기 두 마리가 포장된 도시락 하나를 가져왔다. 그리고 그는 예수님께 다음과 같이 말한다.

여기 한 아이가 있어 보리 떡 다섯 개와 물고기 두 마리를 가지고 왔나이다. 그러나 그것이 이 많은 사람에게 얼마나 되겠사옵나이까?(요 6:9).

안드레도 "우리가 어디서 떡을 사서 이 사람들을 먹이겠느냐?"라고 질문한 예수님의 의중을 파악하려고 노력했다. 그리고 그는 예수님의 질문에서 "이 [많은] 사람들"이라는 부분이 핵심 의도라고 생각했다. 왜냐하면, 한 아이가 예수님께 드린 작은 도시락으로는 많은 사람을 먹이기에 턱없이 부족했기 때문이다. 또한, 그는 해가 저물어 가는데, 많은 사람을 위해 먹을 것을 구할 형편이 되지 않는다는 사실도 알고 있었다. 그러므로 안드레는 예수님의 질문에 비관적인 답을 제시한다.[5]

---

5 R. V. G. Tasker, *The Gospel According to St. John*, 박영호 역, 『틴텔 신약주석 시리즈 4: 요한복음서』 (서울: CLC, 1980), 133.

3) 예수님의 질문 의도

빌립과 안드레의 대답의 공통점은 무엇일까?

빌립과 안드레의 대답은 모두 현실적이면서 비관적이다. 왜냐하면, 그들이 재정과 능력으로 이 많은 무리에게 저녁 식사를 공급할 수 없기 때문이다. 즉, 이들은 자신의 지혜와 능력으로 현안을 제시해야 한다고 착각한 듯하다. 또한, 다른 제자들도 이들과 유사한 생각을 품었을 것이다.

그러나 과연, 예수님은 제자들에게 이 어려운 문제를 해결하라고 요구하신 것일까?

예수님이 제자들에게 질문한 의도는 무엇일까?

첫째, 예수님께서 질문하신 의도의 핵심은 "우리가 어디서"였다.

예수님은 수많은 기적을 경험한 제자들이 자신을 어떻게 생각하는지 알고 싶었다. 왜냐하면, 예수님의 기적은 자신에 관한 계시이기 때문이다.[6] 오병이어의 기적은 '그 후에(요 6:1)로 시작되며, 많은 무리들이 예수님의 기적을 보고 따랐다고 설명한다(요 6:2). 그러므로 오병이어의 기적 이전에 예수님의 많은 기적 사건들이 있었다. 또한, 예수님이 기적을 일으키실 때마다 제자들은 함께 있었기 때문에 그들이 예수님의 정체성을 인지할 수 있는 시간은 충분했다.

만일 예수님이 누구인지 제자들이 분명히 깨달았다면, 그들은 예수님의 질문에서 "우리가 어디서"라는 부분에 핵심 의도가 숨어 있다는 사실을 파악했어야 한다. 왜냐하면, 예수님은 제자들에게 수많은 사람에게 저녁 식사를 공급하라고 요구하지 않으시고 자신을 포함해서

---

6 Vos, 『예수의 자기계시』, 65, 320-321.

"우리가" 많은 무리를 먹일 수 있을까를 물으시기 때문이다. 그러므로 제자들은 예수님께 이렇게 대답해야 했다.

"예수님, 우리의 힘으로는 도저히 많은 사람에게 저녁 식사를 제공할 수 없습니다. 그러나 수많은 기적을 일으키신 예수님이시라면, 이들에게 저녁식사를 제공하실 수 있습니다. 왜냐하면, 저희가 예수님을 따르면서 예수님이 일으키신 수많은 기적을 눈으로 봤기 때문입니다. 예수님만이 이 문제를 해결하실 수 있습니다."

둘째, 예수님은 오병이어의 기적을 유월절 언저리에 일으키셨다.

시간이 지난 후, 예수님은 제자들에게 자신을 가리켜 생명의 떡으로 설명하신다(요 6:22-51). 유월절이란 애굽에서 고통받던 이스라엘 백성을 하나님께서 모세를 통해 구원한 사건을 기념하는 날이다. 유월절에는 어린 양의 죽음이 필요했다. 또한, 유월절과 홍해 사건 이후, 하나님은 이스라엘 백성에게 생명의 떡인 만나를 공급하셨다.[7]

예수님은 오병이어의 기적을 유월절 언저리에 베푸시고 자신을 가리켜 생명의 떡이라 칭하셨다. 그러므로 오병이어의 기적은 훗날에 있을 예수님의 십자가 사건과 자신이 세우실 교회 공동체에서 자신의 피와 살을 나누는 성찬을 상징하는 것이다.

결국, 예수님은 제자들에게 "우리가 어디서 떡을 사서 이 사람들을 먹이겠느냐?"는 질문과 함께 오병이어의 기적을 통해서 교회 공동체가 성찬 공동체인 것을 깨닫게 하신다. 왜냐하면, 성찬은 예수님께서 언제나 교회 공동체와 함께하시고 모든 문제를 함께 해결하시며, 교회

7　Kruse, 『틴데일 신약주석 시리즈 4: 요한복음』, 238-39.

공동체는 영생의 음식을 먹는 천국 백성임을 인식시키는 성례이기 때문이다.

4. 성찬

1) 식탁에 의미를 담는 인간

모든 동물은 생존을 위해서 먹는다(eating). 인간도 마찬가지다. 그러나 인간은 단순히 생존을 위해서만 먹지 않는다. 왜냐하면, 인간은 사회적 동물이기 때문이다. 그래서 인간은 홀로 먹는 것을 싫어한다. 즉, 인간은 다른 사람들과 함께 식사한다(dining). 어떤 사람들과 함께 어떤 음식을 먹느냐에 따라, 그 식사에 의미를 달리 부여한다.[8] 인간만이 가족 모임, 친구 모임, 경조사 등을 가지며, 어떤 사람들과 어떤 음식을 먹느냐에 따라 그 의미를 달리한다.

이런 점에서 '친구'에 해당하는 영어 단어인 'companion' 혹은 'company'는 라틴어 *conpan*'에서 왔는데, 이 단어는 'con(함께)'과 'pan(빵 굽는 용기)'의 합성어로 '빵을 서로 나누는 사람'을 의미한다.[9] 그러므로 공동체는 그 공동체가 "어떤 사람과 무엇을 어떻게 먹는지"에 따라 다른 모습을 나타낸다.

---

8 최승근, "성찬 공동체로서의 교회", 「성경과 신학」 제79호(2016): 230.
9 Laurence Hull Stookey, *Eucharist*, 김순환 역, 『성찬, 어떻게 알고 실행할 것인가?』 (서울: 대한기독교서회, 2002), 23.

2) 성찬 공동체인 교회

교회를 '성찬 공동체'라 정의할 수 있다. 예수님은 제자들과 함께 식사를 하시면서 성찬을 재정하셨다. 또한 예수님께서 세우신 교회 공동체는 성찬을 함께하는 식탁 공동체로서, 예수님은 '어떤 사람과 함께 어떤 음식을 어떻게 먹어야 하는지' 다음과 같이 가르쳤다.[10]

첫째, 성찬에는 언제나 하나님의 말씀인 설교와 및 성찬의 의미를 담고 있는 성경 말씀을 동반된다. 하나님의 말씀과 성찬은 밀접한 관계가 있다. 즉, 하나님의 말씀이 하나님께서 우리를 섬기는 것이라면, 성찬은 교회 공동체의 반응이다.

둘째, 성찬은 신자 개인이 아니라 교회 공동체가 함께 참여한다. 식탁의 주인은 예수님이시다. 그리고 교회 공동체는 주님의 거룩한 식탁에 초청받은 자들이다. 또한, 성찬은 반드시 세례교인만 참여할 수 있다. 세례받은 영적 식구만이 하나님의 식탁에서 함께 먹을 자격이 주어지기 때문이다.

셋째, 성찬은 빵과 포도주가 상징하는 생명의 떡과 물을 먹는 예배 순서다. 빵과 포도주는 일상의 삶을 지탱하는 에너지를 공급한다. 마찬가지로 영적인 자들은 영적인 음식을 먹음으로써 영적 에너지를 공급받는다. 그리고 그 영적인 음식의 실체는 바로 예수 그리스도시다.

넷째, 성찬은 인간이 행하지만, 은혜를 베푸시는 분은 하나님이시다. 왜냐하면, 성찬식을 집례하는 목사는 예수 그리스도의 이름으로 빵과 포도주를 취해 축복하고, 그것을 교회 공동체에 나눠주기 때문이다. 성찬은 하나님의 은혜가 교회 공동체에 임하는 시간이다.

---

10 White, 『하나님의 자기 주심의 선물: 성례전』, 64-71.

3) 자기 주심(Self-Giving)으로서의 성찬

교회 공동체는 예수님의 가르침에 따라 성찬에 다양한 의미를 담았다. 왜냐하면 예수 그리스도의 이름으로 세워진 교회 공동체는 예수님의 삶과 죽음, 부활에 관한 깊은 신학적 의미를 성찬에 함축해야 했기 때문이다. 초대 교회는 성찬을 다음과 같은 다양한 이름으로 칭하며 그 의미를 부여했다.

① 감사(Eucharist)
② 주의 만찬(Lord's Supper)
③ 떡을 뗌(Breaking of Bread)
④ 성례(Divine Liturgy)
⑤ 거룩한 교제(Holy Communion)
⑥ 주의 기념(Lord's Memorial)
⑦ 식탁 섬김(Service of the Table)
⑧ 희생(Sacrifice) 등등."[11]

성찬은 크게 다섯 가지 의미를 함축한다.

첫째, 감사다.

성도는 성찬을 통해 하나님께 감사해야 한다. 왜냐하면, 하나님은 죄인을 구원하시고 신자들을 돌보시기 위해 예수님을 세상에 보내셨기 때문이다.

---

11 White, 『하나님의 자기 주심의 선물: 성례전』, 117.

둘째, 회상 혹은 기억이다.

교회 공동체는 성찬을 함께 나누면서 예수님께서 베푸신 은혜를 기억할 뿐 아니라, 예수님께서 현재와 미래에도 언제나 함께하신다는 사실을 떠올린다.

셋째, 성도의 교제와 성령의 교통하심이다.

교회 공동체는 성찬에 함께 참여함으로써 영적인 가족임을 깨닫게 된다. 그리고 이러한 영적 식탁의 교제는 오로지 성령께서 함께하실 때만 가능하다.

넷째, 희생이다.

성찬에 참여하는 자들은 예수님께서 자신을 위해 죽으셨다는 사실을 기억하며 그리스도를 따라 희생하며 섬길 것을 다짐한다.

다섯째, 예수 그리스도의 임재와 성취다.

교회 공동체는 성찬을 하면서 예수 그리스도께서 그 순간에 임재하신다는 사실을 믿었다. 또한, 그들은 예수 그리스도의 최후 심판 이후, 천국에서 영원한 양식을 맛볼 것을 소망했다.[12]

그러므로 성찬은 이런 다양한 표현과 의미를 "Self-Giving", 즉 '자기-주심', '자기-드림', '자기-나눔'으로 드러낸다. 즉, 성찬은 세 방향성($\downarrow, \uparrow, \leftrightarrow$)을 고스란히 담아낸다.[13]

(1) 하나님의 하향적인 행위(From God, $\downarrow$): 하나님의 Self-Giving 인 '자기-주심'

12　White, 『하나님의 자기 주심의 선물: 성례전』, 118-34.
13　White, 『하나님의 자기 주심의 선물: 성례전』, 23-43; 박성환, "임종 예배와 목회 돌봄", 「복음과 실천신학」 제44권(2017): 97-98.

하나님의 자기-주심은 성찬의 기초라 말할 수 있다.

그렇다면 하나님의 자기-주심이란 무엇인가?

하나님이 자기 백성을 구원하기 위해 독생자 예수 그리스도를 이 땅에 보내신 것을 의미한다. 하나님의 자기-주심을 드러내는 성찬은 하나님의 구속의 이야기를 가시적으로 구현한다.

또한, 교회 공동체는 성찬을 통해 예수 그리스도께서 식탁의 주인이심을 깨닫게 된다. 교회 공동체는 성찬을 통해 하나님의 자기-주심을 깨닫는 순간 하나님의 구원의 은혜를 새삼 깨닫게 된다. 이와 같이 교회 공동체는 반복적인 성찬을 통해 하나님의 풍성한 자기-주심을 반복적으로 경험한다.

(2) 교회 공동체의 상향적인 행위(To God, ↑): 교회 공동체의 Self-Giving인 '자기-드림'

하나님의 자기-주심의 특혜를 입은 성도는 성찬을 통해 하나님께 자기-드림을 실시한다. 자기-드림이란 성찬을 통해 성도가 하나님의 구속적인 사랑을 깨닫고 자신의 인생을 기쁘고 감사하게 하나님께 돌려드리는 것을 의미한다. 결국, 교회 공동체는 하나님의 자기-주심을 깨닫고 지금까지 살아온 것이 하나님의 은혜였음을 암묵적으로 고백하게 된다. 그리고 교회 공동체는 자기-드림을 위해 마지막 호흡까지 감사한 마음을 갖고 살게 된다.

(3) 교회 공동체의 Self-Giving인 '자기 나눔'(To each other, ↔)

'하나님의 자기-주심'과 '하나님께 자기-드림'을 성찬 중에 깨달은 자는 성찬에 참여한 목회자, 가족, 성도들과 자기-나눔의 시간을 자연스럽게 갖는다. 다시 말해, 성찬을 통해 교회 공동체는 한 몸을 이룬 지체로서 서로가 서로를 사랑하고 돌봐야 하는 존재임을 깨닫는다. 또한 교회 공동체가 자기-나눔을 몸소 행할 때, 하나님은 그 공동체를 기쁨으로 사랑하신다.

제12장

헌금

⁴:³²믿는 무리가 한마음과 한 뜻이 되어 모든 물건을 서로 통용하고 자기 재물을 조금이라도 자기 것이라 하는 이가 하나도 없더라 ³³사도들이 큰 권능으로 주 예수의 부활을 증언하니 무리가 큰 은혜를 받아 ³⁴그 중에 가난한 사람이 없으니 이는 밭과 집 있는 자는 팔아 그 판 것의 값을 가져다가 ³⁵사도들의 발 앞에 두매 그들이 각 사람의 필요를 따라 나누어 줌이라 ³⁶구브로에서 난 레위족 사람이 있으니 이름은 요셉이라 사도들이 일컬어 바나바라 (번역하면 위로의 아들이라) 하니 ³⁷그가 밭이 있으매 팔아 그 값을 가지고 사도들의 발 앞에 두니라 ⁵:¹아나니아라 하는 사람이 그의 아내 삽비라와 더불어 소유를 팔아 ²그 값에서 얼마를 감추매 그 아내도 알더라 얼마만 가져다가 사도들의 발 앞에 두니 ³베드로가 이르되 아나니아야 어찌하여 사탄이 네 마음에 가득하여 네가 성령을 속이고 땅 값 얼마를 감추었느냐 ⁴땅이 그대로 있을 때에는 네 땅이 아니며 판 후에도 네 마음대로 할 수가 없더냐 어찌하여 이 일을 네 마음에 두었느냐 사람에게 거짓말한 것이 아니요 하나님께로다 ⁵아나니아가 이 말을 듣고 엎드러져 혼이 떠나니 이 일을 듣는 사람이 다 크게 두려워하더라 ⁶젊은 사람들이 일어나 시신을 싸서 메고 나가 장사하니라 ⁷세 시간쯤 지나 그의 아내가 그 일어난 일을 알지 못하고 들어오니

⁸베드로가 이르되 그 땅 판 값이 이것뿐이냐 내게 말하라 하니 이르되 예 이것뿐이라 하더라 ⁹베드로가 이르되 너희가 어찌 함께 꾀하여 주의 영을

시험하려 하느냐 보라 네 남편을 장사하고 오는 사람들의 발이 문 앞에 이르렀으니 또 너를 메어 내가리라 하니 ¹⁰곧 그가 베드로의 발 앞에 엎드러져 혼이 떠나는지라 젊은 사람들이 들어와 죽은 것을 보고 메어다가 그의 남편 곁에 장사하니 ¹¹온 교회와 이 일을 듣는 사람들이 다 크게 두려워하니라 (행 4:32-5:11).

1. 허드슨 테일러의 명언

중국 선교사였던 허드슨 테일러가 남긴 명언이 있다.

"작은 일은 작은 일이다. 그러나 작은 일에 충성하는 것은 위대한 일이다"[1](A little thing is a little thing. But faithfulness in a little thing is a great thing).

왜 허드슨 테일러는 이런 말을 남겼을까?

사람은 누구나 인정받고 싶어하는 욕망을 갖고 있다. 그렇기에 자신의 실력을 드러내고 싶거나 자신의 존재를 인정받고 싶을 때 반드시 큰일과 성공만 꿈꾸며 살아간다. 그러나 하나님은 작은 일을 위대한 일처럼 생각하고 충성스럽게 수고하는 사람을 귀히 여기신다.

우리가 생각해야 할 점이 있는데, 바로 하나님께서 세상을 설계하신 방식이다. 세상은 언제나 작은 것들과 큰 것들이 서로 조화를 이룰 때만 건강을 유지할 수 있도록 설계되었다. 이것이 바로 하나님께서 만드신 생태계의 원리다.

그러나 하나님께서 세상을 다스리는 방식을 거부하는 유일한 존재가 있다. 바로 인간이다. 다른 피조물과 달리 인간은 부와 명예를 얻고자 욕심을 부린다. 그리고 다른 사람들로부터 칭찬을 듣고 명성을 얻고 싶어 한다. 그래서 하나님께서 사람을 창조하실 때, 두 가지를 허락하지 않으셨다.

첫째, 옷을 입히지 않으셨다.

어떤 경제학자는 그 이유를 이렇게 설명한다.

만일, 하나님께서 인간에게 처음부터 옷을 만들어 입혔다면 인간은

---

1 http://news.kmib.co.kr/article/view.asp?arcid=0008326391.

주머니를 요구했을 것이고, 나중에는 주머니에 무엇인가 늘 가득하게 차기를 요구했을 것이다. 그래서 하나님은 처음부터 옷을 선물로 주지 않으셨다.

정말이지, 인간의 욕심만이 다른 피조물들과 달리 끝이 없다.
둘째, 하나님께서 아담과 하와를 만드신 후, 머리에 왕관을 씌우지 않으셨다.
만일 인간이 처음부터 왕관을 썼다면, 어떤 일이 벌어졌을까?
왕관을 쓴 순간부터 이들은 에덴동산을 더 확장해 큰 나라의 왕이 되길 꿈꿨을지 모른다. 또한, 자신이 이름을 지어준 다른 동물들로부터 찬양을 받고 자신의 이름이 높아지길 원했을지 모른다.
사탄은 아담과 하와의 이런 심정을 파악하여, 하나님처럼 위대해질 수 있다고 속인다. 그러나 그 결과 그들은 무거운 죄의 사슬에 묶이게 되었다.

2. 사탄의 전략

사탄은 여전히 높아지고자 하는 인간의 욕망을 자극하여 거룩한 교회를 무너뜨리려 한다. 시대에 따라 이 유혹의 외형은 다르지만, 사탄은 언제나 인간의 악한 본성인 정욕과 자랑하고 싶은 마음을 미끼로 유혹한다. 또한, 사탄은 영적인 차원에서뿐 아니라 물질적 차원에서도 인간을 사로잡고 있다. 간단히 말해서, 인류는 다양한 사탄의 계략으로 그의 노예까지 되어 버렸다. 심지어, 이 세상의 임금인 사탄은 하나님의 소유인 교회 공동체를 짓밟고자 엄청난 외적 공세를 끊임없이 가한다. 즉, 사탄은 막강한 힘을 사용하여 사회, 정치, 경제 등 모든 영역을 통제하고 움직임으로써 교회 공동체를 송두리째 뒤흔든다.[2]

그러나 사도행전 1-4장의 전반적인 내용을 살펴보면, 초대 교회는 삼위일체 하나님의 놀라운 돌보심으로 이러한 외적인 핍박에 굴하지 않았을 뿐 아니라 건강하게 성장해 나갔다. 그러자 사탄은 사도행전 5장부터 교회 공동체 내부에 갈등을 일으켜 무너뜨리는 방법을 사용한다. 그 첫 번째 전략은 금전적인 유혹, 즉 아나니아와 삽비라의 헌금 기만 사건으로 교회 공동체 내부에 영적인 갈등을 일으키는 것이었다. 존 스토트(John Stott)는 이러한 사탄의 전략을 다음과 같이 표현한다.

> 성령이 교회에 내려오시자마자 사탄이 사나운 반격을 시작했다…오순절에는 박해가 따랐다…사탄의 전략은 주의 깊게 전개되었다. 사탄은 [두] 방향으로 공격을 가했다. 그의 첫 번째이며 가장 거친 전술은 물리적 폭력이었다. 그는 박해 때문에 교회를 짓밟아 깨뜨리려 했다. 그의 두 번째이며 더욱 교활한 전술은 도덕적인 부패 또는 타협이었다. 외부로부터 교회를 파괴하는 일에 실패하자 사탄은 아나니아와 삽비라를 통해 교회의 내부 생활에 악을 은근히 심어주어 그리스도인의 교제를 망치려 했다…나(스토트)는 내가 마귀를 대단히 잘 파악하고 있다고 주장하는 것은 아니다. 하지만 나는 마귀가 존재하며, 그가 대단히 무도하다는 것을 확신한다…오랜 세월 동안 그(사탄)는 그의 전략도, 전술도, 무기도 바꾸지 않았다. 그는 여전히 판에 박은 듯 같은 일만 하고 있다.[3]

---

2 Charles L. Campbell, *The Word before the Powers: An Ethic of Preaching* (Louisville/London: Westminster, 2002), 10-18, 24-33.
3 Stott, 『사도행전 강해: 땅끝까지 이르러』, 117-18.

피조물 가운데 인간만이 유일하게 화폐 거래를 하며 살아간다. 인간은 돈을 가장 사랑하면서도 돈을 가장 두려워하며, 부를 얻기 위해서라면 자신의 영혼도 사탄에게 팔 수 있는 존재다. 리차드 포스터(Richard J. Foster)는 『돈, 섹스, 권력』(Money Sex & Power)의 서두에서 토마스 아 캠피스(Thomas a Kempis, 1379[80]-1471)의 글을 인용하여 인간과 물질의 관계를 적절하게 설명한다.

> '죽어 없어질 부를 추구하며 그 안에 소망을 두는 것은 허영이다'…오늘날에 있어서 긴급히 필요한 일은 신앙을 가진 사람들이 신실하게 사는 것이다…인간이 실존하고 있는 모든 영역에 해당하는 일이지만 특별히 돈과…관련하여 더욱 긴요한 일이다. 이 문제[돈]보다 더 심오하거나 더 보편적으로 우리에게 느껴지는 문제는 없다. 이 주제보다 더 불가분리적으로 서로 뒤얽혀 있는 것도 없다. 인간의 현실들 가운데 [돈]만큼 커다란 축복이나 저주를 가져다주는 힘을 가지고 있는 것도 없다…돈의 문제는 우리를 도덕적 선택이라는 투기장으로 거세게 몰아붙인다.[4]

4. 아나니아와 삽비라의 헌금 기만 사건

하나님은 아나니아와 삽비라를 죽이심으로 초대 교회에 경종을 울리신다(행 5:6, 10).

---

4 Richard J. Foster, *Money Sex & Power*, 김영호 역, 『돈, 섹스, 권력』 (서울: 두란노, 1898), 9.

그러나 하나님은 왜 초대 교회에서 꽤 이름이 알려진 사람들, 그것도 다른 누구보다 커다란 물질로 헌신한 아나니아와 삽비라를 죽이셨을까?

이 부부는 하나님께 적지 않은 헌금을 바쳤다. 물론 그들은 약속한 것과 달리, 일부를 헌금했다. 그러나 우리는 그것이 상당한 액수였다는 사실을 알 수 있다. 이들은 자신의 모든 소유를 처분했다(행 5:1). 그래서 정말 하나님께서 그들을 죽이신 이유가 궁금하다.

1) 탐심의 문제

"아나니아와 삽비라"라는 부부가 있었다. 남편 '아나니아'라는 이름은 '하나님은 은혜로우시다', 아내 '삽비라'는 '아름다움'이란 뜻이다. 이름에서 알 수 있듯이, 이들의 신앙생활은 외형적으로 흠 잡을 것이 없어 보였다.[5]

그런데 사도행전 5:1-2을 살펴보면, 의미심장한 뉘앙스가 숨어 있다. 사도행전 본문은 부부가 하나님께 헌금하기로 합의했는데, 아나니아가 먼저 삽비라에게 작정 헌금에 대하여 언급한 것처럼 느낄 수 있도록 유도한다. 또한, 작정 헌금 중에 일부를 감추는 것도 아나니아가 계획하고 삽비라는 이것을 묵인하는 것처럼 보인다. 그러므로 예루살렘 성경(JB)은 "그 아내도 알더라"라는 표현을 "그 아내가 묵과하더라"(with his wife's connivance)로 번역한다.[6]

이런 점에서 하나님께서 그들을 죽이시기 전에 그들에게 회개의 기

---

5 Gangel, 『Main Idea로 푸는 사도행전』, 107.
6 Stott, 『사도행전 강해: 땅끝까지 이르러』, 122.

회를 주신 것을 아닌가 생각된다. 하나님은 베드로의 질타를 통해 삽비라가 죄를 고백을 할 수 있도록 시간을 주셨던 것이다(행 5:8).

이들의 신앙에는 분명히 문제가 있었다.

그러나 과연 하나님께서 이들을 죽이실 정도로 심각한 문제였을까?

만일 우리가 하나님께 10억을 헌금하겠다고 하고, 그 약속을 이행하기 위하여 집을 팔았다고 가정하자. 그런데 막상 헌신하려 하니, 노후 대비와 자녀 양육비를 위하여 3억 정도 남겨야 하겠다고 마음을 고쳐 먹고, 7억을 헌금했다고 해보자.

과연 7억은 적은 액수인가?

또한, 만일 하나님께서 약속 불이행으로 이 부부의 목숨을 거두셨다면, 이것보다 죄질이 나쁜 간음을 저지른 다윗의 일은 도대체 어떻게 설명해야 할까?

또한, 지금 베드로는 헌금을 속인 부부를 질타하고 죽게 할 자격이 있는가?

베드로는 십자가를 짊어지고 골고다 언덕으로 가시는 예수님을 3번이나 부인한 사람이지 않은가?

사도행전 5:2을 다시 살펴보자. 처음 아나니아와 삽비라는 자기들의 소유를 판 돈 모두를 하나님께 드리기로 다짐했다. 그러나 막상 수북한 돈다발을 보고 나니 마음이 요동쳤다. 그리고 하나님께 일부분만 드렸다. 여기에서 "그 값에서 얼마를 감추매…"는 '횡령, 착복'을 표현한 것인데, 더 구체적으로 '자신을 위해 일부분을 떼어두는 것'을 의미한다.[7] 이 단어는 신약성경에서 한 번 더 발견된다.

7　Gangel, 『Main Idea로 푸는 사도행전』, 107.

종들로는 자기 상전들에게 범사에 순종하여 기쁘게 하고 거슬려 말하지 말며 떼어 먹지 말고 오직 선한 충성을 다하게 하라"(딛 2:9-10).

이 구절에서 "떼어 먹다"라는 표현은 아나니아와 삽비라 사건과 동일선상에 있는 용어이다. 그리고 70인역도 여리고 성 함락 전쟁 가운데 발생한 아간의 도둑질(착복) 사건을 묘사할 때 아나니아와 삽비라의 사건과 동일한 어휘를 사용함으로 두 사건이 모두 탐심에서 출발했다는 사실을 드러낸다.[8] 성경은 마치 탐심이 성도의 온전한 헌신을 가로막는 최대의 장애물인 것처럼 강조한다.[9]

2) 비교 의식과 위선의 문제

아나니아와 삽비라는 초대 교회가 세워지는 순간부터 신앙적인 면에서 탁월성을 인정받았을지 모른다. 교회에서도 충성스러운 일꾼이라 불렸을 것이다. 그러나 그들은 자신들이 드린 헌금 뭉치 앞에서 엎어져 죽었다.

진정 이 부부가 죽게 된 이유가 탐심뿐일까?

정말 이 부부에게 죽음이 선물된 다른 신학적인 이유는 없을까?

사도행전 5장이 어떻게 시작하는지 살펴볼 필요가 있다. 한글 성경은 접속사가 없이, 사도행전 5:1을 번역했다. 그러나 영어 성경인 킹제임스 성경(KJV)은 이 구절을 "그러나"(But)라는 접속사로 시작한다. 이것은 사도행전 4:36-37에 나오는 바나바의 헌금 이야기와 아나니아와

---

8 Stott, 『사도행전 강해: 땅끝까지 이르러』, 122.
9 Matthew Poole, *Matthew Poole's Commentary*, 정충하 역, 『매튜 풀 청교도 성경주석: 사도행전·로마서』 (파주: 크리스챤다이제스트, 2015), 55.

삽비라의 헌금 이야기를 비교하면서 읽을 것을 유도하는 말이다.

초대 교회에서 자신의 소유를 팔아 다른 신자들을 도와주는 관행은 자발적이었으며, 하나님을 순전히 사랑하는 마음에서 시작되었다. 여기에는 어떠한 강제나 압력도 없었다. 그렇기에 초대 교회의 성도들은 바나바가 자신의 소유를 처분하여 하나님께 온전히 헌신한 것에 대하여 칭찬을 아끼지 않았을 것이다.

또한, 칭찬하는 분위기 가운데 아나니아와 삽비라도 있었을 것이다. 아나니아와 삽비라도 바나바처럼 교회 안에서 존경을 받고 싶었을 것이다.[10] 어쩌면, 아나니아는 바나바를 닮고 싶은 영적 리더라고 인식했거나 혹은 영적인 라이벌로 생각하고 있었을지도 모른다. 결국, 그들은 하나님께 적게 드리고 칭찬을 많이 받을 수 있는 계획을 꾸몄다. 그래서 그들은 자신들의 비교 의식과 위선을 가식적인 신앙으로 포장했다.

그러나 하나님은 그들의 불순한 동기를 꿰뚫어 보고 계셨다. 하나님 앞에서 이들은 탐심으로 인하여 부정직함을, 비교 의식과 위선으로 인하여 속임수라는 이중적인 죄를 지었다.[11]

3) 성령 충만의 문제

영어 성경인 새국제판 성경(NIV)은 사도행전 5:1을 '또한'(Also)이라는 접속사로 시작함으로, 사도행전 4:32-35에 나오는 초대 교회 성도들의 헌금 이야기, 사도행전 4:36-37의 바나바의 헌금 이야기, 그리고 사도행전 5:1-11의 아나니아와 삽비라의 헌금 이야기가 동일한 맥으

---

10 Barton 외, 『LAB 주석시리즈: 사도행전』, 124, 126.
11 Stott, 『사도행전 강해: 땅끝까지 이르러』, 122.

로 관통하고 있다는 사실을 직시할 수 있도록 번역하였다.[12] 마치, 초대 교회의 성도들의 자발적인 헌금 이야기를 하면서, 바나바의 헌금 이야기를 모범적인 실례로, 아나니아와 삽비라의 헌금 이야기를 부정적인 실례로 선보이는 것처럼 보인다.[13]

세 가지 이야기를 비교하는 가운데 우리는 아나니아와 삽비라의 신앙생활에서 하나님이 정말 싫어하시는 구체적인 모습을 발견할 수 있다. 사도행전 4:32-5:11을 다음과 같이 세 부분으로 나눠 살펴볼 수 있다.

행 4:32-35 교회 공동체	행 4:36-37 바나바	행 5:1-11 아나니아와 삽비라
34절: 소유를 팔아	37절: 소유를 팔아	1절: 소유를 팔아
34절: 그 값을 가져다가	37절: 그 값을 가져다가	2절: 그 값에서 얼마를 가져다가
35절: 사도들의 발 앞에 두매	37절: 사도들의 발 앞에 두니라	2절: 사도들의 발 앞에 두니
31절: 성령이 충만하여	37절: 성령이 충만하여	3절: 사탄이 네 마음에 가득하여 네가 성령을 속이고

교회 공동체, 바나바, 그리고 아나니아와 삽비라의 외형적인 신앙은 모두 유사하다. 비록 아나니아와 삽비라가 헌금을 착복했지만, 자신들만 이 비밀을 알고 있었다. 또한, 이들은 하나님께 헌금하기 위하여 자기들의 소유를 팔아 사도들의 발 앞에 내려놓았다. 그러므로 그들의 신앙에는 전혀 문제가 없어 보였다.

그러나 아나니아와 삽비라의 헌신은 다른 두 부류, 교회 공동체 및

---

12 Barton 외,『LAB 주석시리즈: 사도행전』, 124.
13 김경진,『사도행전』, 144;

바나바의 헌신과 결정적으로 다른 점이 있다. 바로 교회 공동체와 바나바는 성령이 충만하여 헌신을 했지만, 비명횡사한 부부는 성령이 충만하지 않은 채, 헌신을 약속한 것이다. 즉, 이들은 자신의 탐심, 비교의식, 위선을 감추기 위해서 성령 충만한 것처럼 과장하여 자신들의 신앙을 포장했다. 그리고 사탄은 이들의 욕망을 이용하여 교회에 분란을 일으키고자 했다. 그러므로 사도행전 5:3은 아나니아와 삽비라를 '성령을 속이고, 사탄이 가득한 모습'으로 묘사한다.

성령 하나님은 교회 공동체에 일치와 사랑을 불러일으켜 하나로 만들어 가시지만, 사탄은 교회 공동체에 갈등과 분열을 조장하여 스스로 무너지도록 만든다.[14] 그러므로 하나님은 사탄으로 충만한 이 부부를 방치할 수 없으셨다. 왜냐하면, 사탄이 주님이 피로 사신 교회를 시작부터 흔들기 위하여 아나니아와 삽비라를 통해 초대 교회에 내적인 문제를 일으키려 했기 때문이다.

5. 참된 헌신인 자발적인 헌금

하나님이 창조하신 피조물 가운데, 인간만이 경제 활동을 통해 부를 축적하며 소비문화를 형성한다. 그리고 인간은 소유의 부족함을 호소하며 죄를 양산한다. 월터 브루그만(Walter Brueggemann)은 소비문화에 빠져 죄를 양산하는 인간을 가리켜 '풍요로움의 예배에 빠진 인간'이라 칭한다. 왜냐하면, 인간은 풍요로우신 하나님께서 부족한 것들을 채우신다는 사실을 부인하기 위한 불신의 증거로서 소유에 집착하기

---

14 Gangel, 『Main Idea로 푸는 사도행전』, 107.

때문이다.[15]

오늘날 아나니아와 삽비라와 같은 사람은 없는가?

잘 생각해 보면, 우리 중에 어느 누구도 아나니아와 삽비라에게 손가락질을 할 수 없을 것이다. '바로 내가' 아나니아와 삽비라와 같은 마음으로 하나님께 물질과 몸과 마음을 드리는 자이기 때문이다. 그러나 하나님은 어제나 오늘이나 영원토록 동일하시다.

만일 아나니아와 삽비라 사건이 오늘날 한국 교회에서도 일어난다면, 어떻게 될까?

헌금을 할 때 성령을 속이는 문제로 말미암아 어떤 성도도 살아남기 어려울 것이다. 교회마다 시체들로 넘쳐나서 예배당에 썩는 냄새가 진동할지도 모른다. 하나님의 오래 참으심에 감사를 돌릴 뿐이다.

그렇다면, 참된 헌신(헌금을 포함)은 어디에서 출발할까?

1) 최고의 선: 비교할 수 없는 하나님

헌신의 시작은 그 어떤 것과도 비교할 수 없는 분이신 하나님을 진정으로 만났을 때만 가능하다. 하나님은 피조물을 만드실 때, 인간에게만 신을 찾도록 마음속에 종교의 씨앗을 심어 놓으셨다.

동물은 육적인 지각만 할 뿐이다. 그래서 배고프면 먹고, 자고 싶으면 잔다. 하지만 인간은 다르다. 육적인 필요를 지각함으로 먹고 잠을 자지만, 인간이 동물들과 다른 한 가지는 절대자를 찾기 위하여 몸부림을 친다는 것이다.

15　Walter Brueggemann, *Deep Memory Exuberant Hope: Contested Truth in A Post-Christian World* (Minneapolis: Fortress Press, 2000), 69-76.

그러나 하나님의 계시가 없으면, 인간은 결코 하나님을 만날 수 없다. 그렇기 때문에 죄된 인간은 절대자 하나님을 대신하는 대상을 찾거나 만들어 낸다. 그것이 바로 우상이고, 인간은 이 우상에게 절함으로써 자신이 만든 신을 경배하는 어리석음을 보인다.

2) 모든 것을 내려놓을 수 있는 충격적 만남

그러나 인간이 계시를 통해 하나님을 만나면 참된 평안과 안식을 처음으로 경험하게 된다. 이전에는 물질과 우상이 마치 하나님처럼 자신을 지켜준다고 생각했으나, 최고의 선이신 하나님을 만난 후에는 그 모든 것들이 무가치하다는 사실을 깨닫게 된다.

그리고 하나님을 만난 후, 그 모든 것을 내려놓을 수 있는 믿음이 생긴다. 하나님 한 분만으로 만족할 수 있게 된다. 그래서 초대 교회 공동체와 바나바는 하나님과 다른 사람을 위하여 자신의 물건과 재산을 아낌없이 내놓을 수 있었다. 하나님 안에서만 참된 평안이 있다는 것을 깨달은 결과라 할 수 있다. 마치 바울이 예수님을 만난 후, 자신의 모든 것을 배설물로 여긴 것처럼 말이다.

3) 지속적인 참된 헌신은 성령 충만할 때 가능함

이 놀라운 만남과 파격적인 헌신이 유지되기 위해서는 반드시 성령 충만해야 한다. 성령 충만은 '잔에 가득 차 넘치는 물'에 비유되곤 한다. 잔에 물이 차야 그 물이 잔을 넘어 흘러갈 수 있다. 그리고 이 넘쳐 흐르는 물을 '헌신'이라 표현할 수 있는데, 헌신은 작게는 교회 봉사와 헌금부터 크게는 순교까지 감당할 수 있는 거룩한 사역이다.

다시 말해, 성령 충만한 사람만이 (십자가에서 보이신) 예수님의 수직적 사랑을 깊이 깨닫고, 그 은혜에 반응하여 자신의 모든 소유를 다른 사람들에게 자발적으로 내놓을 수 있다. 초대 교회 공동체와 바나바가 모든 것을 내놓는 헌신을 할 수 있었던 유일한 이유는 그들이 예수님을 인격적으로 만난 후, 성령 충만을 유지할 수 있었기 때문이다. 그러므로 예수 그리스도를 만난 성도는 성령 충만을 위해 계속 노력해야 한다.

성경은 성도들에게 성령 충만을 유지할 수 있는 유일한 방법을 제시한다. 그것은 하나님의 말씀과 기도에 집중하는 것이다. 그리고 기쁨의 찬양과 헌금, 봉사 등은 성령 충만을 받은 성도에게 나타나는 자발적인 행동이다.

제13장

십일조

¹당시에 시날 왕 아므라벨과 엘라살 왕 아리옥과 엘람 왕 그돌라오멜과 고임 왕 디달이 ²소돔 왕 베라와 고모라 왕 비르사와 아드마 왕 시납과 스보임 왕 세메벨과 벨라 곧 소알 왕과 싸우니라 ³이들이 다 싯딤 골짜기 곧 지금의 염해에 모였더라 ⁴이들이 십이 년 동안 그돌라오멜을 섬기다가 제 십삼년에 배반한지라 ⁵제 십사 년에 그돌라오멜과 그와 함께 한 왕들이 나와서 아스드롯 가르나임에서 르바 족속을, 함에서 수스 족속을, 사웨 기랴다임에서 엠 족속을 치고 ⁶호리 족속을 그 산 세일에서 쳐서 광야 근방 엘바란까지 이르렀으며 ⁷그들이 돌이켜 엔미스밧 곧 가데스에 이르러 아말렉 족속의 온 땅과 하사손다말에 사는 아모리 족속을 친지라 ⁸소돔 왕과 고모라 왕과 아드마 왕과 스보임 왕과 벨라 곧 소알 왕이 나와서 싯딤 골짜기에서 그들과 전쟁을 하기 위하여 진을 쳤더니 ⁹엘람 왕 그돌라오멜과 고임 왕 디달과 시날 왕 아므라벨과 엘라살 왕 아리옥 네 왕이 곧 그 다섯 왕과 맞서니라 ¹⁰싯딤 골짜기에는 역청 구덩이가 많은지라 소돔 왕과 고모라 왕이 달아날 때에 그들이 거기 빠지고 그 나머지는 산으로 도망하매 ¹¹네 왕이 소돔과 고모라의 모든 재물과 양식을 빼앗아 가고 ¹²소돔에 거주하는 아브람의 조카 롯도 사로잡고 그 재물까지 노략하여 갔더라 ¹³도망한 자가 와서 히브리 사람 아브람에게 알리니 그 때에 아브람이 아모리 족속 마므레의 상수리 수풀 근처에 거주하였더라 마므레는 에스골의 형제요 또 아넬의 형제라 이들은 아브람과 동맹한 사람들이더라 ¹⁴아브람이 그의

조카가 사로잡혔음을 듣고 집에서 길리고 훈련된 자 삼백십팔 명을 거느리고 단까지 쫓아가서 [15]그와 그의 가신들이 나뉘어 밤에 그들을 쳐부수고 다메섹 왼편 호바까지 쫓아가 [16]모든 빼앗겼던 재물과 자기의 조카 롯과 그의 재물과 또 부녀와 친척을 다 찾아왔더라 [17]아브람이 그돌라오멜과 그와 함께 한 왕들을 쳐부수고 돌아올 때에 소돔 왕이 사웨 골짜기 곧 왕의 골짜기로 나와 그를 영접하였고 [18]살렘 왕 멜기세덱이 떡과 포도주를 가지고 나왔으니 그는 지극히 높으신 하나님의 제사장이었더라 [19]그가 아브람에게 축복하여 이르되 천지의 주재이시요 지극히 높으신 하나님이여 아브람에게 복을 주옵소서 [20]너희 대적을 네 손에 붙이신 지극히 높으신 하나님을 찬송할지로다 하매 아브람이 그 얻은 것에서 십분의 일을 멜기세덱에게 주었더라 [21]소돔 왕이 아브람에게 이르되 사람은 내게 보내고 물품은 네가 가지라 [22]아브람이 소돔 왕에게 이르되 천지의 주재이시요 지극히 높으신 하나님 여호와께 내가 손을 들어 맹세하노니 [23]네 말이 내가 아브람으로 치부하게 하였다 할까 하여 네게 속한 것은 실 한 오라기나 들메끈 한 가닥도 내가 가지지 아니하리라 [24]오직 젊은이들이 먹은 것과 나와 동행한 아넬과 에스골과 마므레의 분깃을 제할지니 그들이 그 분깃을 가질 것이니라(창 14:1-24).

1. 돈을 사랑하는 피조물[1]

리차드 포스터(Richard J. Foster)는 『돈, 섹스, 권력』(*Money Sex & Power*)에서 토마스 아 캠피스(Thomas a Kempis 1379[80]-1471)의 글을 인용하며 인간과 물질의 관계를 설명한다.

> '죽어 없어질 부를 추구하며 그 안에 소망을 두는 것은 허영이다'…오늘날에 있어서 긴급히 필요한 일은 신앙을 가진 사람들이 신실하게 사는 것이다…이것은 인간이 실존하고 있는 모든 영역에 해당하는 일이지만 특별히 돈과…관련하여 더욱 긴요한 일이다. 이 문제[돈]보다 더 심오하거나 더 보편적으로 우리에게 느껴지는 문제는 없다. 이 주제보다 더 불가분리적으로 서로 뒤얽혀 있는 것도 없다. 인간의 현실들 가운데 [돈]만큼 커다란 축복이나 저주를 가져다주는 힘을 가지고 있는 것도 없다…돈의 문제는 우리를 도덕적 선택이라는 투기장으로 거세게 몰아붙인다.[2]

하나님이 창조하신 피조물 가운데, 인간만이 경제 활동을 하고 부를 축적하며 소비 문화를 형성한다. 그리고 인간은 소유의 부족함을 호소하며 죄를 양산한다. 그러므로 월터 브루그만(Walter Brueggemann)은 인간을 '풍요로움의 예배에 빠진 인간'이라 칭하는데, 그것은 인간만이 유일하게 베푸시는 하나님께서 채우신다는 사실에 불응하듯 소유에

---

1 박성환, "프레임 이론(Framing Theology): 십일조에 관한 신앙적 이해 변화", 「성경과 신학」 73 (2015): 102-4, 111-12.
2 Richard J. Foster, *Money Sex & Power*, 김영호 역, 『돈, 섹스, 권력』 (서울: 두란노, 1898), 9.

집착하기 때문이다.[3]

이러한 문제는 세상에만 있는 것이 아니다. 교회도 맘모니즘(Mammonism, 배금주의)으로 인하여 몸살을 앓고 있다. 그리고 교회의 맘모니즘은 이미 세상에 노출되어 버렸다.[4] 결과적으로, 성도의 수적 감소와 헌금의 감소 현상은 한국 교회를 향하여 비관적인 전망을 내놓게 하는 현실적 문제가 되었다.[5] 특히, 작금의 성도가 지닌 십일조에 대한 불만은 마치 한국 교회를 향한 '거룩한 저항 의식'의 표현인양 인식되어 가고 있다.

한국 교회는 한국 사회가 발전하는 1960년대에 호흡을 같이하며 성장했다. 즉 1960년 이후, 국가의 경제력과 함께 한국 교회도 수적인 성장과 경제적 풍요로움을 누리기 시작했다. 그러나 1990년대부터 대형교회의 목회자 세습, 헌금 유용, 부적절한 성 문제 등 한국 교회의 문제점들이 대중매체를 통하여 서서히 세상에 노출되기 시작하였다.[6]

한국 교회는 재정 사용에서도 투명성이 결여되었다. 교단 정치를 위해서 금권선거를 치르기도 한다. 더욱이, 교세 확장을 위하여 건물을 화려하게 짓고 설교는 샤머니즘적이고 기복적인 내용을 전한다.[7] 이러한 한국 교회의 무분별한 재정 사용이 성도들로 하여금 헌금 생활에 인색하게 만들었다.

---

3 Brueggemann, *Deep Memory Exuberant Hope: Contested Truth in A Post-Christian World*, 69-76.
4 조성기, 『십일조는 없다』 (서울: 평단, 2012), 9.
5 송인규, "아름다운 헌금 전통, 그저 사라지게 둘 수는 없다," 「목회와 신학」 9(2014): 81.
6 송인규, "아름다운 헌금 전통, 그저 사라지게 둘 수는 없다," 83-84.
7 이상성, 『추락하는 한국교회』 (수원: 인물과 사상사, 2007), 24-25.

2. 돈이 인생의 울타리?

사람들에게 인생의 울타리는 정말 중요하다. 사람이 무엇으로 인생의 울타리를 삼느냐에 따라 그 사람의 삶이 흔들릴 수도 흔들리지 않을 수 있다. 성경에는 돈을 인생의 울타리로 믿고 살아가다가 엄청난 고난을 경험한 자들이 나온다. 바로 롯과 그의 가족들이다. 롯이 거하던 소돔이라는 울타리는 전쟁으로 인해 무너졌고, 그가 가장 소중하게 여기던 재물은 모두 빼앗긴다. 뿐만 아니라 그의 가족들은 포로로 잡혀갔다(창 14:12).

처음 롯은 하나님의 소명을 받은 아브라함을 동경했다. 그래서 아브라함을 좇아 갈대아 우르를 떠났다. 우여곡절 끝에, 하나님의 은혜로 아브라함과 롯은 어느 정도의 부를 축적한다. 그러나 이번에는 다른 문제가 생겼다. 아브라함의 가정과 롯의 가정이 함께 거하기에는 터전이 협소하게 되었던 것이다(창 13:6). 심지어, 가나안 사람들과 브리스 사람들이 이 지역으로 들어와 정착하기 시작했다(창 13:7). 아브라함은 롯에게 이렇게 제안한다.

> 아브람이 롯에게 이르되 우리는 한 친척이라 나나 너나 내 목자나 네 목자나 서로 다투게 하지 말자 네 앞에 온 땅이 있지 아니하냐 나를 떠나가라 네가 좌하면 나는 우하고 네가 우하면 나는 좌하리라 이에 롯이 눈을 들어 요단 지역을 바라본 즉, 소알까지 온 땅에 물이 넉넉하니 여호와께서 소돔과 고모라를 멸하시기 전이었으므로 여호와의 동산같고 애굽 땅과 같았더라 그러므로 롯이 요단 온 지역을 택하고 동으로 옮기니 그들이 서로 떠난지라(창 13:8-11).

소돔으로 들어간 롯의 가족은 넉넉한 삶을 살았다. 롯은 속으로 아브라함 삼촌이 자신에게 먼저 선택권을 준 것이 얼마나 행운인지 계속 떠올렸을 것이다. 그리고 자신이 선택한 울타리인 소돔이 자신의 인생을 충분히 지켜줄 것이라 확신했다. 그러나 돈을 의지하며 살던 롯의 가족에게 생명을 위협하는 위기가 닥쳐온다.

당시에는 도시국가들 간의 싸움이 빈번했다. 그러므로 약한 도시국가가 강한 도시국가에게 조공을 바치면서 강한 도시국가의 보호를 받는 것은 당연했다. 즉, 크고 작은 도시국가들은 서로 속국과 종주국의 약속 관계를 맺었다. 또한, 도시국가에 정착한 자들은 그 도시국가의 왕에게 십일조를 바침으로써 평안한 삶을 살 수 있었다. 그러나 가나안 지역은 도시국가들이 서로 동맹 관계를 맺어 강력한 국가에 쿠테타를 일으키는 일도 빈번했다.[8] 한 마디로 양육강식의 땅이였던 것이다. 창세기 14:1-2을 보자.

> 시날 왕 아므라벨, 엘라살 왕 아리옥, 엘람 왕 그돌라오멜, 고임 왕 디달, 소돔 왕 베라, 고모라 왕 비르사, 아드마 왕 시납, 스보임 왕 세메벨, 소알 왕 벨라 (창 14:1-2).

이들은 엘람 왕 그돌라오멜[9]을 종주국의 왕으로 인정하고 12년 동안

---

[8] Walter C. Kaiser, *A History of Israel: From the Bronze Age through the Jewish Wars*, 류근상 역, 『이스라엘의 역사』 (서울: 크리스천, 2003), 79.

[9] 올브라이트는 이전에 그돌라오멜을 B.C. 17세기의 엘람 왕 쿠두르 라가마라 (Kudur-Lagamar)와 연결했지만, B.C. 2100-1199년에 통치한 40명의 엘람 왕을 확인한 결과 쿠두르 라가마라는 없었다. 올브라이트는 다시 그돌라오멜을 B.C. 1625-1610년 시기인 엘람의 쿠두르 난쿤디(쿠두르-나후티)와 동일한 인물로 생각한다. 이 사람은 아카드 성읍에 대항한 군사원정대를 무찌른 것으로 유명하며 강력한 군주로 평가받는다. 그 외, 다른 왕들은 역사적으로 정체를 밝히기가 쉽지 않다. Victor

속국으로서 조공을 바쳐 왔다. 그로부터 1년 후 소돔, 고모라, 아드마, 스보임, 소알 땅의 왕들이 연합하여 그돌라오멜에게 반기를 들었다. 그러자 엘람 왕 그돌라오멜은 나머지 속국들을 데리고 이 반역한 도시국가들과 전쟁을 치른다. 소돔은 전쟁에서 비참히 패하고, 롯의 가족은 처참한 신세로 전락해 버린다(창 14:11-12).

3. 하나님을 신뢰하는 아브라함

아브라함은 도망친 롯의 사람에게서 조카 롯의 가족이 처한 위급한 상황을 접하게 된다. 아브라함도 자신이 할 수 있는 한 최선의 노력을 다한다. 아브라함은 자신과 동맹을 맺은 아스골과 아넬에게 도움을 청한다. 그리고 자신의 집에서 훈련된 318명을 데리고 간다. 이 훈련된 병사는 '그의 집에서 태어나 길러진 자들'을 의미한다.

그러나 한 가지 생각해야 할 점이 있다.

아브라함이 훈련된 병사 318명과 2명의 동맹자들과 함께 전쟁을 치른다 해도, 과연 그돌라오멜 연합군을 이길 수 있을까?

그들은 다섯 도시국가가 동맹해도 이기지 못한 군대였다.

창세기 14:15-16을 함께 보자.

> 그와 그의 가신들이 나뉘어 밤에 그들을 쳐부수고 다메섹 왼편 호바까지 쫓아가 모든 빼앗겼던 재물과 자기 롯과 그의 재물과 또 부녀와

P. Hamilton, *The Book of Genesis: Chapter 1-17*, 임요한 역, 『NICOT 창세기 I』 (서울: 부흥과개혁사, 2016), 451-54.

친척을 다 찾아왔더라(창 14:15-16).

과연 어떻게 아브라함의 승리가 가능했을까?
왜 아브라함은 위험을 감수하고 롯과 그의 가족을 구했을까?[10]
소돔뿐 아니라, 다섯 나라의 동맹을 무너뜨린 그돌라오멜의 연합군이다.
아무리 밤에 기습한다고 해도, 아브라함과 두 명의 동맹자들이 어떻게 연합국 군대를 이길 수 있었을까?
여기에는 롯의 가족들, 그리고 아브라함과 그의 사람에게 분명한 교훈을 주시고자 하는 하나님의 의도가 있다. 그것은 바로 하나님만이 참된 울타리임을 가르치기 위함이다. 그리고 자신의 백성을 괴롭히는 자에게 왕이신 하나님이 어떤 재앙을 내리는지도 알 수 있다. 마치 바로와 애굽이 이스라엘을 괴롭혔을 때, 하나님께서 그들에게 재앙을 내리신 것과 유사하다.[11] 하나님의 울타리 안에 있다면, 무너지지 않는다는 확신이 아브라함에게 있었다.
멜기세덱 왕도 아브라함을 축복하면서 아브라함의 하나님께 감사드린다. 그는 아브라함의 승리가 하나님의 도우심에서 왔다고 설명하며 하나님을 찬양한다.

너희 대적을 네 손에 붙이신 지극히 높으신 하나님을 찬송할지로다 (창 14:20).

---

10 아마도, 아브라함은 자신에게 허락하신 하나님의 유업을 이을 후손으로 롯을 생각했을 것이다. 왜냐하면, 그는 자녀가 없었기 때문이다. 특히, 창 15:1부터는 롯에게 실망한 아브라함이 자신의 후손[씨]을 위해 고민하는 이야기가 계속 이어진다.
11 Hamilton, 『NICOT 창세기 I』, 454, 459.

한편, 롯의 가족은 이러한 엄청난 일들을 경험한 후에도, 하나님의 울타리를 의지하지 않는다. 그들은 여전히 소돔의 울타리를 떠나지 못한다. 훗날, 소돔과 고모라가 멸망할 때, 롯의 아내는 소돔 울타리와 소돔에 쌓아놓은 자신의 재물들이 아까워 뒤를 돌아보다가 소금기둥이 되고 말았다. 롯은 소알에 거주하기도 두려워 두 딸과 함께 산에 올라가 굴에 거하였는데, 거기서 롯의 두 딸이 아버지와 동침하여 모압과 암몬을 낳았는데, 그들이 바로 모압과 암몬 자손의 조상들이다(창 19:23-33). 그리고 이 두 자손들은 그들의 조상들과 마찬가지로 하나님의 울타리를 신뢰하지 않았다.

우리도 롯처럼 살아가고 있지 않는가?

눈에 보이는 울타리를 더 신뢰하고 있지 않는가?

물질에 마음을 빼앗기지 않았는가?

우리는 롯의 아내가 보여준 미련한 행동과 그 결과를 보면서 오직 하나님만이 우리의 참된 울타리가 되심을 알아야 한다.

4. 아브라함의 십일조[12]

아브라함은 전쟁에서 승리한 후 돌아오는 도중 사웨 골짜기, 즉 왕의 골짜기에서 살렘 왕 멜기세덱을 만난다. 멜기세덱은 "아비도 없고 어미도 없고, 족보도 없고, 시작한 날도 없고 생명의 끝도 없는"(히 7:3) 왕이며, '예수 그리스도의 모형'으로 불리는 사람이다. 그런데 아브라

---

12 박성환, "프레임 이론(Framing Theology): 십일조에 관한 신앙적 이해 변화", 129-132. 일부를 수정, 보완한다.

함의 승리를 축하하는 그의 축하 파티가 너무 초라해 보인다. 그가 준비한 것은 "떡과 포도주"가 전부이다(창 14:18).

만일 당신이 멜기세덱 왕이라면, 전쟁에서 돌아온 아브라함에게 무엇을 주겠는가?

금은보화, 진수성찬 정도는 되어야 하지 않을까?

멜기세덱은 떡과 포도주로 아브라함을 맞이한다. 그러나 이것은 세상에서 힘겨운 싸움을 하고 돌아온 우리에게 주일 예배에서 성찬을 베푸시는 예수 그리스도의 모습과 너무 유사하다. 아브라함의 모습은 출애굽의 홍해 사건을 통해 영적인 세례를 경험한 이후, 만나와 반석의 물의 성찬을 공급받으며 살아간 이스라엘 백성의 모습과 유사하다.[13]

또한, 멜기세덱은 예수 그리스도처럼 중보자로서, 하나님만 의지하고 살아가는 아브라함을 축복하고 복을 줄 것을 기도한다(창 14:19). 그러자 아브라함은 곧바로 멜기세덱에게 십일조를 바치는데, 이것도 너무나 독특한 행동이다.

아브라함이 멜기세덱에게 굳이 십일조를 바칠 필요가 있을까?

단순히 감사헌금 정도면 되지 않을까?

왜 아브라함은 멜기세덱에게 십일조를 드렸을까?

그리고 십일조는 신약시대에도 계속 지켜야 하는 율법인가?

왜냐하면, 예수님께서 모든 율법을 폐지하셨기 때문이다.

십일조에 대한 세 가지의 상반된 관점이 있다.

---

13 John H. SailHamer, *The Pentateuch as Narrative: A Biblical-Theological Commentary*, 김동진 역, 『서술로서의 모세오경 상권』 (서울: 새순, 1994), 280.

첫째, 십일조를 구약의 율법처럼 의무적인 행위로 이해하는 관점이다.

성도는 하나님께 의무적으로 십일조를 드려야 한다는 주장이다. 왜냐하면, 십일조는 하나님의 것임으로, 그것을 의무적으로 드리지 않는다면 하나님의 소유를 도둑질하는 것이 되기 때문이다. 이러한 주장은 실제로 기복주의와 깊은 연관성을 가지는 경우가 많다. 그들은 말라기 선지자의 가르침을 마치 십일조 신학의 모든 것으로 이해한다.[14]

둘째, 십일조를 율법의 준수나 신앙의 의무가 아니라 하나님의 은혜에 감사하여 자발적으로 드리는 행위로 이해하는 관점이다.

왜냐하면, 예수 그리스도의 십자가 사건을 통해 율법이 성취되었기 때문이다. 게럴드 윌리암슨(Gerald Irvin Williamson)은 예수 그리스도의 구속 사건으로 인한 율법과 복음의 상관관계를 다음과 같이 구체적으로 설명한다.

> 율법은 구약과 신약의 모든 시대를 통틀어 모든 하나님의 백성이 자신들이 정말로 얼마나 죄악된 존재인지를 깨닫게 하기 위해서 주어졌다는 것이다. 그래서 율법은 구약 시대의 하나님의 백성에게 뿐만 아니라 오늘을 사는 우리에게도 동일하게 주어진 것이다. 바울은 '율법으로는 죄를 깨닫게 하기 위해서'라고 말할 때 이것을 과거로 표현하지 않고 현재로 표현하고 있다(롬 3:20)…만일…율법을 먼저 말하게 되면, 우리가 율법으로 구원받을 수 있다는 생각을 갖게 될지도 모른다. 그러나 실제로 우리가 구원을 받게 된 것은 율법이 아닌 그리스도로 말미암은 것이다. 오직 그분만이 우리를 구원하시기 때문에, 그분

---

14 Gunther H. Wittenberg, "The Tithe: An Obligation for Christians? Perspectives from Deuteronomy,"「Journal of Theology for Southern Africa」134(2009): 83.

만이 탁월함을 소유하셔야 한다…예수님이 우리를 구원하신 이후에도 우리는 율법을 잊어버릴 수 없다…위대한 종교개혁가들은 항상 그리스도의 사역을 언급한 후, 율법을 다룬다. 그것은 구원받은 그리스도인들에게 율법이 필요없다고 주장하는 오류를 피하기 위해서다…율법은 구원에 이르도록 하기 위하여 우리를 그리스도께 인도한다. 하지만 우리가 구원을 얻은 자가 되었기 때문에, 그리스도는 다시 우리를 율법으로 인도하신다.[15]

그러나 이런 관점을 주장하는 자들은 예수 그리스도께서 십일조라는 율법제도를 폐지했다고 생각한다. 또한 신약성경에 십일조라는 용어나 설명이 전무함을 내세운다. 또한 신약성경 가운데 마태복음의 유일한 십일조 언급은 예수 그리스도의 십자가 사건 이전이므로, 현 시대에 적용할 수 없다고 말한다.

이 관점을 주장하는 자들은 초창기 한국 교회의 시작과 성장에 있어서 십일조의 역할이 중요했음을 인정한다. 그러나 초창기 선교사와 초기 한국 교회의 목회자들이 십일조를 중요한 교회 수입원으로 생각했기에 십일조가 자발적이 아닌, 율법의 의무같이 되었다고 반론한다.[16]

셋째, 십일조가 성도의 신앙고백과 유사하다는 관점이다.

물론 개혁교회는 십일조를 율법의 의무로 가르치지 않고 개혁교회는 십일조를 구속받은 성도가 감사한 마음을 갖고 하나님께 순종하는 마음으로 드리는 도덕법으로 가르친다. 그러나 율법 폐지론자가 생각할 때, 십일조는 신약성경에서 사라진 제도이다.

---

15 Williamson, 『웨스트민스터 소요리문답강해』, 226.
16 조성기, 『십일조는 없다』, 18-21, 155-192.

왜냐하면 십일조라는 제도가 구약성경에서 선명하게 가르침을 주고 있지만 신약성경에서는 전무하기 때문이다. 그리고 십자가의 사건을 통하여 십일조라는 율법을 폐지되어 모든 것이 하나님의 것이기에 구원받은 자로서 하나님께 드리는 헌금의 개념으로 바뀌었다는 것이다.[17]

한 걸음 나아가, 만일 목회자가 십일조를 율법을 기준으로 설명하지 않고 율법 이전에 하나님께서 성도에게 요구하신 신앙생활이라는 주장은 어떨까?

십일조를 율법 이전에 말씀하신, 구속받은 백성이 하나님께 자발적으로 드리는 행위라 설명할 수만 있다면 율법을 근거로 한 해석적 차원에서 벗어날 수 있다. 이런 점에서 우리가 주목해야 할 성경의 사건은 창세기 14장에 나오는 아브라함과 멜기세덱의 만남 사건이다. 성경에서 십일조에 관한 최초의 언급이다. 아브라함이 멜기세덱에게 십일조를 바친 사건은 율법이 이스라엘 백성에게 주어지기 이전의 사건으로, 예배자 아브라함의 행위는 오늘의 성도가 갖추어야 할 신앙의 자세라 할 수 있다.

과연, 아브라함과 멜기세덱의 이야기가 십일조에 관한 해답을 줄 수 있을까?

아브라함은 조카 롯과 롯의 가족과 롯의 빼앗겼던 재물을 모두 찾아온다. 그리고 돌아오는 길에 살렘 왕 멜기세덱을 만난다. 그리고 멜기세덱은 전쟁에서 승리한 아브라함을 위하여 떡과 포도주를 준다.

---

17 Donald A. Carson, "Are Christians Required to Tithe?" 「Christianity Today」 43(1999): 94.

이 사건에서 멜기세덱은 구속사적 관점에서 예수 그리스도를 예표한다. 그리고 아브라함은 언약 백성의 본보기이며 그의 삶은 오늘의 성도가 본받아야 할 것이다. 또한, 멜기세덱이 아브라함에게 준 떡과 포도주는 성찬을 상징한다. 마지막으로 아브라함이 멜기세덱에게 드리는 십일조는 구원받은 자가 예수 그리스도에게 속한 것에 대해 자발적으로 감사를 표하는 것이라 할 수 있다. 리처드 필립스(Richard D. Phillips)는 이점에 대하여 아래와 같이 설명한다.

> 히브리서에는 아브라함 이야기(창 14장)에 처음 등장하는 멜기세덱이 아홉 번 언급되고 있는데…창세기에서 멜기세덱은 살렘 왕이며 '지극히 높으신 하나님의 제사장'으로 묘사되어 있습니다…멜기세덱의 이름은 천 년 뒤에 시편 110편에 또다시 나타나는데, 거기에는 실제적인 설명이 전혀 붙어 있지 않습니다. 이 시편은 메시아 시로서, 그리스도의 즉위로 시작합니다…시편 110편 이후로 멜기세덱은 성경에 다시는 나타나지 않다가, 히브리서에 와서 제사장 왕으로 또한 자신의 불멸의 생명에 근거하여 섬기는 영원한 제사장으로서 그리스도의 예표 역할을 합니다…여기서의 요점은 명백합니다…그리스도는 하나님 자신의 맹세에 따라 임명되신 것임을 보여줍니다…하나님이 그리스도를 대제사장으로 임명하신 것은 결코 변경되거나 취소될 수 없는 맹세인 것입니다…멜기세덱은 아브라함이 승리하고 돌아왔을 때 아브라함을 만나 축복했습니다…마틴 루터는 그것을 이렇게 보았습니다. '멜기세덱은 아브라함을 온 세상에게 소개하면서 오직 아브라함에게만 아브라함의 집과 가정에만 교회와 하늘나라와 구원과 사죄, 하나님의 복이 있다고 선언하고 있다'…멜기세덱이 아브라함에게 떡과 포도주를 가져왔습니다…이 떡과 포도주의 등장이 성찬을 연상시

킵니다…멜기세덱은 아브라함에게 축복 기도만 한 것이 아니라, 아브라함의 필요를 영적으로 채워 주었습니다…멜기세덱은 은혜 언약의 징표를 가지고 아브라함을 만나러 나온 것은 그것이 바로 그 언약의 성취에 대한 하나님의 보증이었다는 것을 나타냅니다.[18]

존 칼빈(John Calvin)도 자신의 설교에서 필립스와 유사하게 아브라함과 멜기세덱 이야기를 소개하는데, 그의 설교 가운데서 중요한 점 한 가지를 더 발견할 수 있다. 칼빈은 아브라함이 멜기세덱에게 바친 십일조는 율법 이전에 성도가 자발적으로 하나님께 드린 것일 뿐 아니라, 아브라함이 예배 가운데 드린 것이라고 설교한다.

> 아론도 멜기세덱(예수 그리스도)에게 십일조를 드렸다…물론 하나님께서 그의 백성 가운데 제사장 제도를 설립한 후, 시행하셨다…[그러나 멜기세덱이 예수 그리스도를 예표한다면] 십일조는 이미 [율법 이전] 오래 전에 설립되었다. 그리고 아브라함은 자발적으로 하나님께 드렸다…[그리고] 아브라함은 예배 가운데 그의 입으로 하나님의 이름을 불렀으며 [주의 떡과 포도주]를 받았다.[19]

또한, 칼빈은 아브라함을 향한 하나님의 시험, 그리고 그의 삶을 가리켜 성도가 학교에서 배워야 할 훈련이라 표현했다. 즉, 칼빈은 아브라함의 실패는 세상에서 성도의 실패의 본보기이고, 아브라함의 아름

---

18 Richard D. Phillips, *Hebrews*, 전광규 역, 『히브리서』 (서울: 부흥과개혁사, 2010), 390-391.

19 John Calvin, *Sermon on Melchizedek & Abraham: Justification, Faith & Obedience*, (Grand Rapids: Old Paths Publications, 2000), 62, 81.

다운 신앙 자세는 성도가 취해야 할 신앙의 본보기라고 했다.

> 성도에게 아브라함을 향한 하나님의 시험은 학교의 훈련과도 같다. 왜냐하면, 성도가 아브라함이 경험한 유혹을 이겨내야 하며 아브라함처럼 승리도 해야 하기 때문이다.[20]

결국, 칼빈은 설교를 통하여 성도에게 아브라함과 멜기세덱의 사건을 설명함으로써 성도에게 십일조 생활의 당위성을 주장한다. 아브라함이 예배 가운데 십일조를 드리고 하나님의 이름을 불렀을 뿐 아니라, 멜기세덱의 성찬을 통해 성도에게만 허락된 예수 그리스도의 몸과 피를 공급받았다. 그러므로 성도는 아브라함과 같이, 율법 이전 시대부터 하나님께서 요구하신 십일조를 준수하며 예배 가운데 자발적으로 십일조를 드려야 한다.

십일조는 세금과는 목적이 다르다. 당시 고대 도시국가는 마치 세금처럼 국가에 자기 이익의 1/10을 바쳤다. 이것을 가리켜 속전이라 한다. 속전이란 죄를 사하는 값이 아니라, 내가 어디에 속해 있는가를 나타낸다. 그러므로 아브라함이 전쟁에서 승리한 것들의 1/10을 멜기세덱에게 바치는 것은 아브라함이 멜기세덱에 속한 지역의 백성임을 나타낸다. 멜기세덱이 믿고 신뢰하는 하나님을 아브라함도 믿었다. 그래서 십일조 행위는 하위에 있는 자가 상위에 있는 자에게 매여 있다는 것을 의미한다.[21]

그러므로 십일조는 다른 헌금과 구별되어야 한다. 우리가 하나님께

---

20 Calvin, *Sermon on Melchizedek & Abraham: Justification, Faith & Obedience*, XVI.
21 Brueggemann, 『창세기』, 218.

예배드릴 때, 찬양할 수 있다. 봉사할 수 있다. 기도할 수 있다. 그리고 말씀을 들을 수도 있다. 심지어 헌금을 가지고 와서 감사할 수 있다. 그러나 십일조는 성격이 다르다. 십일조는 내가 하나님의 백성임을 드러내는 외형적인 표시이다.

필립스는 아브라함과 멜기세덱 이야기를 더 발전시켜 종말적 사건으로 확대 적용한다.

> 멜기세덱이 가나안 사람들 앞에 아브라함을 축복하기 위해 나아간 데서 우리에 대한 그리스도의 놀라운 사역의 놀라운 예표를 볼 수 있습니다. 우리의 싸움이 끝나면, 부활하신 그리스도는 이 세상이 보는 앞에서 우리를 축복하실 것입니다. 참으로 주의 만찬의 성례 때에 지금도 주님의 하늘 보좌에서 우리에게 복을 선포하십니다. 아브라함처럼 우리도 세상에서 멸시를 당합니다. 우리가 누리는 복을 보이지 않으면, 아무도 우리가 하나님의 약속을 갖고 있다는 것을 알지 못합니다. 그러나 그리스도는 우리를 하나님의 소유로 인정하고 계시며, 따라서 모든 눈이 그 사실을 깨닫게 될 날이 올 것입니다.[22]

오늘날 한국 교회가 십일조 신학을 율법 이전의 사건으로 확인할 수 있다면, 십일조야말로 성도가 구원받은 자로서 자발적으로 하나님께 드리는 신앙고백이 될 것이다.

요즘에 헌금 문제로 세상이 시끄럽다.

헌금을 드려야 되느냐, 말아야 되느냐?

신약성경에 십일조가 있느냐 없느냐?

---

22 Phillips, 『히브리서』, 394.

그러나 헌금 가지고 논하는 자들 대부분이 헌금이 아까워서, 그리고 십일조를 구별해서 하나님께 드리는 것이 부담되어서 그러는 것이 아닐까?

하나님께 드리는 것이 문제가 아니다. 헌금을 규모 있게 사용하지 못하는 사람들이 문제이다. 헌금이나 십일조의 정신에는 아무런 문제가 없다.

5. 우리는 어떻게 살아야 할까?

개혁교회의 물질관은 물질을 하나님이 주신 선물, 즉 인간의 생계와 즐거움을 위해 하나님이 허락하신 것으로뿐 아니라, 다른 사람을 돕는 수단으로 이해한다. 그러므로 물질 그 자체가 악한 것이 아니라, 물질에 대한 인간의 태도가 악하다. 다시 말해, 물질을 사랑하는 탐심의 태도가 악을 창출한다. 왜냐하면, 욕심이 잉태한즉 죄를 낳고 죄가 장성한즉 사망을 낳기 때문이다. 칼빈은 물질이 문제가 아니라, 물질을 사용하는 사람이 문제임을 다음과 같이 적절하게 지적한다.

> 우리가 살아가려면 사는 데 필요한 보조 수단들도[재물] 이용하지 않을 수 없다. 또한, 필요하다기보다 즐거움을 주는 듯한 것들도 피할 수 없다. 그러므로 우리는 필요나 즐거움을 위한 것이든지 그것을 깨끗한 양심으로 이용할 수 있기 위해서는 일정한 방침을 지켜야 한다…현세 생활은 주의 백성들이 하늘나라로 가려고 서두르고 있는 나그네의 생활이다. 만일 우리가 이 세상을 단순히 지나갈 뿐이라면, 현세의 좋고 유익한 사물[물질]을 이용하더라도, 그것이 우리의 갈 길

을 방해하지 않고 오히려 돕는 범위 내에서 사용해야 한다는 것은 의심할 여지가 없다…물질 사용에 있어서 육의 무절제를 변명하며, 방종한 쾌락 생활의 길을 준비하려는 사람들이 지금도 많다. 그들은 내가 도저히 인정할 수 없는 것을 당연한 일같이 생각한다. 이 자유에는 아무런 제한이나 구속을 가할 것이 아니라, 각자의 양심에 일임하여 자기에게 합당하다고 여겨지는 대로 그것을 사용하도록 해야 한다.[23]

그러므로 인생의 울타리에 대한 생각의 변화가 필요하다. 우리는 인생의 울타리가 오직 하나님이란 사실을 인식해야 한다. 롯과 달리, 하나님을 인생의 울타리로 삼은 아브라함은 생각 자체가 달랐다. 아브라함은 하나님과 함께 서 있는 곳이 바로 천국이고 복된 땅임을 알고 있었다. 하나님만이 인생의 참된 울타리임을 분명히 인식하고 있다. 그리고 모든 것이 하나님에게서 오는 것임을 인정해야 한다.

또한 우리는 인생을 교만하게 살지 말아야 한다. 아브라함은 하나님께 십일조를 드린 후, 전리품을 일절 취하지 않았다. 소돔 왕이 이렇게 아브라함에게 말한다.

> 소돔 왕이 아브람에게 이르되 사람은 내게 보내고 물품은 네가 가지라(창 14:21).

그때, 아브라함은 이렇게 말한다. '내가 전쟁의 전리품들을 가져가면 하나님께서 하신 모든 일에 누가 될 것이다. 내가 한 것은 하나도

---

23 John Calvin, *Institues of the Christian Religion Vol. III*, 김종흡 · 신복윤 · 이종성 · 한철하 역, 『기독교강요 중』 (서울: 생명의말씀사), 238-239.

없고, 오직 하나님께서 모든 것을 이루셨다'(창 14:20-24). 이 말을 한 뒤, 아브라함은 소돔 왕에게 318명의 젊은이에게 먹을 것을 주고 자신과 동맹한 아넬과 에스골에게는 지분을 줄 것을 요구한다.

아브라함은 전쟁의 승리가 자기로 말미암지 않고 하나님의 선물임을 고백한다. 그래서 그는 전쟁으로 얻은 것들에 손을 대지 않는다. 하나님의 울타리에서 보호받고 승리했으니, 하나님께 영광을 돌리는 것이 당연하기 때문이다. 끝으로 바울의 고백을 생각하면서 십일조 정신을 기억하기를 바란다.

> 만물이 주에게서 나오고 주로 말미암아 주에게로 돌아감이라 그에게 영광이 세세에 있을지어다 아멘(롬 11:36).

제14장

교회 소식

⁵또 너희는 기도할 때에 외식하는 자와 같이 하지 말라 그들은 사람에게 보이려고 회당과 큰 거리 어귀에 서서 기도하기를 좋아하느니라 내가 진실로 너희에게 이르노니 그들은 자기 상을 이미 받았느니라 ⁶너는 기도할 때에 네 골방에 들어가 문을 닫고 은밀한 중에 계신 네 아버지께 기도하라 은밀한 중에 보시는 네 아버지께서 갚으시리라 ⁷또 기도할 때에 이방인과 같이 중언부언하지 말라 그들은 말을 많이 하여야 들으실 줄 생각하느니라 ⁸그러므로 그들을 본받지 말라 구하기 전에 너희에게 있어야 할 것을 하나님 너희 아버지께서 아시느니라 ⁹그러므로 너희는 이렇게 기도하라 하늘에 계신 우리 아버지여 이름이 거룩히 여김을 받으시오며 ¹⁰나라가 임하시오며 뜻이 하늘에서 이루어진 것 같이 땅에서도 이루어지이다 ¹¹오늘 우리에게 일용할 양식을 주시옵고 ¹²우리가 우리에게 죄 지은 자를 사하여 준 것 같이 우리 죄를 사하여 주시옵고 ¹³우리를 시험에 들게 하지 마시옵고 다만 악에서 구하시옵소서 나라와 권세와 영광이 아버지께 영원히 있사옵나이다 아멘 (마 6:5-13).

1. 임계점

서양 속담에 '마지막 지푸라기가 낙타의 등을 부러뜨린다'(The last straw that breaks the camel's back)라는 말이 있다.

한 사람이 사막을 건너기 위해 낙타 등에 많은 짐을 실었다. 그런데 지푸라기가 한 뭉치가 눈에 보여, 대수롭지 않게 그것을 낙타의 등에 올렸다. 그러자 그만, 낙타가 주저앉아 버렸다는 것이다.

이 속담이 담고 있는 의미는 무엇일까?

바로, 임계점의 중요성이다.[1] 임계점(critical point, 臨界點)이란 개인 혹은 공동체의 한계 능력을 말한다. 그리고 한계 능력 밖의 일을 감당하고자 할 때, 큰 사고가 일어난다. 임계점의 중요성이 가장 잘 나타나는 스포츠가 있다. 바로, 역도 경기다. 역도 선수는 자신의 능력이 허락하는 데까지만 역기를 들어올릴 수 있다. 그러나 역도 선수가 자신의 능력 이상의 무게를 들어올리려는 욕심을 부릴 때 부상의 위험이 따른다.

인생을 살다 보면, 누구나 한계에 부딪힌다. 그리고 사람은 이 한계를 극복하면 한 단계 성장할 수 있다고 판단한다.

그러나 누군가 계속해서 우리에게 감당치 못할 능력을 요구하면 어떨까?

---

[1] http://blog.naver.com/PostView.nhn?blogId=bruceltk&logNo=220881349929.

2. 주기도문: 능력 밖의 일을 위한 공동체적 기도

만일, 예수님께서 우리에게 능력 밖의 일을 위해 기도하고 능력 밖의 행동을 요구하시면 당신은 어떻게 할 것인가?

그것도 예수님께서 지속적으로 우리에게 능력 밖의 일을 감당하길 원하시면 우리의 마음이 어떨까?

이런 점에서, 주기도문을 공동체적 기도라는 관점에서 간략히 살펴보고자 한다. 아울러, 공동체적 기도인 주기도문을 공적 예배의 한 순서인 교회 소식의 의미로 확대해서 설명할 것이다.

1) 잘못된 기도를 본받지 말라

예수님께서 친히 기도를 가르치기 전에, 세상에서 널리 통용되는 두 가지의 잘못된 기도 방법을 소개하신다. 이 기도 방법들은 공통점이 있다. '신'을 향해 기도하지만, 그 기도의 중심에는 '믿음의 대상'인 신이 아닌, 기도자인 '자신'이 자리잡고 있다는 것이다. 그러므로 예수님은 '외식하는 기도'와 '중언부언하는 기도'를 경계하라고 가르치신다.

(1) 외식하는 기도 (마 6:5)

유대인은 일반적으로 회당에서 드리는 공적 예배 때, 서서 기도했다.[2] 그리고 예배 중의 기도는 앞에서 집회를 인도하는 사람이 주관했다. 그러므로 회당에 모인 사람들 가운데 기도를 부탁받은 것은 그 사

---

2 Poole, 『매튜 풀 청교도 성경주석: 마태복음』, 116.

람에게 영예로움 그 자체였다고 할 수 있다.[3] 또한, 유대인은 큰 어귀에 서서 개인적인 공중 기도를 드렸다. 아마도 큰 어귀에서의 기도는 유대인들의 기도 관습에 따라 매일 세 번 드리는 개인 기도로 드려진 듯하다. 이것은 세 차례의 기도 중 오후 3시에 드리는 오후 기도의 상황을 묘사한 것 같다. 왜냐하면, 유대인들은 오후 기도 시간에 가장 많이 모이는데, 그 시간에 유독 큰 소리와 행동을 동반하며 기도하는 사람들이 많았기 때문이다.[4]

예수님이 단순히 유대인들의 기도 관습, 즉 회당의 공적 기도와 길가의 개인적인 공중 기도를 금하신 것이 아니다. 예수님은 기도가 신앙을 과시하는 데 이용되는 것을 방지하고 싶으셨다. 그러므로 예수님은 이런 기도 모습을 가리켜, '외식하는 기도'라 말씀하셨다. 외식하는 기도는 기도의 의미와 내용을 중요하게 생각하지 않는다. 다른 사람이 기도하는 자신을 어떻게 바라보고 있는지를 중요하게 인식할 뿐이다.

(2) 중언부언하는 기도(마 6:6)

이방인은 자신이 믿는 신께 떼를 쓰는 것처럼, 오랜 시간 똑같은 기도 내용을 끊임없이 반복하는 경우가 많았다. 그들은 기도하는 자가 쉼 없이 반복적으로 말을 내뱉어 신을 지치게 하면 신이 너무 피곤하고 귀찮아서 기도에 응답할 것이라 믿었다. 다시 말해, 반복적이고 마술적인 주문과 같은 기도를 통해 신을 조종하려는 것이 중언부언하는 기도다.[5]

땀방울이 핏방울이 되기까지 기도하신 예수님이 열정적인 기도를

---

3 France, 『틴데일 신약주석 1: 마태복음』, 215.
4 양용의, 『하나님 나라 어떻게 이해할 것인가?』, 120.
5 Hagner, 『WBC 성경주석: 마태복음 상』, 288.

부정하신 것이 아니다. 다만, 예수님은 중언부언하는 기도의 목적이 자신의 유익을 쟁취하는 데 있다는 사실을 강조하신 것이다.

(3) 잘못된 기도를 본받지 말라

예수님은 제자들을 위하여 '외식하는 기도'와 '중언부언하는 기도'의 문제점을 다음과 같이 지적하신다.

> 기도할 때 너희는 연기하는 자처럼 하지 말라, 그렇게 기도하면 자신만 과시될 뿐이다.[6]

성육신하신 예수님은 공생애 동안에 기도를 가르치시고, 친히 기도 생활의 모범을 보여주셨다. 예수님은 인생이 하나님의 손에 달려 있다는 사실을 제자들에게 알려 주고 싶으셨다. 참된 기도는 인간이 만물의 주인이시며 인생을 통치하시는 하나님께 의존하는 존재라는 사실을 깨달을 때 비로서 시작되는 것이다.

2) 이렇게 기도하라

기도는 하나님과 친밀한 관계를 형성하고 있다는 증거다. 또한, 기도는 자기 생각을 절대화하지 않고, 자기가 하나님께 온전히 종속되었음을 나타낸다. 기도는 언제나 '하나님의 나라'를 먼저 생각하는 삶을 형성해 나간다.[7]

---

6 Nicholas Thomas Wright, *Matthew for Everyone 1*, 양혜원 역, 『모든 사람을 위한 마태복음 I부: 1-15장』 (서울: IVP, 2010), 91.
7 조병수, 『주기도문 해설: 하늘과 땅을 엮는 사람들』 (서울: 하나, 1998), 14-15.

그러므로 예수님은 제자들에게 기도를 가르쳐 주신다.

> 너희는 이렇게 기도하라(마 6:9a).

(1) 능력 밖의 일들(마 6:9b-10)

예수님께서 가르쳐주신 기도 내용의 전반부는 제자들의 능력 밖의 일들을 위한 기도이다. 바로, 예수님은 하나님의 거룩, 통치, 계획이 이루어질 수 있도록 기도하며 이 일들을 위해 감내하라고 요구하신다.

그렇다면, 하나님의 거룩성, 통치성, 계획성을 위한 기도는 어떤 의미를 담고 있을까?[8]

첫째 기도: 거룩성	하나님의 이름이 거룩히 여김을 받으시오며	하나님은 구별된 분으로 세상에서 거룩하신 분으로 알려지고, 인정되고, 찬양과 존귀로 영광을 받으시며 존경받으시기를
둘째 기도: 통치성	하나님의 나라가 임하시오며	하나님께서 만물의 주관자로서 다스리시고, 자신의 자녀를 구속하시고 돌보시며, 어제, 오늘, 미래에도 한결같이 통치하시며
셋째 기도: 계획성	하나님의 뜻이 하늘에서 이루어…땅에서도	창세 전에 세우신 하나님의 계획이 점차 이뤄지기를, 그리고 타락한 세상이 하나님의 계획에 반대할지라도 온전히 하나님을 따르도록

하나님의 이름이 거룩하게 불리도록, 하나님께서 이 땅을 다스리시도록, 하나님께서 계획하신 일들이 반드시 실현되도록 드리는 기도의 내용은 굉장히 웅장하다. 그리고 예수님은 우리에게 너무나 멋진 내용들을 기도하고 삶으로 살아내라고 요구하신다.

---

8 James I. Packer, *I Want to Be a Christian*, 권달천 역, 『J. I. 팩커의 신앙 강좌 3: 주기도문』 (서울: 생명의말씀사, 1981), 33-51.

그러나 예수님께서 요구하시는 세 가지 웅장한 기도 내용을 소리 내어 기도해 보라! 그리고 웅장한 기도를 요구받는 제자들의 심정을 생각해 보라.

예수님께서 지금 우리에게 이런 기도를 요구하신다면 어떨까?

이 기도는 굉장히 부담스러운 내용을 담고 있다. 왜냐하면, 하나님만이 홀로 이 기도의 내용을 이 땅에 실현시킬 수 있는 분인데도 불구하고 신자들을 통하여 이 기도 내용이 성취되길 원하시기 때문이다.

실제로, 예수님은 위의 엄청난 기도를 제자들에게 요구하시면서 "이루어지이다"(마 6:10)라고 끝맺으신다. 여기에서 "이루어지이다"는 '발생하다'라는 의미를 갖고 있다. 쉽게 말해서 예수님은 '하나님의 거룩성, 통치성, 계획성을 너희(제자들)를 통해 이룰 것이니, 너희는 이것들을 사모하고 기도하며, 이것들을 수행할 수 있는 능력을 달라고 요구하라'고 당부하신다.

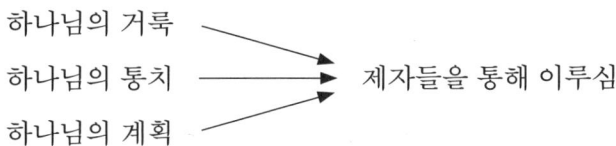

또한, 예수님은 하나님을 아버지로 부를 것을 제자들에게 요구하신다. 즉, 예수님께서 기도의 대상이며 목적이신 하나님을 아버지로 가르치신다. 그렇다면, 하나님 아버지가 자녀들인 제자들을 통해 자신의 거룩성, 통치성, 계획성을 드러내고자 하시는 것인데, 이것 역시 부담스러울 수밖에 없다.[9]

심지어, 이 기도의 내용은 우리 능력 밖의 일이지 않은가?

9　Packer, 『J. I. 팩커의 신앙 강좌 3: 주기도문』, 48-49.

우리는 죄인이다. 우리는 무능력하다. 우리 삶의 꼬락서니를 보니, 우리는 도저히 하나님의 거룩, 통치, 계획을 담을 그릇이 되지 못한다.

(2) 능력 밖의 일을 수행하는 데 필요한 것들

그러나 예수님은 하나님 아버지의 거룩하심, 다스리심, 계획하심을 드러내는 유일한 방법이 제자들, 즉 믿는 자들인 우리라고 말씀하신다. 다시 말해, 신자라면 이 능력 밖의 일을 거절하거나 회피할 수 없다. 그래서 예수님은 우리 능력 밖의 일들인 하나님의 거룩성, 통치성, 계획성을 믿는 자들을 통해 이루시기 위해, 그들이 필요한 것들을 기도하면 응답해 줄 것이라 말씀하신다.

그렇다면, 하나님의 거룩, 통치, 계획을 수행하기 위해 어떤 것들을 기도해야 할까?

또한, 기도 내용의 의미는 무엇일까?

셋째 기도: 일용할 양식	일용할 양식을 주시옵고	"일용한 양식"이란 우리 삶에 필요한 모든 것들을 의미한다. 집, 직장, 건강, 자동차 같은 것을 의미한다. 어떤 사람은 이런 기도는 너무 세속적이고 천박하다고 생각한다. 그렇지 않다. 반드시 기도해야 한다. 왜냐하면, 우리 삶의 형편이 다른 사람들에게 하나님의 이미지를 만들기 때문이다.
넷째 기도: 용서	죄지은 자를…우리 죄를…주옵시고	날마다 저지른 죄를 고백하고, 죄 사함에 감사함으로 다른 사람을 용서할 수 있도록 기도해야 한다. 은혜를 받아 본 사람만이 다른 사람에게 동일한 은혜를 베풀 수 있다. 반대로 용서를 받아본 적이 없는 사람은 다른 사람을 절대로 용서하지 못한다. 그러나 만일, 용서함을 받았는데도 불구하고 다른 사람을 용서하지 못한다면, 그는 하나님의 징계를 피할 수 없다.

다섯째 기도: 지혜	시험에 들게 하지… 다만 악에서…	시험에 빠지면 악한 자와 함께 악한 일을 저지른다. 시험은 마귀의 올무, 덫을 의미한다. 마귀는 악한 일과 악한 자를 선한 것으로 위장하여 우리에게 다가온다. 그러므로 우리에게는 시험과 악인을 분별할 수 있는 지혜가 필요하다.

사실상, 하나님의 거룩, 통치, 계획이 이 땅에서 이루어지기 위해서는 일용할 양식, 용서할 수 있는 마음, 시험과 악인을 분별할 수 있는 지혜가 반드시 필요하다. 또한, 세 가지는 현재를 살아내는 신자들에게 현실적으로 꼭 필요한 것들이다.[10]

그러나 이 세 가지는 사람의 능력으로는 이 세 가지를 만들어 낼 수 없다. 오직 하나님께서 긍휼과 은혜를 베푸실 때만 얻을 수 있는 것들이다. 그러므로 우리는 이 세 가지를 반드시 하나님께 구해야 한다. 하지만 한 가지 명심해야 할 것이 있다. 바로, 하나님을 위한 기도는 하나님을 위한 일이기에 하나님이 반드시 응답하신다는 사실이다. 그러나 앞에서 말씀드린 잘못된 기도인 '외식하는 기도'와 '중언부언하는 기도'는 하나님을 위한 기도가 아니기에 응답될 수 없다. 그러므로 우리는 필요한 것들을 구하는 기도가 자신을 위한 것인지, 아니면 하나님을 위한 것인지 점검해야 한다.

3. 교회 소식: 능력 밖의 일들을 감당하는 데 필요한 것들을 구하는 이타적이며 공동체적인 기도

주기도문은 개인 기도가 아니라, 공동체 기도라는 특징을 갖는다.

10　정창균, 『신자의 간구』 (수원: 설교자하우스, 2016), 108-9.

마태복음 6:9-13의 기도는 '우리'라는 '공동체'에 초점이 맞춰져 있다. 이렇게, 주기도문은 '우리'에 관심을 둔 기도이기에 이기적이지 않고, 이타적인 기도라 할 수 있다.[11] 그러므로 주기도문의 성격을 종합해 보면, 주기도문은 '능력 밖의 일들을 감당하는 데 필요한 것들을 구하는 이타적이며 공동체적인 기도'라 정의할 수 있다.

> 정말, 신자들의 기도는 공동체적이다. 그렇지 않다면, 그 기도는 진정 기도라고 할 수 없다.[12]

그렇다면, 주기도문의 가르침과 유사한 예배 순서는 무엇이 있을까?

바로, 교회 소식이다. 일반적으로 많은 이들이 교회 소식을 단순히 교회 광고로 인식한다. 다시 말해, 대부분은 교회 행사나 신자의 결혼, 탄생, 장례 등의 정보를 알려주는 시간으로 생각한다. 그러나 교회 소식은 단순히 교회의 일에 관한 정보를 광고하는 시간이 아니다. 예배 중 교회 소식이 전달되는 내용을 살펴보자.

교회 소식은 크게 두 가지로 나뉜다.

첫째, 교회 공동체의 공적인 일들이다.

이 교회 공동체의 공적인 일들은 하나님의 거룩, 통치, 계획에 관한 일들이다. 교회 소식은 이 일들을 수행하기 위하여 재정(일용할 양식), 용서, 지혜가 필요하다고 교회 공동체에 알려준다.

둘째, 교회 공동체를 이루는 개인들의 일들이다.

---

11 정창균, 『신자의 간구』, 46-49.
12 Theodore Jennings, *Life as Worship: Prayer and Praise in Jesus' Name* (Grand Rapids: Eerdmans, 1982), 37.

교회 소식은 한 개인의 대소사에도 재정, 용서, 지혜가 필요하다고 교인들에게 당부하는 것이다. 그래서 공적인 일이든 지체의 일이든, 교회 소식의 모든 내용은 이타적이며 공동체적인 기도 제목이다. 왜냐하면, 교회 공동체는 예수 그리스도를 머리로 둔 지체들의 모임이기 때문이다.

또한 교회 소식은 대부분 교회 공동체가 감당할 수 없는 내용이다. 다시 말해, 우리 능력 밖의 일들을 열거해 놓은 것이 교회 소식이다. 그러므로 교회 공동체는 예수님의 가르침처럼, 능력 밖의 일들을 감당하는 데 필요한 것들을 구하는 이타적이며 공동체적인 기도를 할 수밖에 없다. 왜냐하면, 하나님의 전적인 은혜가 필요하기 때문이다.

이런 점에서, 예전 청교도 시대에 신자들은 예배 순서 가운데 교회 소식 순서가 다가오면 기도할 준비를 했다고 한다. 이들은 교회 소식 시간을 교회의 여러 정보를 알려주는 광고 시간이 아닌, 성도의 '기도 교제' 시간으로 생각했기 때문이다. 그리고 목사가 설교단 위에서 하나씩 교회 소식을 알려주면, 신자들은 합심해서 이타적이며 공동체적인 기도의 시간을 가졌다. 왜냐하면 교회 공동체 혹은 교회 공동체의 지체가 세상에서 걷는 길이 마치 지뢰밭을 걷는 것과 같기 때문이다.

그러므로 주께서 가르쳐 주신 것처럼, 신자들은 하나님의 거룩, 통치, 계획이 교회 공동체와 각 지체를 통해 드러나며 그들을 향한 하나님의 돌보심이 각별하도록 서로 기도할 수밖에 없다.[13]

신자들은 예수님이 가르쳐 주신 기도인 주기도문이 왜 주일 예배 순서가 없는지, 궁금해하지도 않는다. 또는 신자들은 주기도문을 주일 오전에 드리는 공적 예배를 제외한 모든 예배의 마지막 순서로

---

13 Packer, 『J. I. 패커의 신앙 강좌 3: 주기도문』, 69.

알고 있다.

　우리가 드리는 예배 순서에는 주기도문이 없을 수도 있지만, 대표(목회)기도, 참회 기도, 조명 기도, 그리고 교회 소식은 모두 주기도문의 가르침을 담고 있다. 특히, 교회 소식은 주기도문의 가르침을 가장 잘 반영하는 이타적이며 공동체적인 기도 제목이라 할 수 있다.

제15장

축 도

¹¹마지막으로 말하노니 형제들아 기뻐하라 온전하게 되며 위로를 받으며 마음을 같이하며 평안할지어다 또 사랑과 평강의 하나님이 너희와 함께 계시리라 거룩하게 입맞춤으로 서로 문안하라 ¹²모든 성도가 너희에게 문안하느니라 ¹³주 예수 그리스도의 은혜와 하나님의 사랑과 성령의 교통하심이 너희 무리와 함께 있을지어다(고후 13:11-13).

1. 철저한 의존

리차드 포스터(Richard J. Foster)는 『심플 라이프』(*Freedom of Simplicity*)에서 하나님을 신뢰하는 '철저한 의존'을 강조한다.

> 출발점은 창조 기사다. 무대 중앙에 말씀하시는 하나님이 계신다. 그 말씀에 한순간 온 우주가 생겨난다. 창조 사역의 정점은 인간이다. 그분은 인간을 남자와 여자로 지으셨다. 이 감격스런 기사의 핵심 교훈은 온 피조물이 하나님께 철저히 의존했다는 점이다. 우리가 단순성을 이해하는 데 필요한 중심 개념도 바로 이 철저한 의존이다. 우리는 독립적 존재가 아니며 자립 능력이 없다. 우리의 존재와 소유는 모두 하나님께로부터 받은 것이다…우리는 우리 영혼의 대장도 아니고 우리 운명의 주인도 아니다. 우리는 창조 질서의 일부이며 따라서 전적으로 의존적인 존재다. 우리에게 필요한 것은 오만한 획득이 아닌 겸허한 신뢰의 자세다…타락의 끔찍한 실체는 인간이 하나님에 대한 의존성을 거부했다는 것이다. 아담과 하와는 하나님이 금하신 것을 취했다. 사실상 우리 힘으로 먹고 살겠다라는 말과 같았다…독립은 언제나 값비싼 대가를 치르고 찾아온다. 하나님의 은혜의 공급을 거부하는 경우에 특히 그렇다. 단순성이란 의존의 자세로 돌아가는 것을 의미한다.[1]

자칫, 신자(信子)라는 한자에서 '믿을 신(信)'을 사람 간의 오고 간 말

---

1 Richard J. Foster, *Freedom of Simplicity*, 윤종석 역, 『심플 라이프』(서울: 규장, 2003), 30-32.

을 신뢰한다는 의미로 오해할 수 있다. 그러나 '신'(信)의 의미를 주의 깊게 살펴보면, '말씀 언(言)'자는 축문(口)을 하늘에 전하는 모습을 표현한 글자다. 다시 말해, 제사(예배) 혹은 기도를 통해 하늘의 말씀을 받아 내리는 신탁을 상형한 것이다. 또한, 신께 기도나 제사(예배)를 드릴 때에, 인간과 신의 교량 역할을 담당하는 자를 '사람 인(人)'으로 표현했다. 즉, 신탁을 책임지는 사람을 '사람 인(人)'로 가리킨 것이다. 그러므로 '신'(信)은 신만 전적으로 신뢰하고 의존한다는 의미이기에, 신자는 '철저히 하나님만 의존하는 사람'을 의미한다.[2]

정말, 당신은 하나님께 철저히 의존한다는 사실을 삶 가운데 고백하고 있는가?

또한, 당신이 철저히 하나님을 의존하는 인생이라는 것을 세상에 어떻게 보여주고 있는가?

당신이 신자로서 하나님을 의존하는 삶을 살고 있다는 사실을 부각하는 방법은 바로 예배일 것이다. 왜냐하면, 예배는 '하나님을 향한 의존성'이 전제되지 않으면, 성립될 수 없는 의례이기 때문이다. 그리고 예배 순서 중에 '하나님을 향한 신자의 철저한 의존성'을 선명하게 드러내는 것이 축도(Benediction)다. 축도는 언약의 주체이신 하나님께서 자신의 백성들에게 은혜와 자비와 평강을 주시겠다는 확고부동한 약속의 선포이고,[3] 신자가 그 약속을 믿고 세상에 나아가 하나님만 철저히 의존하는 삶을 살겠다고 결단하는 예배 순서이다.

축도의 중요성을 알기 전에, 고린도후서에 묘사된 고린도 교회의 문제점과 바울의 호소를 살펴볼 것이다. 그리고 왜 바울이 축도로 편지

---

2 http://skyteacafe.tistory.com/84.
3 De Jong, 『개혁주의 예배』, 98.

를 마무리하는지를 살펴보면서, 왜 예배를 축도로 마무리하는지를 예배학적 측면에서 설명할 것이다.

2. 고린도 교회

사도 바울은 제2차 전도여행 때 처음으로 고린도에 방문했다. 그는 장막업자인 브리스길라와 아굴라와 함께 1년 6개월 동안 그곳에 머물면서 교회를 세웠다. 그러나 그들은 유대인들의 송사로 인하여(행 18:12), 겐그레아를 지나 에베소로 가게 되었다(행 18:18).

사도 바울이 떠난 후, 얼마 되지 않아 고린도 교회 내에 신앙적인 문제들이 일어났다. 바울은 고린도 교회에서 일어난 신앙적 현안들인 '분쟁 사건, 음행 사건, 소송 사건, 결혼 문제, 우상 제물을 먹는 문제, 은사 문제, 부활 의심' 등을 해결하고자 고린도전서를 통해 적절한 답변을 보냈다.

1) 고린도 교회의 참상

그로부터 1년 후, 고린도 교회에는 다시 새로운 신앙적인 문제들이 발생했다. 그러자 바울은 고린도 교회에서 일어난 현안들을 해결하고자 편지를 보낸다(고린도후서).

도대체 1년 동안 고린도 교회에는 어떤 문제들이 일어난 것일까?
첫째, 교회 공동체에서 바울의 정체성 논란이 계속되었다.
고린도 교회는 끊임없이 바울의 리더십에 대해 문제를 제기한다. 고린도전·후서를 세심히 읽어보면 바울과 고린도 교회 신자들 간의 첨

예한 긴장 관계가 있다는 사실을 알 수 있다.[4] 거기에, 바울은 지금 개인적인 연약함, 즉 '육체의 가시'와 싸우는 중이다. 심지어, 고린도 교회에 거짓 교사들이 침투해 들어와 바울의 사역과 권위에 도전하고 있다.

둘째, 교회 공동체가 보여준 윤리적 부재 문제다.

고린도 교회의 윤리적 부재가 노출되므로 바울 자신의 지도력에 관한 반대가 거세졌다. 그래서 고린도 교회의 윤리적 부재와 함께 사도 바울에 대한 흠집 내기가 끊임없이 일어났던 것 같다.[5]

셋째, 교회 공동체가 겪고 있는 고난이다.

고린도 교회에 핍박이 계속되면서 성도들은 천국에 대한 간절한 소망을 상실하고 있었다.

넷째, 고린도 교회는 한 몸 된 사랑을 잊어버렸다.

교회 공동체는 하나님을 사랑하는 자들의 모임일 뿐만 아니라 이웃을 헌신적으로 섬기는 모임이다. 그러므로 교회는 헌금으로 하나님 사랑과 이웃 사랑을 실천하는 관용을 보여야 한다. 그러나 고린도 교회는 나눔의 정신을 망각했다. 정확히 말하면, 이전에 고린도 교회는 나눔을 실천하겠다고 바울과 약속했었다. 그러나 그들은 지속적인 고난, 지도자와 지체 간의 갈등으로 인하여, 사랑의 나눔에 인색해졌다.

2) 바울이 제시하는 해결 방법

바울은 고린도 교회의 참상에 대한 깊은 신학적 성찰 후에 고린도후

---

[4] 조병수, 『고린도후서 해설: 가난하나 부요케』 (서울: 여수룬, 1995), 20-21.
[5] Bruce B. Barton 외 3인. Life Application Bible Commentary: 2 Corinthians. 김진선 역. 『LAB 주석시리즈: 고린도후서』. (서울: 한국성서유니온선교회, 2001), 21.

서를 썼다. 그러면서 편지의 마지막 부분에 고린도 교회의 회복을 위하여 먼저 '고린도 교회 공동체의 정체성'을 드러낸 후, 고린도 교회의 구성원들이 '어떻게 해야 하나님께 영광을 돌리며, 서로 사랑할 수 있는지'를 가르쳐 준다(고후 13:11-13).

(1) 고린도 교회의 정체성

바울은 고린도 교회 교인들을 가리켜 "형제들아"(고후 13:11)라고 부른다. 여기서 '형제들'이란 어휘는 '한 자궁에서 나온'(from the same womb)의 의미로서, 일반적으로 혈육적인 일체감을 지닌 가족 관계를 말한다.[6] 바울은 이 용어를 빌려, 예수 그리스도의 십자가 은혜를 체험한 자들이 연합하여 영적인 가족이 된 교회 공동체를 가리킨다.

그러므로 바울은 고린도 교회에 속한 자들을 형제라 부르면서, 고린도 교회 교인들이 범죄한 자들까지도 형제애로 품을 뿐 아니라, 목회자와 성도 간의 갈등, 성도들 간의 갈등 등을 해결할 것을 촉구한다(고후 13:5-10).

(2) 바울의 간곡한 호소

바울이 고린도 교회 성도들 모두를 '한 자궁에서 나온' 자들로 비유하는 것은 매우 적절하다. 왜냐하면, 하나님 아버지께서 교회를 어머니처럼 영적인 자녀를 낳아 양육하는 기관으로 허락하셨기 때문이다. 그러므로 신자들은 교회 공동체를 이루면서 교회의 지도자를 통해 신앙을 배우고 경건 생활에 매진해야 한다.[7]

---

[6] 제자원, 『옥스퍼드 원어성경대전 120: 고린도후서』 (서울: 제자원, 2005), 747.

[7] John Calvin, *Institues of the Christian Religion Vol. IV,* 김종흡 · 신복윤 · 이종성 · 한철하 역, 『기독교강요 하』 (서울: 생명의 말씀사, 1986), 13-14.

그래서 바울이 "기뻐하라"(고후 13:11)고 하는 말은 단순히 문자적으로 '즐거워하라' 혹은 편지의 마지막 인사인 '안녕히 계십시오'라는 의미가 아니다. 고린도 교인들이 자신의 호소를 기쁨으로 받아, 참된 평안을 되찾기를 소원한다는 말이다. 명령형으로 되어 있는 바울의 네 가지 호소는 다음과 같다(고후 13:11-12).[8]

첫째, '온전케 되라.'

바울은 고린도 교인들에게 잘못된 신앙을 '고치라' 명령하며 교정을 요구한다. 왜냐하면, 고린도 교인들이 부도덕한 만행들을 저지르고, 교회 지도자를 무시하고, 지체 간에 다툼이 잦고 사랑을 나누는 데 인색하며, 잘못된 교사들의 가르침을 따르는 잘못을 하고 있기 때문이다. 그러므로 바울은 그들이 잘못된 삶의 수정을 통해 온전해지기를 요구한다.[9]

둘째, '위로를 받으라.'

고린도 교회는 고난으로 인해 영적으로 황폐해졌다. 바울은 그들에게 '위로의 하나님'께서 위로하시니, 그것을 받아들여 평안을 누리라고 당부한다. 또한, 바울은 고린도후서 시작부터 그들에게 위로의 하나님께서 고난 중에 함께하신다는 사실을 강조한다(고후 1:3-11). 결국, 삶의 위기는 하나님의 부재가 느껴지는 순간부터 찾아온다.

셋째, '마음을 같이하고 평안하라.'

고린도 교회는 다른 어떤 교회보다 내부적인 갈등이 심했다. 이 내부적인 갈등은 공동체를 무너뜨리는 불화를 조장했다. 그렇기에 고린

---

8 Paul Barnett, *The Message of 2 Corinthians: Power in Weakness*, 정옥배 역, 『고린도후서강해: 약함 안에서의 능력』(서울: IVP, 2002), 259.

9 Colin G. Kruse, *Tyndale New Testament Commentaries 8: 2 Corinthians*, 왕인성 역, 『틴데일 신약주석 시리즈 8: 고린도후서』(서울: CLC, 2013), 322.

도 교회는 전쟁터 그 자체였다. 그러므로 바울은 그들에게 한마음이 될 것과 위로부터 주어지는 참된 평안을 누릴 것을 권면한다.

넷째, '서로 문안하라.'

서로에게 입맞춤하는 인사는 존경의 표식이다. 특히, 바울이 권하는 '거룩한 입맞춤의 문안'은 하나님의 아가페적인 사랑을 상징하는 것으로, 초대 교회 예배에서 성도들이 성찬 전에 한 가족임을 드러내는 데 활용되기도 했다.[10]

3) 바울의 축도

바울은 네 가지 명령을 준행할 때에 비로소 고린도 교회에 "사랑과 평강의 하나님이 함께 계실 것"이라고 권면한다. 왜냐하면, 바울의 명령을 고린도 교인들이 순종한다면, 자연스럽게 하나님의 사랑과 평강이 공동체 내에 싹틀 것이기 때문이다.[11]

그러나 바울은 이것이 고린도 교인들의 노력만으로 불가능하다는 사실을 알고 있다. 왜냐하면, 인간은 언제나 무능력한 존재이기 때문이다. 삼위일체 하나님께서 고린도 교회 공동체와 함께하실 때에만, 이들이 서로를 위해 수고를 아끼지 않을 수 있다. 고린도 교회의 문제들을 해결하기 위해서는 삼위일체 하나님과의 동행이 반드시 필요하다.[12]

---

10 Kruse, 『틴데일 신약주석 시리즈 8: 고린도후서』, 323.
11 Barnett, 『고린도후서강해: 약함 안에서의 능력』, 259.
12 조병수, 『고린도후서 해설: 가난하나 부요케』, 231.

3. 축도

고린도 교회는 오늘날에도 존재한다. 아니 현존하는 모든 교회 공동체를 고린도 교회라 할 수 있다. 왜냐하면, 현존하는 교회 공동체는 언제나 교회 지도자와의 갈등, 신자들 간의 갈등, 신자들의 윤리적 부재, 잘못된 가르침을 향한 맹종, 세상의 유혹과 핍박, 사랑과 헌신의 인색함을 고스란히 노출하고 있기 때문이다. 현존하는 교회 또한 이 현안들을 자신의 능력으로 해결할 수 없다. 바울의 가르침처럼, 이 문제들은 삼위일체 하나님의 전적인 일하심으로만 해결이 가능하다.

축도는 신자에게 삼위일체 하나님을 향한 전적인 의존성을 상기시킨다. 다시 말해, 언약 백성인 교회 공동체는 예배 가운데 삼위일체 하나님께서 자신들을 보살핀다는 사실을 깨닫고, 세상에서 신자답게 살고자 다짐한다. 즉, 축도는 삼위일체 하나님께서 언제나 인생 가운데 동행하는 '복'을 누리는 순간이며, 하나님이 베푸실 '그 복'으로 세상을 이기는 은혜의 시간이다.[13]

그러므로 축도 순서는 예배의 마지막을 장식하는 것이 아니라, 하나님의 백성들에게 삼위일체 하나님이 함께하시는 '복'을 확신케 하며 새로운 일상 예배의 시작을 알리는 순서라 할 수 있다.[14] 다른 말로, 축도는 예배 안팎을 연결하는 교량적인 순서다.

또한 축도 순서는 신자들이 삼위일체 하나님께서 함께하시는 '복'을 확신하는 순간만을 의미하지 않는다. 오히려 축도 순서는 삼위일체 하나님께서 친히 자신의 백성과 함께하시길 원하시는 거룩한 염원을 담

---

13 De Jong, 『개혁주의 예배』, 99.
14 Chapell, 『그리스도 중심적 예배』, 415.

고 있다. 그러므로 축도 순서에서 주로 사용되는 고린도후서 13:13은 기원의 형태인 송영으로 기술되어 있으며,[15] 다음과 같은 의미를 담고 있다.

첫째, "주 예수 그리스도의 은혜."

주님의 은혜는 죄 많은 인간의 참된 평안을 위해 주어지는 과분하고도 저항할 수 없는 풍성함 그 자체다.

둘째, "하나님의 사랑."

하나님의 사랑은 죄된 인간을 구원하시고자 하나님의 독생자를 죽이신 사랑이다. 이것은 전적으로 자격 없는 자에게 선물로 주어진 것이다.

셋째, "성령의 교통하심."

교회 공동체를 구성하는 지체들의 교제는 성령이 주체가 되신다.[16]

아마도, 성경에서 삼위일체 하나님을 선명하게 드러내는 구절은 고린도후서 13:13 만한 것이 없을 것이다. 물론, 많은 교회가 여전히 민수기 6:24-26을 사용한다.

> 여호와는 네게 복을 주시고 너를 지키시기를 원하며 여호와는 그의 얼굴을 네게 비추사 은혜 베푸시기를 원하며 여호와는 그 얼굴을 네게로 향하여 드사 평강 주시기를 원하노라(민 6:24-26).

그러나 이 구절은 삼위일체 하나님에 관한 희미한 그림자에 불과한 것 같다. 이런 점에서, 상당수 교회는 삼위일체 하나님이 분명히 나타

---

15 송인규, 『아는 만큼 누리는 예배』, 185.
16 Kruse, 『틴데일 신약주석 시리즈 8: 고린도후서』, 324-25.

나는 고린도후서 13:13을 축도 시에 사용하는 것 같다.

불행히도 대다수의 한국 교회는 축도 순서를 단순한 기도 시간으로 착각한다. 심지어, 목회자는 축도 순서를 성도들을 위해 간절히 복을 빌어주는 시간으로 착각한다. 그러므로 일부 신자들은 예배 마지막에 축도를 받지 않고 예배당을 나서면, 저주를 받을 것처럼 생각하기도 한다.[17] 아마도 성도를 사랑하는 간절한 목사의 마음이 축도를 변형시킨 듯하다.

그러나 다른 나라의 교회를 보면, 목회자가 축도 순서 때에 성경구절을 가감 없이 읽는다. 그리고 축도 시간에 신자들은 눈을 감지 않고, 목사가 축도하는 모습을 바라봐야 한다. 왜냐하면, 축도는 오히려 선포와 결단의 순서이며, 세상으로 파송 받는 순간이기 때문이다.[18] 그러므로 삼위일체 하나님께서 함께하시는 '복'이 선언되는 축도 시간에 신자들은 목회자가 강복을 선언하는 것을 눈으로 보면서, 감사와 결단의 순간을 가지는 것이 좋다.[19]

---

17 송인규, 『아는 만큼 누리는 예배』, 167.
18 Chapell, 『그리스도 중심적 예배』, 415.
19 G. Van Dooren, *The Beauty of Reformed Liturgy*, 안재경 역, 『언약적 관점에서 본 예배의 아름다움』 (서울: SFC, 1994), 35.

제16장

일상 예배

¹⁹육체의 일은 분명하니 곧 음행과 더러운 것과 호색과 ²⁰우상숭배와 주술과 원수 맺는 것과 분쟁과 시기와 분냄과 당 짓는 것과 분열함과 이단과 ²¹투기와 술 취함과 방탕함과 또 그와 같은 것들이라 전에 너희에게 경계한 것 같이 경계하노니 이런 일을 하는 자들은 하나님의 나라를 유업으로 받지 못할 것이요 ²²오직 성령의 열매는 사랑과 희락과 화평과 오래 참음과 자비와 양선과 충성과 ²³온유와 절제니 이같은 것을 금지할 법이 없느니라 ²⁴그리스도 예수의 사람들은 육체와 함께 그 정욕과 탐심을 십자가에 못 박았느니라 ²⁵만일 우리가 성령으로 살면 또한 성령으로 행할지니 ²⁶헛된 영광을 구하여 서로 노엽게 하거나 서로 투기하지 말지니라(갈 5:19-26).

1. 한 작은 성당의 벽에 기록된 글귀

우루과이의 한 작은 성당 벽에는 이런 글이 적혀 있다.

"하늘에 계신"이라고 하지 말라, 온통 세상일에만 빠져 있으면서.
"우리"라고 하지 말라, 오직 나 혼자만 생각하며 살아가면서.
"아버지"라고 하지 말라, 하나님의 아들과 딸로 살지 않으면서.
"아버지의 이름이 거룩히 여김을 받으시오며"라고 하지 말라, 오직 자기 이름을 빛내기 위하여 안간힘을 쓰면서.
"아버지의 나라가 임하옵시며"라고 하지 말라, 물질 만능의 나라를 원하면서.
"아버지의 뜻이 땅에서도 이루어지이다"라고 하지 말라, 내 뜻대로 되기를 원하면서.
"오늘날 우리에게 일용할 양식을 주옵시고"라고 하지 말라, 죽을 때까지 먹을 양식을 쌓아두려 하면서.
"우리가 우리에게 죄지은 자를 용서해 준 것같이 우리의 죄를 용서하여 주옵시고"라고 하지 말라, 누구에겐가 아직도 앙심을 품고 있으면서.
"우리를 시험에 빠지지 않게 하옵시고"라고 하지 말라, 죄지을 기회를 찾아다니면서.
"다만 악에서 구하옵소서"라고 하지 말라, 악을 보고도 아무런 양심의 소리를 듣지 않으면서.
"아멘"이라고 하지 말라, 주님의 기도를 진정 나의 기도로 바치지 않으면서.[1]

---

1   이성덕, 『이야기 교회사』 (파주: 살림, 2007), 203-4.

정말로 의미심장한 기도문이다. 얼마나 많은 신자들이 주께서 가르쳐 주신 기도처럼 살고자 애쓰지 않고, 자신의 행복에만 초점을 두는가.

신자는 신자다운 모습을 공적 예배에서 드러내야 한다. 즉, 신자는 공(公)예배에서 하나님을 높이며, 설교를 통해 삶의 방향을 하나님의 뜻에 맞도록 설정해 나간다. 그러나 신자가 예배당 문을 나서는 순간부터가 더 중요하다. 왜냐하면, 신자는 일상에서 신자다움을 드러낼 때 빛과 소금의 역할을 수행하며 하나님의 살아계심을 증명하기 때문이다.

신자에게 일상은 그저 덧없는 하루가 아니다. 일상이란 신자가 하나님과 이웃을 사랑하는 모습이 예배로 드려지는 예배의 터전이다. 달리 표현한다면, 신자에게 주어진 매일의 삶은 신자다움을 선보이는 일상 예배 그 자체다. 그러므로 신자가 일상을 예배드리는 마음과 자세로 살아내지 않는다면, 하나님을 욕보이며 세상의 조롱거리로 만드는 불충만 범할 뿐이다.

2. 열매를 보면 나무를 안다

죽은 나무는 절대로 열매를 맺을 수 없다. 오히려 죽은 나무에는 더럽고 지저분한 것들이 자리잡아 역겨운 냄새를 풍길 뿐이다. 또한, 죽은 나무는 생명력이 없다.

성경은 간혹 사람을 나무에 비유한다. 그리고 성경은 사람이 죄로 인해 죽은 나무와 같은 존재이므로, 선한 열매를 맺을 수 없다고 가르친다(엡 2:1). 죄의 영향력 아래에 놓인 인간은 악한 생각과 행동을 되풀이하며, 스스로 타락의 구덩이에서 벗어나지 못한다.

하나님은 인간을 창조하시면서, 인간이 하나님과, 피조물과 및 자기 자신과 선한 관계를 형성하며, 선한 열매들을 형성해 나가길 소원하셨다. 그러나 죄가 이러한 선한 관계들을 철저히 파괴했다. 죄는 인간을 먼저 하나님과의 관계에서 이탈시켜 피조물(사람)과의 관계를 저해하고, 마침내 자기 내면에 이기적인 욕망을 형성했다.[2]

또한, 이러한 죄된 인간의 행동을 가리켜, "육체의 일"(갈 5:19)이라 칭한다. 그리고 육체의 일은 "음행, 더러운 것, 호색, 우상숭배, 주술, 원수 맺는 것, 분쟁, 시기, 분냄, 당 짓는 것, 분열함, 이단, 투기, 술 취함과 방탕함"(갈 5:19-21) 같은 다양한 죄의 형태로 확장되어 나타난다.[3]

  하나님과의 관계: 우상숭배, 주술, 이단.
  피조물과의 관계(사람과의 관계): 음행, 더러운 것, 호색, 원수 맺는 것,
    분쟁, 당 짓는 것, 분열.
  자기 자신과의 관계: 시기, 분냄, 투기, 술 취함, 방탕함.

예수님과의 인격적인 만남이 없는 죄인은 누구든지 선한 열매를 맺을 수 없다. 죄인은 일상에서 육체의 일을 자연스럽게 드러낼 수밖에 없다. 왜냐하면, 죄인이 육체의 일을 양산하는 것은 자연스런 현상 그 자체이기 때문이다(갈 5:19). 물론, 하나님께서 인간에게 그나마 '양심'을 허락하셨지만, 인간은 육체의 일을 저지른 후에 양심으로 단지 후

---

2 Oswald Chambers, *The Philosophy of Sin and Other Studies in the Problems of Man's Moral Life*, 정광옥 역, 『죄』 (서울: 두란노, 1994), 9.

3 Anthony A. Hoekema, *Created in God's Image*, 류호준 역, 『개혁주의 인간론』 (서울: CLC, 1990), 147-151; 조병수, 『갈라디아서』 (서울: 가르침, 2005), 210-11.

회할 뿐이다.[4] 그렇기에 하나님은 육체의 일을 범하는 죄인을 "하나님의 나라를 유업으로 받지 못할 자"(갈 5:21)라 단언하신다.

'열매'를 보면 그 나무의 '상태'를 알 수 있다. 다시 말해, 믿지 않는 자 또는 신자이지만 여전히 육체의 일에 관여하는 자는 삶의 열매로 자신의 영적 상태를 고스란히 노출시킨다. 예수님도 산상수훈에서 동일하게 말씀하신다.

> 그들의 열매로 그들을 알지니 가시나무에서 포도를, 또는 엉겅퀴에서 무화과를 따겠느냐 이와 같이 좋은 나무마다 아름다운 열매를 맺고 못된 나무가 나쁜 열매를 맺나니 좋은 나무가 나쁜 열매를 맺을 수 없고 못된 나무가 아름다운 열매를 맺을 수 없느니라 아름다운 열매를 맺지 아니하는 나무마다 찍혀 불에 던져지느니라 이러므로 그들의 열매로 그들을 알리라(마 7:16-20).

결국, 신자는 일상의 예배를 통해 일상에서 신자다움을 선명히 드러낸다. 삶의 결과물들은 절대로 거짓말하지 않는다.

3. 나무가 열매를 결정한다

열매를 보면 나무를 알 수 있다. 그러나 나무에 따라 열매가 결정된다. 즉, 좋은 나무는 좋은 열매를 산출할 수밖에 없다.

과연 신자가 일상에서 선한 열매를 드러내는 것이 가능할까?

---

4 Poole, 『갈라디아서』, 140-41.

사람은 스스로 선한 열매를 맺을 수 없다. 그러나 좋은 나무에 접붙임 받는다면, 상황은 달라진다. 다시 말해, 나쁜 나무도 좋은 나무에 접붙이면 좋은 열매를 산출할 수 있다. 예수님도 제자들에게 같은 가르침을 주셨다.

> 나는 참포도나무요 내 아버지는 농부라 무릇 내게 붙어 있어 열매를 맺지 아니하는 가지는 아버지께서 그것을 제거해 버리시고 무릇 열매를 맺는 가지는 더 열매를 맺게 하려 하여 그것을 깨끗하게 하시느니라 너희는 내가 일러준 말로 이미 깨끗하여졌으니 내 안에 거하라 나도 너희 안에 거하리라 가지가 포도나무에 붙어 있지 아니하면 스스로 열매를 맺을 수 없음 같이 너희도 내 안에 있지 아니하면 그러하리라 나는 포도나무요 너희는 가지라 그가 내 안에, 내가 그 안에 거하면 사람이 열매를 많이 맺나니 나를 떠나서는 너희가 아무것도 할 수 없음이라 사람이 내 안에 거하지 아니하면 가지처럼 밖에 버려져 마르나니 사람들이 그것을 모아다가 불에 던져 사르느니라 너희가 내 안에 거하고 내 말이 너희 안에 거하면 무엇이든지 원하는 대로 구하라 그리하면 이루리라 너희가 열매를 많이 맺으면 내 아버지께서 영광을 받으실 것이요 너희는 내 제자가 되리라(요 15:1-8).

신자가 일상에서 신앙의 자태를 드러내면서 선한 영향력을 행사할 수 있는 것은 예수님이라는 나무에 접붙임을 받았기 때문이다. 예수님으로부터 죄 용서를 받은 후부터 신자는 죄를 양산하는 육체의 일이 아닌, 성령의 열매를 맺는 성화의 과정을 걷게 된다.

또한, 신자는 예수님의 은혜를 힘입어 죄 용서를 얻는다. 그리고 하나님과의 관계, 피조물(사람)과의 관계, 자기 자신과의 관계가 다시 선하게 형성되어 성령의 열매인 "사랑, 희락, 화평, 오래 참음, 자비, 양선, 충성, 온유, 절제"를 일상에서 점차 드러낸다.

그러나 먼저 하나님과의 관계에서 열매를 맺지 않으면, 다른 관계에서도 열매를 맺을 수 없다. 왜냐하면, 하나님과 신자 간의 수직적인 관계 회복이 전제될 때에, 비로소 사람과 사람의 수평적인 관계가 회복되어, 마침내 자신의 내면에서 일어나는 갈등까지 조절하는 능력을 발휘할 수 있기 때문이다. 신자가 하나님과의 관계, 피조물(사람)과의 관계, 자신의 내면과의 관계를 아름답게 형성할 때에, 다음과 같은 선한 열매를 세상에 보일 수 있다.[5]

    하나님과의 관계: 사랑, 희락, 화평
    ↓ 하나님과의 교제가 없으면, 피조물(사람) 혹은 자신에 대하여 관대해질 수 없다.

    피조물(사람)과의 관계 - 오래 참음, 자비, 양선
    ↓ 피조물(사람)과의 관계에서 자신을 쳐서 복종하는 훈련을 한다.

    내면과의 관계: 충성, 온유, 절제

또한, 앞선 갈라디아서 5:22-23의 성령의 열매에 관한 도식은 십계명의 구조와도 밀접한 관계를 이루고 있다. 왜냐하면, 십계명도 하나님과의 관계로 시작하여 내면 관계의 형성으로 다음과 같이 도식화할

---

5 John R. W. Stott, *Only One Way*, 김경신 · 문인현 역, 『갈다디아서 강해: 자유에 이르는 오직 한 길』 (서울: 아가페, 2000), 260-61.

수 있기 때문이다.[6]

    1-4계명: 하나님과의 관계
    ↓ 하나님과의 교제가 없으면, 가정과 이웃 혹은 자신에 대하여 관대해질 수 없다.

    5계명: 가정과의 관계
    6-9계명: 이웃과의 교제
    ↓ 피조물(사람)과의 관계에서 자신을 쳐서 복종하는 훈련을 한다.

    10계명: 자신 내면과의 관계

  공자는 '수신제가치국평천하'(修身齊家 治國平天下)를 가르쳤는데, '먼저 몸과 마음을 닦아 수양하여 집안을 안정시킨 후에 나라를 다스리고 천하를 평정한다'라는 의미이다.
  그러나 기독교는 공자의 가르침과 반대로 가르친다. 우리는 우리 자신을 먼저 수양할 수 없다. 왜냐하면, 우리는 무능력한 존재이기 때문이다. 하나님과의 관계 회복이 우선이다. 하나님과의 관계에서 형성된 신앙다움이 자연스럽게 가정과 이웃에 드러나며, 더 나아가 사회를 변화시켜 나간다. 또한 자신의 내면을 신자답게 다듬어 나가는 데도 최선을 다하게 된다.

---

6 LifeWay Adults, *The Gospel Project: God Delivers*, 오주영 역, 『가스펠프로젝트: 하나님의 구출계획(구약 2)』 (서울: 두란노, 2017), 84-101.

4. 성령의 열심으로 승리하는 일상 예배

성령의 열매란 성령께서 산출하는 것으로, 성령께서 주도적으로 신자의 삶을 주장하시고, 신자가 순종할 때에만 자라난다.[7] 이 삶의 열매는 신자가 내주하시는 성령의 인도하심을 따라 살 때 자연스럽게 자라난다. 그러나 '육체의 일'과 '성령의 열매'는 언제나 서로 대립하며 상호 역행하므로 둘 사이에는 항상 다툼이 있고, 신자의 일상 예배는 혼란스럽게 된다(롬 7장).[8]

하지만 신자는 일상 예배에서 점차 성령의 열매를 드러내고 궁극적으로 승리한다. 왜냐하면 성령께서 주도면밀하게 자신의 백성을 변화시키기 때문이다. 물론, 예수를 믿었다고 해서, 곧바로 성령의 9가지 열매가 나타나는 것은 아니다. 매일의 일상 예배는 '성화의 과정'이라는 시간을 필요로 하기 때문이다.

또한, 신자는 일상 예배에서 점차 율법을 선하게 생각한다. 즉, 신자는 율법을 지키고자 노력하면서 죄와 싸워 나간다. 물론, 신자는 죄에 끊임없이 넘어지고 정욕과 탐심의 올가미에 걸리기도 한다. 왜냐하면, 인생에서 성욕, 식욕, 성취욕은 죄를 양산하는 근원이기 때문이다. 그러나 신자는 성령의 인도함을 받아서 이 유혹을 점차 물리치려고 노력한다(갈 5:24). 의인은 7번 넘어지는 데 관심을 두지 않고, 8번 일어나는 데 인생의 초점을 맞춘다(잠 24:16). 이렇듯, 신자가 내주하시는 성령의 음성을 들으면서 죄와 부단히 싸워 나가므로 일상에서 신자다움이 드러내는 데는 상당한 시간이 필요하다.

---

7 조병수, 『갈라디아서』, 213.
8 Stott, 『갈라디아서 강해: 자유에 이르는 오직 한 길』, 261.

또한, 성령의 9가지 열매는 각기 다른 9개의 열매가 아니다. 성령의 열매는 단수이다(갈 5:22). 그러므로 성령의 9가지 열매는 오히려 '9가지의 맛이 나는 하나의 열매'로 표현하는 것이 적합하다.[9] 생각해 보자.

한 열매에서 9가지의 맛을 내려면, 농부의 수고로움이 얼마큼이나 클까?

그리고 이 열매를 생산하기 위해 농부는 얼마나 많은 시간을 투자했을까?

성령께서는 신자를 일상에서 신자답게 만들어 가신다. 다시 말해, 성령께서 신자가 일상에서 하나님을 향하여, 사람을 향하여, 자신의 내면을 향하여 바른 관계를 형성할 수 있도록 도우신다.[10] 그러므로 일상은 신자에게 예배일 수밖에 없다. 예배는 신자를 신자답게 바꾼다. 마찬가지로 일상 예배도 신자를 신자답게 바꿔 나간다.

마지막으로 이것만은 꼭 기억하자. 세상에서 좋은 사람이라 인정받는 사람도 신자가 아닐 수 있다. 그러나 신자는 세상에서 좋은 사람이라고 반드시 인정받아야 한다.

---

9 조병수, 『갈라디아서』, 214.
10 조병수, 『갈라디아서』, 215.

부록

예배 순서의 변화[1]

1. 목회자들의 고민

　다년간 목회의 경험이 있는, 혹은 지금 목회 중인 목회자라면, 예배 순서의 변화를 조심스럽게 고민해 봤을 것이다. 왜냐하면, 목회자라면 시대와 문화의 변천에 따라, 예배 형태나 예배 순서에 한 번쯤 변화를 추구해 보고 싶기 때문이다. 그리고 이러한 예배학적 고민을 해결하고자 목회자들은 예배 순서 가운데 새로운 예배 순서를 도입하거나, 기존의 예배 순서를 제거하거나, 예배 순서를 바꿈으로 변화를 준다.
　왜 목회자들은 예배에 변화를 주려고 노력하는 걸까?
　목회자는 회중이 언제나 반복되는 예배 형태와 순서 때문에 타성에 빠질 수 있다는 사실과 어떻게 하면 회중을 능동적으로 예배에 참여시킬 수 있을까 고민하기 때문이다. 그러므로 목회자는 회중을 위해서

---

[1] 박성환, "장로교회의 예배순서 가운데 예배 요소의 도입에 관한 타당성," 「교회와 문화」 제26호(2012, 봄): 93-120. 기고된 글을 수정. 보완하여 '예배 순서의 변화'로 정리했다.

라면, 예배 형식과 순서를 다소 변화시키는 것이 바람직하다고 믿는다.[2] 그러나 문제는 목회자가 새로운 예배 요소를 도입할 때 신학적 타당성보다 회중들의 반응에 더 큰 의미를 부여하는 것이다. 왜냐하면, 목회자는 교회 안에서 예배하는 자들의 반응들에 민감할 수밖에 없기 때문이다.

목회자는 목회 현장에서 변화적인 창의성을 무시할 수 없다. 물론, 이러한 창의성과 신선함이 기존의 예배 의식을 전부 부정하는 것을 의미하지 않는다. 이것은 교회가 전통적으로 예배 형식을 따라 예배를 드리되, 약간의 순서 변화나 새로운 순서를 가미함을 의미한다. 또는 시대와 문화의 변화에 따라, 목회자가 전통적 예배 순서 중 일부를 제거하는 것도 의미한다.[3]

한편, 목회자들 가운데 일부는 설교의 중요성만 부각한 채, 예배 형식의 중요성을 무시하는 경우도 더러 있다. 물론, 개신교가 시작된 이래 예배 순서는 성경의 적합성에 따라 간결화되었지만, 설교는 예배 순서 가운데 그야말로 가장 중요한 역할을 담당했다.[4] 다시 말해, 설교

---

2   김영재,『교회와 예배』(수원: 합동신학대학원출판부, 1995), 66.
3   가장 좋은 예로 공예배 때, 행하여진 성경 봉독(설교하기 전, 성경 본문을 읽는 것을 의미하는 것이 아니라, 문자 그대로 예배 시간에 성경을 읽는 순서를 말한다)이 있다. 송인규는 다음과 같이 설명한다. "성경 봉독 종교개혁자들의 초기 예배 때마다 신구약 본문을 읽었는데 매 주일 연속적으로 읽었다. 그리하여 회중은 매주 참석함으로써 성경의 전체 내용을 들을 수 있었다. 그 당시는 오늘날처럼 자국어로 된 성경을 각자 갖추고 있지 않았고, 기본 교육의 혜택을 누구나 받을 수 있던 시대도 아니었기 때문에, 이러한 성경 봉독 순서는 회중에 더욱 큰 의미가 되었다. 그러나 세월이 흐르면서 인쇄술이 발전하여 자국어 성경이 보급되었고, 식자 교육이 보편화되면서 성경 봉독은 점차 그 중요성이 약화되었다." 물론, 이러한 이유로 예배 순서상 제외된 경우도 있다. 그러나 '열린 예배'와 같이 처음 교회에 나온 사람들이 이질감과 거부감을 가지지 않도록 배려하려고 일부러 제외한 나쁜 예들도 있다. 송인규,『아는 만큼 누리는 예배』, 35; 김영재.『교회와 예배』, 67.
4   White,『개신교 예배』, 108-109.

가 예배 공동체의 신앙을 형성하는 핵심적 역할을 감당하는 것은 부인할 수 없는 사실이다. 그럼에도 불구하고 설교만이 아니라, 모든 예배 순서들이 서로 조화를 이룰 때, 하나님께서 원하시는 거룩한 예배를 드릴 수 있다.[5]

2. 장로교 예배 전통의 역사

진정 장로교회의 예배에서 새로운 예배 순서의 도입이 필요한가?
이 질문에 답하기 전에, 간략하게 개신교의 예배 전통에 대하여 살펴보는 것이 좋을 것 같다.
'예배 전통'이란 무엇일까?
화이트는 예배 전통을 가리켜 다음과 같이 설명한다.

> (예배 전통은) 여러 세대에 걸쳐 내려온 연속성을 보여주는 상속된 예배 관습들과 신앙들이다. 다시 말해, 예배 전통은 대대로 전해지는 예배하는 우리의 태도를 나타내는 특별한 방식을 뜻한다.[6]

그가 생각하는 예배 전통의 정의에 의하면, 예배 전통이란 단시일 내에 완성된 것이 아니라, 오랜 시간에 걸쳐서 교회 공동체 가운데 전해져 왔다는 것을 전제로 한다.
또한, 형식적 예배를 구성하는 예배 순서는 전통의 유산인 동시에,

---

5 김영재, 『교회와 예배』, 202.
6 White, 『개신교 예배』, 23.

각 교파의 신학을 대변한다.[7] 다른 말로 표현한다면, 예배 전통에서 나타나는 신학 내용과 예배 형식은 분리될 수 없다. 그러나 이러한 예배 전통들이 시대마다 조금씩 변화되었다. 다시 말해, 기존 예배 순서의 커다란 틀은 그대로 간직되었지만, 예배 순서는 새로운 예배 순서의 도입과 배제 등을 통해 변화되어 왔다.

그러므로 각 개신교 교파의 예배 전통의 경계를 구분하는 것이 쉬운 일이 아니지만, 화이트는 나름대로 각 교파의 예배 전통을 독특하게 '우익'과 '좌익'으로 나누어 구분한다. 여기에서 우익이란 중세의 예배 전통들을 계속 고수하는 입장을 의미하는 것이며, 좌익은 중세의 예배 전통에 멀리 떠난 것을 의미하는데, 다음과 같은 도표로 설명한다.[8]

	좌익		중도		우익	
16세기	재세례파		개혁파	성공회	루터교	
17세기	퀘이커	청교도				
18세기			감리교			
19세기		변경파				
20세기	오순절파					

그가 제시한 각 교파의 예배 형태와 특징을 참고하면, 장로교회의 예배 전통도 어느 정도 변화했다는 사실을 알 수 있다. 왜냐하면, 개혁파에서 청교도적인 예배 형태로(중도에서 왼쪽으로) 변화를 보이기 때문이다. 아마도 장로교회의 예배 전통은 기존 로마 가톨릭교회의 전통 예배 순서 가운데에서 성경의 적합성에 따르지 않은 것은 적법성을 따져 제거했기 때문이다.

---

7 Hart & Muether, 『개혁주의 예배신학: 개혁주의 예배의 토대로 돌아가기』, 181.
8 White, 『개신교 예배』, 26.

그러므로 장로교회의 예배 순서는 단순해질 수밖에 없었다. 장로교회의 예배는 어떤 외형적 형태를 통해 은혜가 베풀어지는 예식에 초점을 두지 않기 때문이다.[9] 이러한 장로교회의 예배 형식의 간소화는 츠빙글리의 예배 개혁에서 그 원인을 찾을 수 있을 것 같다. 예배 규범을 통한 츠빙글리의 예배 개혁은 간소하고 독창적이었을 뿐 아니라, 설교 중심의 예배 개혁이었다. 그리고 그의 예배 규범이 자연스럽게 칼빈과 많은 종교개혁자에게 영향을 미쳤다. 그러므로 장로교회의 예배 특징은 결국, 성경에 따른 적합성과 간결성에 있으며 인간의 시각이나 청각을 자극하지 않는, 하나님 말씀에 그 중심을 둔다.

그러나 장로교회 예배 전통의 핵심이 적합성과 간결성이지만, 한 가지 간과하면 안 될 사항이 있다. 다시 말해, 시대와 문화의 변화로 말미암아 사라진 예배 순서들이 있다는 사실이다. 이러한 예로서 성경 봉독을 들 수 있다. 송인규는 장로교 예배 순서에서 사라진 성경 봉독에 대하여 다음과 같이 설명한다.

> 성경 봉독 종교개혁자들의 초기 예배 때마다 신구약 본문을 읽었는데 매 주일 연속적으로 읽었다. 그리하여 회중은 매주 참석함으로써 성경의 전체 내용을 들을 수 있었다. 그 당시는 오늘날처럼 자국어로 된 성경을 각자 갖추고 있지 않았고, 기본 교육의 혜택을 누구나 받을 수 있던 시대도 아니었기 때문에, 이러한 성경 봉독 순서는 회중에 더욱 큰 의미가 되었다. 그러나 세월이 흐르면서 인쇄술이 발전하여 자국어 성경이 보급되었고, 식자 교육이 보편화가 되면서 성경 봉독은 점

---

[9] Alen Carden, *Puritan Christianity in America: Religion and Life in Seventeenth-Century Massachusetts*, 박영호 역, 『청교도 정신: 17세기 미국 청교도들의 신앙과 생활』(서울: 기독교문서선교회, 1993), 162.

차 그 중요성이 약화되었다.[10]

위에서 살펴본 것처럼, 우리는 시대와 문화의 변화에 따라 장로교회의 예배 순서에도 변화가 있었다는 사실에 주목해야 한다. 실제로 성경 봉독뿐 아니라, 니케아 신앙고백, 십계명 등이 예배 순서에서 사라졌다는 것은 어떻게 생각하면 장로교회도 시대와 문화의 흐름에 따라 작은 발자국이지만 변화를 추구한 것으로 추측해 볼 수 있다.

그렇다면 진정 장로교회의 예배에서 새로운 예배 순서의 도입이 필요한가?

앞에서 언급한 것처럼, 장로교회의 예배 특징은 성경에 근거를 둔 적합성과 간결성이다. 그러므로 새로운 예배 순서의 도입은 장로교가 표방하는 예배 스타일과 상당한 모순을 보이는 것처럼 보인다. 그러나 조심스럽게 장로교회의 예배에 새로운 예배 순서를 도입하는 것에 가능성을 열어 두고 싶다. 왜냐하면, 장로교회의 예배 전통도 시대와 문화의 변화에 반응하여 새로운 예배 순서를 도입하거나, 기존의 예배 순서를 배제했기 때문이다.

시대와 문화의 변화에 따라 장로교회의 목회자들도 사라졌던 예배 순서들 가운데 일부를 복원시킴으로써 하나님께 영광을 돌렸을 뿐 아니라, 성도들의 능동적인 예배 참여를 고취해 참된 유익을 경험했다. 예를 들면, 성 삼위일체에 대한 불신이 교계 저변에 확산되었다면, 목회자는 자연스럽게 니케아 신앙고백을 다시 회복시켜야 할 것이다. 또는 요즘 성도들이 성경 읽기를 등한시하거나 성도들의 성경 지식이 부족할 때, 목회자는 성경 봉독을 예배 순서 가운데 복원시킴으로써

---

10 송인규, 『아는 만큼 누리는 예배』, 35.

그들에게 성경에 관한 애착심을 조금이나마 회복시킬 수 있을 것이다.[11] 더욱이, 목회자가 성경적 적합성에 따른 새로운 예배 순서를 창안할 수 있다면, 이는 하나님께 영광이며 성도들에게 신앙적인 유익이 될 수 있다.

3. 시대와 문화의 변화에 따른 교회 예배의 변화

그러나 장로교회의 예배 전통은 성경에 근거한 적합성과 간결성에 그 특징을 두지만, 실상 상당수 장로교회는 시대와 문화의 변화에 따라 예배 형태에 다양한 변화를 주고 있다. 게다가, 각 교파는 자신들의 신학이 함유된 예배 전통을 무시한 채, 초월적인 하나님이 중심이 아닌, 청중의 구미에 맞춘 예배 분위기를 추구하고 있다. 물론, 존 프레임(John Frame)은 새로운 시대에 어울리는 예배 변화를 긍정적으로 평가한다.

> 친근하면서 환영적인 분위기를 갖게 될 뿐 아니라, 언어와 음악에 있어 지금 시대의 형식을 갖는 격식 없는 형식의 예배가 [가치가 있다].[12]

그는 형식을 중시하는 예배는 재미와 자극을 줄 수 없는 비효율적인 예식이라 평한다. 그리고 이러한 시대적, 문화적 흐름에 장로교회의

---

11 Clayton Schmit, *Public Reading of Scripture: A Handbook* (Nashville: Abingdon Press, 2002), 17-19.
12 John M. Frame. *Worship in Spirit and Truth: A refreshing Study of the Principles and Practice of Biblical Worship* (New Jersey: P&R Publishing, 1996), 84.

예배도 동승하고 있다. 장로교회는 크게 3가지 형태 – 기존 예배 형식의 고수하는 교회, 기존 예배 형식에 새로운 예배 순서를 도입하는 교회, 기존의 예배 형식을 무시하는 교회 – 로 나뉘며, 현재 각자 자신의 소견대로 예배를 드리고 있다. 게다가, 장로교회 중 일부는 장로교 예배 전통을 포기한 채, 예배 형식을 무시하거나 새로운 예배 순서들을 도입하여 성도들이 예배 공연에 심취되도록 부단히 노력한다.

그렇다면 장로교회가 왜 자신의 예배 전통을 헌신짝처럼 버리고, 새로운 변화를 끊임없이 추구하려고 할까?

그것은 장로교회가 예배의 목적을 전도(선교)적인 차원에 두기 때문이다. 다시 말해, 요즘 장로교회는 교회에 더 많은 사람을 불러 모으는 것이 하나님께서 기뻐하시는 일이라고 생각하기 때문에 장로교회가 자신의 예배 전통을 파괴하는 것을 큰 죄라 생각하지 않는다. 존 파이퍼(John Piper)도 전도와 선교를 위해서라면 예배의 외적 형식을 과감히 파괴할 수 있다고 생각한다.

> 내가 보기에 신약에서의 예배는 근본적으로 단순하고 내적인 것을 추구하는 동시에 예배 형식 등 외적인 면에서 매우 다양하게 표현한다. 이렇게 말할 수 있는 한 가지 이유는 신약성경이 수천 가지의 문화를 아우를 수 있는 선교(전도)에 대한 비전을 담은 책이기 때문이다. 그 결과 외적인 형식에 대한 언급이 많지 않을 수밖에 없었다는 것이다…깜짝 놀랄 만한 사실이 하나 있다. 그 사실은 다름 아니라, 신약성경의 서신서에는 흔히 우리가 예배하고 부르는 공예배에 대해 분명히 다루고 있는 가르침이 거의 없다는 것이다.[13]

---

13 John Piper, *Let the Nations Be Glad*, 김대영 역, 『열방을 향해 가라』 (서울: 좋은 씨앗, 2003), 340.

결국, 파이퍼는 다양한 문화적 배경을 지닌 사람들을 전도(선교)하기 위해서 하나님께서는 구체적이면서 획일적인 예배 형식을 허락하지 않으셨다고 주장한다. 다시 말해, 그는 모든 사람을 구원하고 싶어 하시는 하나님의 마음을 작은 예배 형식에 고립시킬 수 없다고 논한다.[14] 또한, 장로교회도 이러한 전도(선교) 목적을 구현하고자 예배 형식의 다양성을 추구하며, 예배를 통해 성도들에게 내적 경험을 일으키려고 한다.[15] 이런 점에서, 장로교회는 예배 순서 가운데 음악적 요소를 손쉽게 도입하는 실수를 범하는 경우가 많다.

일반적으로 장로교회의 예배 전통은 찬양을 선별하는 일에 각별한 주의를 요한다. 그리고 시편 찬송을 강조했다. 왜냐하면, 음악은 하나님을 가리고, 인간을 즐겁게 만드는 위험적인 요소를 지니고 있는 것으로 생각했기 때문이다.[16] 그러므로 칼빈은 악기들이 회중의 마음을 진리로부터 멀어지게 하는 원인이 될 수 있다고 생각했다. 또한, 그는 찬양을 부를 때에도 가급적 화음을 넣어서 노래하는 것도 피하라고 당부했다.[17]

그러나 오늘날 장로교회들은 복음성가를 비롯한 가스펠을 예배에서 음악적 요소로 도입함으로써 예배의 공연화를 위해 애를 쓰고 있다. 다시 말해, 작금의 장로교회의 예배 형식은 말씀에서 찬양으로 중심축이 이동한 지 오래되었다.[18] 또한, 이러한 예배에 익숙한 회중은 오락

---

14 Hart & Muether, 『개혁주의 예배신학: 개혁주의 예배의 토대로 돌아가기』, 138.
15 Piper, 『열방을 향해 가라』, 340.
16 Horton Davies, *The Worship of the American Puritans(1629-1730)*, 김석한 역, 『청교도예배』 (서울: 기독교문서선교회, 1999), 137-142.
17 Andrew A. Davies, "존 칼빈: 그 신화와 그 사람," 한국개혁주의설교연구원 설립 18주년 기념세미나(주제: 21세기 교회를 위한 존 칼빈과 그의 유산), (서울: 삼양교회, 2010), 38.
18 예배가 하나님의 영광을 위해 드려지기보다는 참석한 사람들의 감정을 흥분시키

적 예배 분위기에 빠져 신앙생활을 영위하고 있는 실정이다.[19]

심지어, 장로교회가 성도의 영성 회복이란 미명 아래, 다양한 영성 훈련 프로그램을 도입하기 시작했다. 즉, 로마 가톨릭 교회의 잔재물들뿐 아니라,[20] 다양한 종교들이 가지고 있는 영성 프로그램들까지 동원하고 있다. 그러므로 종교다원주의의 영향 아래에서 교회는 많은 사람을 불러 모을 수 있다면 다른 종교의 예배들도 개방적으로 취할 수 있다고 생각한다.

이러한 예배 순서와 요소들을 향한 개방성은 제2차 바티칸공의회에서 그 근원을 찾을 수 있다. 제2차 바티칸공의회란 로마 가톨릭교회의 예배 전통에 개혁의 바람을 불어넣는 것이었다. 또한, 이 공의회를 통하여 로마 가톨릭교회는 자신들만이 가지고 있는 예배 전통을 현대 세계와 그 다양한 문화들에 개방함으로써 회중의 능동적인 참여를 촉진하려 했다. 그리고 제2차 세계대전 이후부터 개신교회들의 예배 형태에 지대한 영향을 미쳤고, 개신교회들은 로마 가톨릭교회의 예배적 순서와 요소들 가운데 일부를 차용하기 시작했다.[21]

더욱이, 교회는 1960년 이후부터 신설교학의 영향으로 인하여 설교

는 것을 위한 관객 중심의 공연이라 말할 수 있을 것이다. 옥성호, 『엔터테인먼트에 물든 부족한 기독교』, 32.

19 Hart & Muether, 『개혁주의 예배신학: 개혁주의 예배의 토대로 돌아가기』, 137.

20 하워드 라이스(Howard Rice)는 다음과 같이 주장한다: 제2 바티칸 이후 에큐메니칼 시대에 우리는 피정, 무릎을 꿇고 기도하는 것, 십자가의 상징을 만드는 것, 성상의 사용 등과 같은 관습들에 대해서는 다시 한번 생각해 볼 수 있을 것이다. 이러한 것들은 최근까지 대부분의 개신교에 의해 거부당해 왔다. 하지만 이것들이 비성경적이라거나 아(亞)기독교적이기 때문이 아니라, 우리의 조상들이 이것들을 로마가톨릭적 경건의 잔재물들로 여겨 던져 버렸기 때문이다. Howard Rice, *Reformed Spirituality: An Introduction for Believers*, 황성철 역, 『개혁주의 영성』 (서울: 기독교문서선교회, 1995), 25.

21 White, 『개신교 예배』, 44-45.

패턴에 대한 엄청난 변화를 추구했다. 다시 말해, 설교학계는 시대의 변화 – 당시 TV의 보급에 따른 시각적인 효과의 강조 – 로 인하여 전통적인 연역적-논증적 설교 방식(낡은 포도주 부대)을 귀납적-이야기적인 설교 방식(새로운 부대)으로 바꿔야 한다고 주장했다. 왜냐하면, 교회는 시대의 변화에 따른 청중의 변화에 대처할 수 있는 새로운 의사소통 방법이 필요했기 때문이다.[22] 아무튼, 세상의 풍조 변화에 영향을 받은 교회는 개방성과 다양성을 추구하기 시작했다. 그리고 예배의 본질을 하나님을 영화롭고 기쁘시게 하는 것이 아니라 회중의 만족과 느낌, 참여에 방점을 뒀다.

교회는 예배에 있어서 회중의 능동적인 참여와 기대감을 무시할 수 없다. 왜냐하면, 예배란 회중의 능동적인 참여가 뒷받침되지 않는다면, 자칫 생명력을 잃을 수 있기 때문이다. 즉, 예배란 회중이 능동적으로 참여할 때, 그 시너지 효과를 낼 수 있다.[23] 분명히 예배는 수직적인 측면(하나님과 회중)과 수평적인 측면(회중과 회중)이 서로 조화를 이룰 때 이상적이다.[24] 왜냐하면, 예배는 홀로 드리는 것이 아니라, 회중이 함께 유기적인 관계를 통해서 하나 됨을 경험하며, 온 정성을 다해 적극적으로 동참함으로 하나님의 임재를 느낄 수 있기 때문이다.[25]

왜 장로교 전통에서 예배적 요소의 도입은 이토록 어려울까?

성경에 근거한 장로교 예배 전통은 적합성과 간결함을 그 특징으로

---

22 James W. Thompson, *Preaching like Paul: Homiletical Wisdom for Today*, 이우제 역, 『바울처럼 설교하라』 (서울: 크리스천, 2008), 5-6.
23 Webber의 *Worship is a verb*를 참고하면 예배의 '동사적 측면'을 어느 정도 이해할 수 있을 것이다. Robert E. Webber, *Worship is a Verb* (Waco: Tex Word, 1987).
24 Frame, *Worship in Spirit and Truth: A refreshing study of the principles and practice of biblical worship*, 6-7.
25 서창원, 깨어있는 예수의 공동체, (서울: 진리의 깃발, 2003), 83.

삼기에, 새로운 예배 순서나 요소의 도입은 그만큼 어려울 수밖에 없다. 그러나 장로교회의 예배 전통도 시대의 변화에 따라 사라졌던 예배 순서를 오늘날 복원해 활용할 수 있으며, 창조적인 예배 순서나 요소를 고안할 수도 있다. 단, 그것이 성경에 근거한 적합성과 간결성에 부합될 때에 가능하다.

마지막으로 장로교회의 예배에서 새로운 예배 순서나 요소를 도입하는 것보다 사라지거나 상실된 예배 순서나 요소를 도입하는 것이 훨씬 타당성을 지닐 수 있다. 왜냐하면, 새로운 예배 순서나 요소를 창안하는 일은 옛것을 되살리는 일보다 더 어렵기 때문이다.

4. 예배 순서의 올바른 변화

장로교회는 꼭 한 가지를 명심해야 한다. 바로 나답과 아비후의 사건, 즉 다른 불로 예배를 드린 사건이다. 그들은 '예배 드림'에서 '드림'에만 초점을 맞추었지 '어떻게'에는 무심했다. 그러므로 그들이 '다른 불'을 가지고 하나님 앞에 나아갔을 때, 하나님은 그들을 죽이심으로 이스라엘 백성들에게 예배 경각심을 불러일으키셨다.

'다른 불'을 오늘날의 예배로 말하면, 새로운 예배 순서의 창조적인 도입과 관련이 있다. 목회자는 새로운 예배 순서들을 과연 하나님께서 기뻐하시는 불인지 아닌지를 판단해야 할 의무를 지고 있다. 왜냐하면, 예배는 하나님이 원하시는 방식대로 드려져야 하기 때문이다. 그리고 그것을 위해서 목회자는 반드시 하나님께 드려지는 올바른 예배(롬 12:1에는 "영적 예배"라 번역되었으나 '이성적으로 합당한 예배'라 해석해야 함)가 무엇인지 이성적으로 성경에 비추어 점검해야 한다.

그러나 일선의 목회자들이 새로운 예배 순서를 도입하고자 할 때, 과연 타당성의 유무를 점검할까?

목회자가 예배 가운데 오락적 요소를 도입함으로 단지 양적인 성장만을 추구하는 것은 아니지 심히 걱정된다. 일반적으로 목회자가 새로운 예배 순서의 도입을 판단할 때, 그들을 세 경우로 나눌 수 있다.

첫째, 새로운 예배 순서에 신학적인 거리낌이 있음을 감지하는 경우.
둘째, 새로운 예배 순서에 신학적인 거리낌이 있음을 감지하지 못하는 경우.
셋째, 올바른 신학을 통하여 새로운 예배 요소의 타당성을 검증하는 경우.

첫 번째 경우 신학적인 거리낌은 있으나, 하나님께서 주신 다양한 것들을 통해서 하나님의 교회를 건강하게 만들 수 있다고 생각한다. 이러한 경우, 목회자의 신학 수준이 아마도 얕을 것이다.

두 번째 경우는 목회자가 소위 목회 성공을 위하여 실용주의만 강조하는 경우일 것이다. 첫 번째와 두 번째는 모두 예배적 요소의 검증은 무시한 채, 회중의 참여와 예배를 통한 기대감에만 관심을 둔다.

그러나 세번째 경우 목회자는 철저한 신학 검증을 통하여, 새로운 예배 순서 도입의 타당성을 타진하여, 올바른 예배를 추구해 나간다.

또한, 목회자가 새로운 예배 순서를 도입할 때에 두 가지 관점에서 살펴보는 것이 좋다. 바로, 예배적인 측면 점검과 목회적인 측면의 점검이다. 예배와 목회는 불가분의 관계이다.

새로운 예배 순서 도입을 위한 타당성 점검 ◀─── 예배적 측면에서
　　　　　　　　　　　　　　　　　　　　　└── 목회적 측면에서

　물론, 목회자들은 바삐 돌아가는 목회 현장에서 일어난 문제들을 신학적 사색으로 바라볼 시간적 여유를 확보할 수 없을지 모른다. 그러나 목회자 스스로 자신의 소명이 무엇인지, 정체성을 분명히 인식한다면, 하나님과 성도를 위한 좋은 예배가 무엇인지를 고민할 것이다. 그리고 예배가 예배답게 드려지도록, 또한, 성도가 그 예배에서 참된 회복을 경험할 수 있도록 자신의 온몸을 내어놓을 것이다.

참고 문헌

역서 및 원서

A. A. Anderson. *Word Biblical Commentary vol 11: 2 Samuel.* 권대영 역.『사무엘하』. 서울: 솔로몬, 2001.

Andrew A. Davies. "존 칼빈: 그 신화와 그 사람." 한국개혁주의설교연구원 설립 18주년 기념세미나(주제: 21세기 교회를 위한 존 칼빈과 그의 유산). 서울: 삼양교회, 2010.

Anthony A. Hoekema. *Created in God's Image.* 류호준 역.『개혁주의 인간론』. 서울: CLC, 1990.

Alen Carden. *Puritan Christianity in America: Religion and Life in Seventeenth-Century Massachusetts.* 박영호 역.『청교도 정신: 17세기 미국 청교도들의 신앙과 생활』. 서울: CLC, 1993.

Alister E. McGrath. *Christian Theology: An introduction.* 김홍기 외 4인 역.『역사 속의 신학: 그리스도교 신학 개론』. 서울: 대한기독교서회, 1998.

Andress J. Köstenberger. *Encountering John.* 김광모 역.『요한복음 총론』. 서울: 크리스천, 2005.

Alister McGrath. *Understanding Doctrine: Its Relevance and Purpose for Today.* 정진오 역.『기독교 교리이해』. 서울: CLC, 2005.

A. W. Tozer. *What Ever Happened to Worship?* Camp Hill, Pa.: Christian Publications, 1985.

A. W. Tozer. *Worship and Entertainment.* 이용복 역.『예배인가, 쇼인가?』. 서울: 규장, 2004.

Bruce B. Barton 외 4인. *Life Application Bible Commentary: Acts.* 김일우 · 임미영 역.『LAB 주석시리즈: 사도행전』. 서울: 한국성서유니온선교회, 2001.

Bruce B. Barton 외 3인. *Life Application Bible Commentary: 2 Corinthians.* 김진선 역.『LAB 주석시리즈: 고린도후서』. 서울: 한국성서유니온선교회, 2001.

Bruce Milne. *The Message of John: Here is Your King*. 정옥배 역. 『요한복음 강해: 말씀이 육신이 되어』. 서울: IVP, 1995.

Bryan Chapell. *Christ-Centered Worship*. 윤석인 역. 『그리스도 중심적 예배』. 서울: 부흥과개혁사, 2011.

Clayton Schmit. *Public Reading of Scripture: A Handbook*. Nashville: Abingdon Press, 2002.

Charles L. Campbell. *The Word before the Powers: An Ethic of Preaching*. Louisville/London: Westminster, 2002.

Colin G. Kruse. *Tyndale New Testament Commentaries 4: John*. 배용덕 역. 『틴데일 신약주석 시리즈 4: 요한복음』. 서울: CLC, 2013.

Colin G. Kruse. *Tyndale New Testament Commentaries 8: 2 Corinthians*. 왕인성 역. 『틴데일 신약주석 시리즈 8: 고린도후서』. 서울: CLC, 2013.

Constance M. Cherry. *The Worship Architect: A Blueprint for Designing Culturally Relevant and Biblically Faithful Services*. 양명호 역. 『예배건축가: 문화에 적절하고 성경에 충실한 예배 디자인 청사진』. 서울: CLC, 2015.

Craig S. Keener. *The IVP Background Commentary: New Testament*. 정옥배 외 역. 『IVP 성경배경주석: 신약』. 서울: IVP, 1998.

Donald A. Carson. "Are Christians Required to Tithe?". 「Christianity Today」. 43(1999): 94.

D. A. Carson, R. T. France, J. A. Motyer & G. J. Wenham 외. *New Bible Commentary: 21st Edition*. 신현기 역. 『IVP 성경주석』. 서울: IVP, 2010.

Donald A. Hagner. *WBC 33B: Matthew 14-28*. 채천석 역. 『WBC 성경주석: 마태복음 하』. 서울: 솔로몬, 1999.

D. C. Hart & John R. Muether. *With Reverence And Awe: Returning to the Basics of Reformed Worship*. 김상구·김영태·김태규 역. 『개혁주의 예배신학: 개혁주의 예배의 토대로 돌아가기』. 서울: 개혁주의신학사, 2009.

Darry G. Hart. *Recovering Mother Kirk: The Case for Liturgy in the Reformed Tradition*. Grand Rapids: Baker Academic, 2003.

Douglas K. Stuart. *Exodus*. Nashville: Broadman & Homan Publishers, 2006.

D. Martyn Lloyd-Jones. *Preaching and Preachers*. 정근두 역. 『설교와 설교자』. 서울: 복있는 사람, 2005.

David Peterson. *Engaging with God*. 김석원 역. 『예배신학』. 서울: 부흥과개혁사, 2011. 185.

Everett F. Harrison, Geoffery W. Bromiley & Carl F. H. Henry. *Baker's Dictionary of*

Theology. 신성종 역.『베이커 신학사전』. 서울: 엠마오, 1986.

Gary M. Burge. *The NIV Application Commentary*. 김병국 역.『NIV 적용주석 시리즈: 요한복음』. 서울: 솔로몬, 2010.

Geerhardus Vos. *The Self-Disclosure of Jesus: The Modern Debate about the Messianic Consciousness*. 이승구 역.『예수의 자기 계시』. 서울: 엠마오, 1986.

George R. Beasley-Murray. *WBC Vol 36: John 1-21*. 이덕신 역.『요한복음』. 서울: 솔로몬, 2001.

Gerald I. Williamson. *The Westminster Confession of Faith*. 나용화 역.『웨스트민스터 신앙고백서강해』. 서울: 개혁주의신행협회, 1980.

Gerald I. Williamson. *The Westminster Shorter Catechism*. 유태화 역.『웨스트민스터 소요리문답강해』. 서울: 크리스천, 2006.

Gordon J. Wenham. *The Book of Leviticus*. 김귀탁 역.『레위기』. 서울: 부흥과개혁사, 2014.

Gunther H. Wittenberg. "The Tithe: An Obligation for Christians? Perspectives from Deuteronomy".「Journal of Theology for Southern Africa」. 134(2009): 82-101.

G. Van Dooren. *The Beauty of Reformed Liturgy*. 안재경 역.『언약적 관점에서 본 예배의 아름다움』. 서울: SFC, 1994.

Herbert Anderson & Edward Foley. *Mighty Stories, Dangerous Rituals: Weaving Together the Human and Divine*. 안석모 역.『예배와 목회상담: 힘있는 이야기, 위험한 의례』. 서울: 학지사, 2012.

H .G. M. Williamson. *Word Bible Commentary vol 16: Ezra-Nehemiah*. 조호진 역.『에스라-느헤미야』. 서울: 솔로몬, 2008.

Horton Davies. *The Worship of the American Puritans(1629-1730)*. 김석한 역.『청교도 예배』. 서울: CLC, 1999.

Howard Rice. *Reformed Spirituality: An Introduction for Believers*. 황성철 역.『개혁주의 영성』. 서울: CLC, 1995.

Hughes Oliphant Old. *Worship: Reformed According to Scripture*. Louisville: Westminster John Knox, 2002.

James A. De Jong. *Into His Presence*. 황규일 역.『개혁주의 예배』. 서울: CLC, 1997.

James I. Packer. *I Want to be a Christian*. 권달천 역.『J. I. 팩커의 신앙 강좌 2: 세례와 회심』. 서울: 생명의말씀사, 1981.

James I. Packer. ?. 이상원 역.『사도신경』. 고양: 크리스챤다이제스트, 1989.

James I. Packer & Carolyn Nystrom. *Praying: Finding Our Way Through Duty to Delight*. 정옥배 역.『제임스 패커의 기도』. 서울: IVP, 2008.

James F. White. *Introduction to Christian Worship*. 정장복·조기연 역.『기독교 예배학 입문』. 서울: 예배와 설교 아카데미, 1990.

James F. White. *Sacraments as God's Self-Giving*. 김운용 역.『하나님의 자기 주심의 선물: 성례전』. 서울: 예배와 설교아카데미, 2006.

James W. Thompson. *Preaching like Paul: Homiletical Wisdom for Today*. 이우제 역.『바울처럼 설교하라』. 서울: 크리스천, 2008.

Jerome F. D. Creach. *Interpretation: Joshua*. 조용식 역.『여호수아』. 서울: 한국장로교출판사, 2010.

John Calvin. *Institues of the Christian Religion Vol. III*. 김종흡·신복윤·이종성·한철하 역.『기독교강요 중』. 서울: 생명의 말씀사, 1986.

John Calvin. *Institues of the Christian Religion Vol. IV*. 김종흡·신복윤·이종성·한철하 역.『기독교강요 하』. 서울: 생명의말씀사, 1986.

John Calvin. *Sermon on Melchizedek & Abraham: Justification, Faith & Obedience*. Grand Rapids: Old Paths Publications, 2000.

John H. SailHamer. *The Pentateuch as Narrative: A Biblical-Theological Commentary*. 김동진 역.『서술로서의 모세오경 상권』. 서울: 새순, 1994.

John M. Frame. *Worship in Spirit and Truth: A refreshing Study of the Principles and Practice of Biblical Worship*. New Jersey: P&R Publishing, 1996.

John Piper. *Let the Nations Be Glad*. 김대영 역.『열방을 향해 가라』. 서울: 좋은 씨앗, 2003.

Joel R. Beeke. *Backsliding Disease and Cure*. 윤석인 역.『영적 침체에서 벗어나는 길』. 서울: 부흥과개혁사, 2004.

Joel R. Beeke. *Bringing the Gospel to Covenant Children*. 김진선 역.『언약 자손으로 양육하라』. 서울: 성서유니온선교회, 2011.

Johan Huizinga. *Homo Ludens*. 김윤수 역.『호모 루덴스』. 서울: 까치, 2003.

John. M. Frame. *Worship in Spirit and Truth: A Refreshing Study of the Principles and Practice of Biblical Worship*. 김광열 역.『신령과 진정으로 드리는 예배: 예배의 회복을 위한 개혁신학의 원리』. 서울: 총신대학교출판부, 2000.

John H. Walton. *The NIV Application Commentary: Genesis*. 김일우·전광규 역.『NIV 적용주석: 창세기』. 서울: 성서유니온선교회, 2007.

John H. Walton, Victor H. Matthews & Mark W. Chavalas. *The IVP Bible Background Commentary: Old Testament*. 정옥배·이철민·신재구·이지영 역.『IVP 성경배경주석: 구약』. 서울: IVP, 2001.

John R. W. Stott. *Between Two Worlds*. 정성구 역.『현대 사회와 설교』. 서울: 생명의

말씀사, 1992.

John R. W. Stott. *The Message of Acts: To the Ends of the Earth*. 정옥배 역.『사도행전 강해: 땅끝까지 이르러』. 서울: IVP, 1992.

John R. W. Stott. *Only One Way*. 김경신 · 문인현 역.『갈라디아서 강해: 자유에 이르는 오직 한 길』. 서울: 아가페, 2000.

J. Scott Duvall & J Daniel Hays. *Grasping God's Word*. 류호영 역.『성경해석』. 서울: 성서유니온선교회, 2009.

Laurence Hull Stookey. *Eucharist*. 김순환 역.『성찬, 어떻게 알고 실행할 것인가?』. 서울: 대한기독교서회, 2002.

Leanne Van Dyk. *A More Profound Alleluia: Theology and Worship in Harmony*. Grand Rapids: Wm. B. Eerdmans, 2005.

Leon Morris. *The New International Commentary on the New Testament: John Vol 1. Chapter 1 to 7*. 이상훈 역.『성경주석 뉴 인터내셔널: 요한복음 상』. 서울: 생명의 말씀사, 1979.

LifeWay Adults. *The Gospel Project: God Delivers*. 오주영 역.『가스펠프로젝트: 하나님의 구출계획(구약 2)』. 서울: 두란노, 2017.

Mark A. Throntveit. *Interpretation: Ezra-Nehemiah*. 차종순 역.『현대성서주석 에스라-느헤미야』. 서울: 한국장로교출판사, 2001.

Marva J. Dawn. *A Royal "Waste" of Time*. 김병국 · 전의우 역.『고귀한 시간 "낭비"-예배』. 서울: 이레서원, 2004.

Marva J. Dawn. *Reaching Out without Dumbing Down*. 김운용 역.『예배, 소중한 하늘 보석』. 서울: WPA, 2017.

Matthew Poole. *Annotations upon The Holy Bible*. 김용훈 역.『매튜 폴 성경주석: 갈라디아서』. 용인: 그 책의 사람들, 2014.

Matthew Poole. *Matthew Poole's Commentary: Acts·Romans*. 정충하 역.『매튜 폴 청교도 성경주석: 사도행전 · 로마서』. 파주: 크리스챤다이제스트, 2015.

Matthew Poole. *Matthew Poole's Commentary: Matthew*. 박문재 역.『매튜 폴 청교도 성경주석: 마태복음』. 파주: 크리스챤다이제스트, 2015.

Matthew Poole. *Matthew Poole's Commentary: John*. 박문재 역.『매튜 폴 청교도 주석: 요한복음』. 파주: 크리스챤다이제스트, 2015.

Michael Green. *The Message of Matthew: The Kingdom of Heaven*. 김장복 역.『마태복음 강해: 천국의 도래』. 서울: IVP, 2005.

Michael Horton. *A Better Way*. 윤석인 역.『개혁주의 예배론: 하나님의 드라마로서의 예배 회복』. 서울: 부흥과개혁사, 2012.

Nicholas Thomas Wright. *Matthew for Everyone 1*. 양혜원 역.『모든 사람을 위한 마태복음 I부: 1-15장』. 서울: IVP, 2010.

Nicholas Thomas Wright. *Matthew for Everyone 2*. 양혜원 역.『모든 사람을 위한 마태복음 II 부(16-28장)』. 서울: IVP, 2010.

Oswald Chambers. *The Philosophy of Sin and Other Studies in the Problems of Man's Moral Life*. 정광옥 역.『죄』. 서울: 두란노, 1994.

Paul Barnett. *The Message of 2 Corinthians: Power in Weakness*. 정옥배 역.『고린도후서강해: 약함 안에서의 능력』. 서울: IVP, 2002.

Paul D. Hanson. *Interpretation: Isaiah 40-66*. 이인세 역.『목회자와 설교자를 위한 주석" 이사야 40-66』. 서울: 한국장로교출판사, 2012.

Paul S. Jones. *Singing and Making Music*. 김영수 역.『예배: 누구를 위해 손뼉을 치는가』. 서울: 빛나라, 2010.

P H. Plattelcher. *The School of The Church: Worship and Christian Formation*. Pennsylvania: Trinity Press International, 1995.

Philip Schaff. *Creeds of Christendom*. 박일민 역.『신조학』. 서울: CLC, 1984.

Richard A. Muller. *Dictionary of Latin and Greek Theological Terms*. Grand Rapids: Backer Academic, 2017.

Richard D. Phillips. *Hebrews*. 전광규 역.『히브리서』. 서울: 부흥과개혁사, 2010.

Richard J. Foster. *Money Sex & Power*. 김영호 역.『돈, 섹스, 권력』. 서울: 두란노, 1898.

Richard J. Foster. *Freedom of Simplicity*. 윤종석 역.『심플 라이프』. 서울: 규장, 2003.

Richard S. Lazarus & Bernice N. Lazarus. *Passion & Reason: Making Sense of Our Emotions*. 정영목 역.『감정과 이성』. 서울: 문예출판사, 2004.

Richard T. France. *Tyndale New Testament Commentary Commentaries*. 권해생 · 이강택 역.『틴데일 신약주석 1: 마태복음』. 서울: CLC, 2013.

R. V. G. Tasker. *The Gospel According to St. John*. 박영호 역.『틴텔 신약주석 시리즈 4: 요한복음서』. 서울: CLC, 1980.

Robert C. Sproul. *Grace Unknown: The Heart of Reformed Theology*. 노진준 역.『개혁주의 은혜론』. 서울: CLC, 1999.

Robert C. Sproul. *Truths We Confess, Vol 2 Salvation and the Christian Life*. 이상웅 · 김찬영 역.『웨스트민스터신앙고백 해설(2권): 구원과 그리스도인의 삶(9-22장)』. 서울: 부흥과개혁사, 2011.

Robert E. Webber. *Worship is a Verb*. Waco: Tex Word, 1987.

Robert E. Webber. *Worship-Old and New*. 김지찬 역.『예배학』. 서울: 생명의 말씀사,

1988.

Robert L. Hubbard Jr. *The NIV Application Commentary: Joshua*. Grand Rapid: Zondervan, 2009.

Ronald P. Byars. *The Future of Protestant Worship: Beyond the Worship Wars*. Louisville: Westminster John Knox Press, 2002.

Stuart K. Weber. *Holman New Testament Commentary: Matthew*. 김창동 역. 『Main Idea로 푸는 마태복음』. 서울: 디모데, 2005.

Theodore Jennings. *Life as Worship: Prayer and Praise in Jesus' Name*. Grand Rapids: Eerdmans, 1982.

Thomas Leishman. *The Westminster Directory*. 정장복 역. 『장로교 예배의 뿌리: 웨스트민스터 예배모범』. 서울: 예배와 설교아카데미, 2002.

Victor P. Hamilton. *The Book of Genesis: Chapter 1-17*. 임요한 역. 『NICOT 창세기 I』. 서울: 부흥과개혁사, 2016.

Von Allmen. *Worship: Its Theology and Practice*. London: Lutterworth, 1965.

Walter Brueggemann. *Deep Memory Exuberant Hope: Contested Truth in A Post-Christian World*. Minneapolis: Fortress Press, 2000.

Walter Brueggemann. *Interpretation: First and Second Samuel*. 차종순 역. 『사무엘 상·하』. 서울: 한국장로교출판사, 2002.

Walter Brueggemann. *Interpretation: Genesis*. 강성열 역. 『창세기』. 서울: 한국장로교출판사, 2002.

Walter C. Kaiser. *A History of Israel: From the Bronze Age through the Jewish Wars*. 류근상 역. 『이스라엘의 역사』. 서울: 크리스천, 2003.

Warren W. Wiersbe. *Be Strong*. 안보현 역. 『여호수아서 강해: 강건하여라』. 서울: 생명의말씀사, 1996.

William A. Dyrness. *A Primer on Christian Worship*. Grand Rapids: Eerdmans, 2009.

William H. Willimon. *Worship as Pastoral Care*. 박성환·최승근 역. 『예배가 목회다』. 서울: 새세대, 2017.

한서

고재수. 『세례와 성찬』. 서울: 성약, 2005.
김경진. 『사도행전』. 서울: 대한기독교서회, 1999.
김덕중. 『거룩, 성소에서 만나는 거룩하신 하나님』. 용인: 킹덤북스, 2011.
김상구. 『세례로의 초대』. 서울: 대서, 2009.
김영재. 『교회와 예배』. 수원: 합동신학대학원출판부, 1995.

김인환.『십일조 신학: 십일조 생활 어떻게 해야 하는가?』. 서울: 총신대학교출판사, 2005.
노희원.『대한기독교서회 창립 100주년 기념 성서주석: 사무엘하』. 서울: 대한기독교서회, 2006.
박성환. "선데이 크리스천 야곱의 회개".「그말씀」. 제272호(2012, 2): 100-115.
박성환. "장로교회의 예배순서 가운데 예배 요소의 도입에 관한 타당성".「교회와 문화」. 제26호(2012, 봄): 93-120.
박성환. "프레임 이론(Framing Theology): 십일조에 관한 신앙적 이해 변화".「성경과 신학」. 제73호(2015): 101-39.
박성환. "임종예배와 목회 돌봄".「복음과 실천신학」. 제44권(2017): 79-107.
서창원.『깨어있는 예수의 공동체』. 서울: 진리의 깃발, 2003.
손석태.『대한기독교서회 창립 100주년 기념 성서주석: 여호수아』. 서울: 대한기독교서회, 2006.
송병헌.『엑스포지멘터리: 여호수아』. 서울: 국제제자훈련원, 2010.
송인규.『나의 주 나의 하나님』. 서울: IVP, 1990.
송인규.『아는 만큼 누리는 예배』. 서울: 홍성사, 2003.
송인규. "아름다운 헌금 전통, 그저 사라지게 둘 수는 없다".「목회와 신학」. 9(2014): 81-87.
양용의.『마태복음 어떻게 읽을 것인가』. 서울: 성서유니온선교회, 2005.
양용의.『하나님 나라 어떻게 이해할 것인가』. 서울: 성서유니온선교회, 2005.
옥성호.『엔터테인먼트에 물든 부족한 기독교』. 서울: 부흥과개혁사, 2010.
이상성.『추락하는 한국교회』. 수원: 인물과 사상사, 2007.
이성덕.『이야기 교회사』. 파주: 살림, 2007.
이승구.『사도신경: 기독교회의 가장 보편적인 신조』. 서울: SFC, 2004.
장춘식.『대한기독교서회 창립100주년 기념 성서주석: 에스라-느헤미야』. 서울: 대한기독교서회, 2007.
전성민.『사사기 어떻게 읽을 것인가』. 서울: 성서유니온, 2015.
정종호.『대한기독교서회 창립 100주년 기념 성서주석: 이사야 II』. 서울: 대한기독교서회, 2003.
정창균.『고정관념을 넘어서는 설교』. 수원: 합동신학대학원출판부, 2002.
정창균.『신자의 간구』. 수원: 설교자하우스, 2016.
제자원.『옥스퍼드 원어성경대전 120: 고린도후서』. 서울: 제자원, 2005.
조기연.『기독교 세례예식』. 서울: 대한기독교서회, 2012.
조병수.『고린도후서 해설: 가난하나 부요케』. 서울: 여수룬, 1995.

조병수.『주기도문해설: 하늘과 땅을 엮는 사람들』. 서울: 하나, 1998.
조병수.『갈라디아서』. 서울: 가르침, 2005.
조석민.『요한복음의 새관점』. 서울: 솔로몬, 2009.
조성기.『십일조는 없다』. 서울: 평단, 2012.
조영엽.『찬송가 대 현대복음송』. 서울: 기독신보사, 2007.
주종훈.『기독교 예배와 세계관』. 서울: 워십리더, 2014.
최승근. "우리의 삶을 형성하고 변화시키는 예배: 'Ritual'로서의 예배". 한국성경신학회.「교회와 문화」. 제29호(2012, 봄): 197-222.
최승근.『예배: 삶의 어떤 순간에도 하나님께 나아가는 길』. 서울: 두란노, 2015.
최승근. "성찬 공동체로서의 교회".「성경과 신학」. 제79호(2016): 229-59.
황원하.『요한복음 해설노트』. 서울: SFC, 2001.

웹사이트

http://blog.daum.net/grapery9737/7891670
http://blog.naver.com/PostView.nhn?blogId=bruceltk&logNo=220881349929
http://blog.naver.com/PostView.nhn?blogId=speed8447&logNo=220107690412
http://blog.naver.com/PostView.nhn?blogId=yskkhh&logNo=221228449205
http://gall.dcinside.com/board/view/?id=leagueoflegends1&no=4515362
https://ko.wikipedia.org/wiki/%EC%B9%B4%EB%AF%B8%EB%85%B8%EB%8D%B0%EC%82%B0%ED%8B%B0%EC%95%84%EA%B3%A0
https://ko.wikipedia.org/wiki/%ED%80%98%EC%9D%B4%EC%BB%A4
https://namu.wiki/w/%EA%B5%AC%EC%84%B8%EA%B5%B0
http://news.kmib.co.kr/article/view.asp?arcid=0008326391
http://skyteacafe.tistory.com/84
http://www.ccc3927.com/search.html?s=index